AF459489

LA POSTE, LE TÉLÉGRAPHE ET LE TÉLÉPHONE

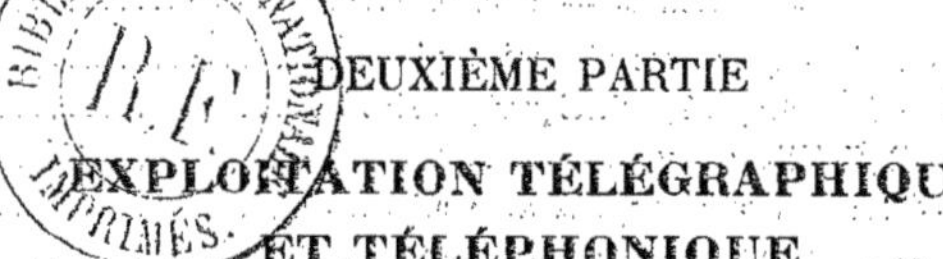

DEUXIÈME PARTIE

EXPLOITATION TÉLÉGRAPHIQUE ET TÉLÉPHONIQUE

Par Albert FAURE O.I.
Chef de Bureau
au Sous-Secrétariat d'Etat des Postes et des Télégraphes.

TABLE ANALYTIQUE DES MATIÈRES

TITRE PREMIER

Service télégraphique.

TITRE II

Service pneumatique.

TITRE III

Service téléphonique.

LA POSTE, LE TÉLÉGRAPHE & LE TÉLÉPHONE

EXPLOITATION TÉLÉGRAPHIQUE ET TÉLÉPHONIQUE

TITRE PREMIER

SERVICE TÉLÉGRAPHIQUE

Historique

On peut dire que les origines de la télégraphie se confondent avec celles de l'humanité. Si haut, en effet, que nous puissions remonter dans l'histoire des peuples, voire même des tribus antiques, nous retrouvons quelque ébauche d'un procédé rapide « d'informations au loin ».

Les premiers essais de télégraphie consistèrent dans l'emploi de feux conventionnels allumés sur des hauteurs, de distance en distance, et destinés à demander des secours, à annoncer des victoires, des défaites, etc...

Les Romains apprirent des Carthaginois, lors des guerres puniques, l'art des signaux. Ils en apprécièrent bientôt les avantages et établirent, partout où ils étendirent leurs conquêtes, des moyens de communications rapides qu'ils utilisèrent pour maintenir leur domination sur les peuples vaincus. Leur réseau télégraphique ne mesurait pas moins de 1400 lieues.

Important dans les Gaules leur civilisation plus avancée, ils apprirent à nos aïeux à construire des tours spéciales pour suppléer au manque d'élévation du sol en certains points : telle est l'origine des tours d'Uzès, de Bellegarde, d'Arles, de Nîmes, etc...

Avec l'empire romain disparut toute organisation télégraphique et ce n'est plus qu'en de rares points (Espagne, Constantinople, Grande-Bretagne) que l'on trouve des tentatives partielles d'installation de systèmes, plus ou moins ingénieux, de transmission de signaux.

Jusqu'à la Révolution, malgré les divers essais tentés, à bien des reprises, en France et à l'étranger, la télégraphie n'avait pas fait de sensibles progrès ; on était loin d'être arrivé à pouvoir correspondre sûrement et rapidement à travers les distances.

Ce fut l'abbé Claude Chappe qui donna à ce problème une solution pratique, grâce à l'habileté surprenante et à l'énergie persévérante dont il fit preuve. Tout d'abord il chercha à réaliser un télégraphe électrique, puis un télégraphe acoustique, et ce fut à cause des difficultés qu'il rencontra dans ses essais, qu'il se tourna vers la télégraphie optique et imagina l'appareil à bras que nous connaissons tous (voir IIIe Partie). Il le présenta le 1er mars 1792, à l'Assemblée Nationale, faisant hommage à son pays de cette découverte qu'il croyait « utile à la chose publique ». Les expériences ordonnées par la Convention furent si satisfaisantes qu'elle décréta la construction d'une ligne ou série de postes d'observation entre Paris et Lille. Ce service fut inauguré, le 19 juillet 1794, par un message glorieux annonçant la prise de Landrecies, puis de Condé sur les Autrichiens. Dès lors, les ordres du gouvernement à l'armée du Nord et les avis des victoires françaises se succédèrent sans interruption. De nouvelles lignes furent bientôt établies dans les diverses directions ; mais le développement de la télégraphie aérienne ne devait pas tarder à être arrêté par l'invention du télégraphe électrique qui venait de se faire jour à l'étranger.

L'adoption du service naissant fut chose assez laborieuse en France. Le gouvernement possédait, dans l'invention de Chappe, une organisation unique au monde, d'un développement de près de 5000 kilomètres, et qui, malgré ses imperfections, lui avait rendu les plus signalés services. Cependant, en 1844, grâce à la persévérance et à l'éloquence persuasive d'Arago, les crédits nécessaires furent votés pour la construction d'une ligne électrique d'expériences entre Paris et Rouen. On verra plus loin (IIIe Partie de cet ouvrage) comment la ligne fut établie. Un premier essai de transmission fut tenté avec succès le 29 avril 1845, entre Paris et Mantes. Le mois suivant, la ligne prolongée jusqu'à Rouen donna les résultats les plus satisfaisants, résultats dont Arago se hâta de faire part à l'Académie, dès le 12 mai.

Peu encouragés par le Parlement qui se montrait assez parcimonieux, les essais furent poursuivis timidement jusqu'en 1850. A cette époque, le gouvernement, ayant pu obtenir les crédits nécessaires à l'établissement d'un certain nombre de nouvelles lignes importantes, résolut de donner une extension progressive au réseau électrique naissant. Toutefois, ce ne fut qu'à partir du 1er mars 1851 que la télégraphie cessa d'être exclusivement réservée à la transmission des correspondances officielles et que le public, en exécution de la loi du 29 novembre 1850, put expédier des télégrammes privés.

La première taxe télégraphique fut établie par cette même loi. Elle était composée, pour une dépêche de 20 mots : 1° d'une somme fixe de 3 francs ; 2° d'un droit proportionnel de douze centimes par myriamètre, et 3° d'un supplément de cinquante centimes (Province) et de 1 franc (Paris) pour la remise à domicile. Un télégramme de 20 mots, de Paris pour Calais, coûtait donc 8 fr. 60 ; pour Lyon, 9 fr. 52 et de Calais pour Marseille, 18 fr. 44.

Supprimée comme grand service public, la télégraphie aérienne n'avait cependant pas complètement disparu : nous la retrouvons en Crimée, où elle s'illustra. La dernière dépêche qui transita par ses lignes fut, comme la première, l'annonce d'une victoire : la prise de Malakoff, en 1855.

Dès lors, de nombreuses lignes électriques, tant intérieures qu'internationales, ne cessent d'être établies chaque année. En 1850-1851, avait eu lieu la pose du câble sous-marin de Calais à Douvres, le plus ancien du monde.

En 1861, tous les chefs-lieux d'arrondissement et les villes importantes du territoire se trouvent en communication. Trois ans plus tard, on commence l'organisation du réseau dit « cantonal », puis du réseau « municipal », en vue de doter du télégraphe non seulement tous les chefs-lieux de canton, mais encore les simples communes.

Peu à peu le réseau général s'étend dans l'univers entier, grâce aux larges sacrifices consentis progressivement par les Etats intéressés et à l'immersion de nombreux câbles sous-marins par de puissantes compagnies.

A l'heure actuelle, le développement total du réseau télégraphique universel comprend :

D'une part, plus de 8 millions de kilomètres de fils terrestres, et, d'autre part, 412.000 kilomètres de câbles, ces derniers appartenant, soit à des compagnies privées (346.964 kil.), soit à des Administrations gouvernementales (65.066 kil.).

Dans ces chiffres, l'Etat français entre pour 615.690 kilomètres de fils terrestres (1) et 14.546 kilomètres de câbles (2). Son trafic total annuel dépasse 54.000.000 (3) de télégrammes intérieurs ou internationaux.

Enfin, à la télégraphie fonctionnant au moyen de lignes électriques, est venu récemment s'adjoindre un précieux auxiliaire : la télégraphie sans fil ou radio-télégraphie. En effet, depuis les premières tentatives faites, en 1896, dans le but de communiquer à distance par la télégraphie sans fil, de sérieux perfectionnements ont été réalisés dans cette nouvelle application de la science (voir IIIe Partie, chap. X). Dès 1898, la Compagnie internationale Marconi parvenait à correspondre entre la France et l'Angleterre ; plus tard, l'on obtenait également de bons résultats entre la côte de Provence et la Corse. Actuellement, il est possible d'échanger couramment des correspondances, non seulement entre un point du littoral et des navires en mer, à une distance de plusieurs centaines de kilomètres, mais même entre Paris (Tour Eiffel) et la Tunisie ou le Maroc.

Bien qu'il reste encore beaucoup à faire pour rendre la télégraphie sans fil aussi pratique et aussi sûre que sa devancière la télégraphie électrique ordinaire, il a semblé cependant nécessaire de mettre ce nouveau système de transmission non seulement à la disposition des différents services de l'Etat, pour assurer leurs propres besoins, mais encore à la portée du public, pour l'acheminement de certaines correspondances d'une nature spéciale (Décrets des 7 février 1903 et 27 février 1904).

Au point de vue du commerce et de la navigation, notamment, il est incontestable que la télégraphie sans fil est appelée à rendre des services importants, en permettant aux navires de communiquer avec la côte, sinon d'une manière permanente, du moins longtemps après leur départ du port ou avant leur arrivée à destination. En outre, elle peut, dès maintenant, doubler avec intérêt les communications existantes entre le continent et certaines îles, ou même, éventuellement, suppléer à l'absence ou à l'interruption de ces communications.

Pour l'instant, il n'existe, en France, que deux stations radiotélégraphiques, celle d'Ouessant et celle de Porquerolles, ouvertes à la télégraphie privée. Une troisième est en construction aux Saintes-Maries de la Mer (Bouches-du-Rhône), et une quatrième à Fort-de-l'Eau (département d'Alger).

---

(1) Y compris les fils d'intérêt privé et les fils des Compagnies de chemins de fer et de tramways.

(2) L'Administration française est celle des Administrations d'Etat qui, à beaucoup près, possède la plus grande longueur de câbles.

(3) Y compris 4.700.000 télégrammes officiels et 2.000.000 d'avis de service transmis en franchise.

L'Administration française des Télégraphes a eu à sa tête un Directeur général, sous la dépendance du Ministre de l'Intérieur, jusqu'à sa fusion avec l'Administration des Postes, en 1878. A cette époque, ces deux grands services publics passèrent sous l'autorité directe du Sous-Secrétaire d'Etat aux Finances, pour être, dès l'année suivante, érigés en Ministère autonome (voir 1re Partie du présent traité), puis en Direction générale (juin 1887) et enfin en Sous-Secrétariat d'Etat (mai 1896).

C'est en 1889 que l'Administration des Postes et des Télégraphes s'est augmentée du service des Téléphones.

CHAPITRE PREMIER

Organisation du service.

1. — Monopole. — Le Télégraphe est un service public auquel est confié le *monopole* de la transmission *à distance* des nouvelles officielles et privées.

La loi des 2 et 6 mai 1837 et le décret-loi du 27 décembre 1851, qui ont édicté ce monopole, interdisent aux particuliers de transmettre, sans autorisation, des signaux d'un lieu à un autre, soit à l'aide de machines télégraphiques, soit par tout autre moyen. Les contraventions à ce monopole sont punies de prison et d'amende.

Dans le principe, l'Administration des Télégraphes a été instituée exclusivement pour le service de l'Etat ; plus tard, elle s'est chargée de transmettre également les dépêches des particuliers ; mais, actuellement encore, cette transmission reste toujours subordonnée aux besoins du service officiel. La télégraphie privée peut même être suspendue par le Gouvernement sur une ou plusieurs lignes (Loi du 29 novembre 1850, art. 1 et 4. — Convention de Saint-Pétersbourg, art. 8).

L'Etat n'est soumis à aucune responsabilité à raison du service de la correspondance privée par la voie télégraphique. (Loi du 29 novembre 1850, art. 6. — Convention de Saint-Pétersbourg, art. 3).

2. — Personnel. Serment professionnel. — Le service de la Télégraphie est fusionné avec celui de la Poste. Ces deux services ont à leur tête les mêmes chefs et ne forment qu'une seule et même Administration.

Les agents du télégraphe prêtent le serment de garder le secret de la correspondance télégraphique et, en cas de violation, sont punis des peines portées en l'art. 187 du Code pénal (Loi du 29 novembre 1850, art. 5). Ces peines sont : amende de 16 à 500 francs et emprisonnement de 3 mois à 5 ans ; interdiction de toute fonction ou emploi public pendant 5 ans au moins et 10 ans au plus.

3. — Classification des bureaux télégraphiques. — Les bureaux participant au service de la télégraphie privée se divisent en trois catégories :

1° Les bureaux principaux ou de dépôt (1), dont la gestion est confiée à un receveur des postes et des télégraphes qui assure le service avec la collaboration d'agents nommés et rétribués directement par l'Administration, ou qui reçoit une allocation fixe, à titre de frais d'aide, pour l'exécution du service télégraphique ;

2° Les bureaux secondaires, qui comprennent :

a) Les *bureaux municipaux*, gérés soit par un receveur, soit par un facteur-receveur, ou par un agent municipal agréé par l'Administration ;
b) Les *bureaux électro-sémaphoriques*, dans lesquels le service télégraphique est assuré par des guetteurs ;
c) Les *bureaux du service de la navigation*, dans lesquels le service est assuré par des agents des ponts et chaussées ;

---

(1) Exceptionnellement, certains bureaux secondaires servent de centres de dépôt à d'autres bureaux secondaires.

CHAPITRE II

Rédaction des télégrammes

SECTION I

Dispositions générales.

7. — **Libellé des télégrammes.** — Les originaux des télégrammes doivent être écrits en caractères usités en France et ayant leur équivalent dans le tableau des signaux télégraphiques.

Un télégramme peut être écrit sur tel papier qu'il convient à l'expéditeur, à l'encre ou au crayon, aux risques et périls de cet expéditeur (1).

Il est interdit aux agents de service d'écrire, même en partie, la minute du télégramme que désire envoyer un expéditeur.

Quand la minute d'un télégramme est peu lisible, ou lorsque l'orthographe est incorrecte, ou bien encore quand le libellé n'est pas établi dans la forme réglementaire, le préposé du guichet transcrit les mots illisibles, douteux ou mal orthographiés et transpose les passages disposés irrégulièrement. L'agent du guichet doit, en ce cas, faire approuver les rectifications par l'expéditeur, de telle sorte que les minutes de télégrammes ne soient jamais modifiées sans la participation de celui-ci, et qu'elles parviennent toujours sur l'appareil facilement lisibles et formulées en conformité de toutes les prescriptions réglementaires. Si l'expéditeur ou son représentant refuse d'approuver les modifications réglementaires ainsi introduites, l'agent du guichet mentionne le refus sur la minute, accepte le télégramme aux risques et périls de l'expéditeur, tel qu'il a été rédigé par celui-ci, et introduit dans le préambule la mention « rédaction maintenue », qui est transmise, mais dans les limites du régime intérieur seulement.

Le télégramme n'est refusé que lorsque la rédaction que l'expéditeur veut maintenir rend impossible le calcul de la taxe.

8. — **Eléments d'un télégramme.** — Les diverses parties dont se compose un télégramme sont libellées dans l'ordre suivant :

1° Indications éventuelles (s'il y a lieu) ; 2° Adresse ; 3° Texte (facultatif) ; 4° Signature (facultative).

SECTION II

Indications éventuelles.

9. — **Définition et forme des indications éventuelles.** — Les indications éventuelles caractérisent en général les télégrammes privés *spéciaux* (télégrammes urgents, télégrammes avec réponse payée, avec accusé de réception ou collationnement, télégrammes à faire suivre, etc.). Les télégrammes privés qui ne comportent pas d'indications éventuelles sont dits télégrammes *simples*, sauf les télégrammes-mandats, les télégrammes de presse et les télégrammes sémaphoriques, qui sont considérés comme télégrammes spéciaux.

Les indications éventuelles sont inscrites avant l'adresse, in-extenso ou sous la

(1) Les formules n° 698, qui sont mises à la disposition du public pour la rédaction de ses télégrammes dans les bureaux télégraphiques, ne doivent, en aucun cas, être délivrées aux expéditeurs pour la confection des télégrammes à domicile.

forme abrégée admise par les règlements. Lorsqu'elles sont exprimées en langage ordinaire, elles sont écrites en français. Celles qui ne sont pas libellées en conformité des prescriptions du présent article sont considérées comme nulles et non avenues.

Lorsque les indications éventuelles sont écrites par l'expéditeur sous la forme abrégée, l'agent taxateur inscrit d'office le signe = avant et après chacune d'elles. Ce signe est transmis et est reproduit sur la copie d'arrivée.

Des mentions ou indices spéciaux sont introduits d'office par les agents taxateurs dans le préambule de certains télégrammes. Ils ne sont point taxés et ne comptent pas dans le nombre des mots.

Le tableau suivant fait connaître les indications éventuelles admises, ainsi que les formules abrégées qui peuvent être employées pour certaines de ces indications. Les guillemets qui se trouvent dans la deuxième colonne de ce tableau signifient qu'il n'y a pas de formule abrégée pour les indications en regard desquelles ils sont placés.

FORMULES ORDINAIRES	FORMULES ABRÉGÉES
Dans tous les régimes :	
Accusé réception	= P C =
Accusé de réception postal	= P C P =
Collationnement	= T C =
Communiquer toutes adresses	»
Faire suivre (1)	= F S =
Jour	= J =
Poste	»
Poste recommandée	= P R =
Poste restante	= G P =
Poste restante recommandée	= G P R =
Réexpédié de	»
Remettre ouvert (1)	= R O =
Réponse payée *x* (mots)	= R P *x* =
Télégraphe restant	= T R =
x adresses	= T M *x* =
Dans le régime intérieur seul :	
Accusé réception priorité	= P C U =
Avec reçu	= A R =
Exprès payé *x* (kilomètres)	= X P *x* =
Exprès payé télégraphe *x* (kilomètres)	= X P T *x* =
Faire suivre arrhes	= F S A =
Mains propres	= M P =
Multiples arrhes	= T M A =
Percevoir *x*	= P C V *x* =
Priorité	»
Radiotélégramme	»
Réponse payée	= R P =
Réponse payée priorité	= R P U =
Réponse payée priorité *x* (mots)	= R P U *x* =
Dans le régime international seul :	
Accusé réception urgent (1)	= P C D =
Exprès	»
Exprès payé *x* fr.	= X P fr. *x* =
Exprès payé lettre	= X P P =
Exprès payé télégraphe	= X P T =
Remettre en mains propres (1)	= M P =
Réponse payée urgente *x* (mots) (1)	= R P D *x* =
Urgent (1)	= D =
x jours	»

(1) Admis par certains pays (Voir tableau art. 51).

SECTION III

Adresse.

10. — Rédaction de l'adresse. — L'adresse d'un télégramme doit comprendre toutes les indications nécessaires pour en assurer la remise au destinataire sans recherches ni demandes de renseignements. Ces indications, à l'exclusion des noms de personnes, doivent être écrites en français ou dans la langue du pays de destination.

Toute adresse doit, pour être admise, comprendre au moins deux mots : le premier désigne le destinataire et le second le bureau télégraphique de destination.

Le nom du bureau destinataire doit être écrit tel qu'il figure à la Nomenclature intérieure, s'il s'agit d'un télégramme intérieur, ou dans la première colonne de la Nomenclature internationale, s'il s'agit d'un télégramme international.

Quand le domicile indiqué par le télégramme n'est pas compris dans les limites de distribution gratuite du bureau d'arrivée, la remise a lieu par exprès ou par poste. L'expéditeur est invité à désigner le mode de remise à partir du bureau d'arrivée (chap. XXIII et XXIV). L'indication éventuelle correspondante est placée en tête de l'adresse.

Le nom du destinataire d'un télégramme peut être remplacé par des lettres ou des chiffres, aux risques et périls de l'expéditeur. Dans les relations internationales, cette facilité est limitée aux télégrammes adressés « télégraphe restant » ou « poste restante ».

Lorsque le destinataire n'a pas souscrit l'abonnement relatif aux adresses enregistrées et que l'importance de la localité destinataire le justifie, l'adresse doit comprendre, outre le nom et, le cas échéant, le prénom et la profession du destinataire, le nom de la voie publique dans laquelle est située l'habitation de ce destinataire, précédé, s'il peut y avoir confusion, du mot rue, boulevard, avenue, etc., et le numéro de cette habitation, suivi du nom de la ville destinataire. L'expéditeur peut supprimer celles de ces indications qu'il ne juge pas indispensables pour trouver le destinataire, ou les remplacer par d'autres qu'il estime suffisantes.

Lorsqu'un télégramme est adressé à un tiers chez une autre personne, la désignation de cette personne doit être précédée de la mention « chez », « aux soins de », ou de toute autre équivalente.

Ex. : « Bernard, chez Microcosme, Paris ».
« Garaud, chez Bommier, 15, rue Carnot, Lyon. »

11. — Adresse insuffisante ou incorrecte. — Toutes les fois que, malgré les explitions qui lui sont données, un expéditeur maintient telle qu'il l'a formulée une adresse mal établie ou incomplète, l'agent taxateur l'informe des dispositions qui font l'objet du dernier alinéa du présent article. La mention non taxée « adresse maintenue » est alors inscrite sur la minute et contresignée, autant que possible, par l'expéditeur. Cette mention est transmise, dans le préambule, de bureau à bureau, mais dans les limites du régime intérieur seulement.

L'expéditeur supporte, dans tous les cas, les conséquences de l'insuffisance ou de l'incorrection de l'adresse du télégramme qu'il expédie (Décret du 29 mai 1904, art. 12 et 13. — Règlement international, art. XIII).

L'expéditeur d'un télégramme adressé à un chef de gare pour être remis à un tiers hors de la gare est prévenu par l'agent taxateur, au moment du dépôt de son télégramme, que les Compagnies de chemins de fer interdisent à leurs agents de remettre les télégrammes ayant une telle adresse. De même, l'expéditeur d'un télégramme adressé à un agent des postes et des télégraphes, pour être réexpédié par cet agent à un tiers par une voie quelconque, est informé que les agents ont reçu des instructions pour ne pas donner suite à des ordres transmis dans de telles conditions.

Les agents taxateurs ne doivent, en conséquence, accepter les télégrammes de l'espèce qu'après avoir porté sur la minute la mention : « L'expéditeur a été avisé que le destinataire ne donnera aucune suite à ce télégramme ». Cette mention doit, autant que possible, être contresignée par l'expéditeur.

SECTION IV

Texte.

12. — Rédaction du texte. — Le texte d'un télégramme privé peut être rédigé

1° En langage *clair*, pour toutes les destinations ;
2° En langage *secret convenu*, si l'Office de destination admet le langage convenu ;
3° En langage *secret chiffré*, si l'Office de destination admet le langage chiffré ;
4° En partie en langage *clair* et en partie en langage *convenu*, si l'Office de destination admet le langage convenu ;
5° En partie en langage *clair* et en partie en langage *chiffré*, si l'Office de destination admet le langage chiffré ;
6° En partie en langage *convenu* et en partie en langage *chiffré*, si l'Office de destination admet ces deux modes de correspondance ;
7° En un mélange des trois langages : *clair*, *convenu* et *chiffré*, si l'Office de destination admet le langage chiffré.

Les télégrammes sans texte sont admis ; toutefois, un télégramme formé exclusivement d'un ou de plusieurs signes de ponctuation n'est pas admis.

13. — Langage clair. — Un télégramme est en langage clair lorsqu'il est rédigé et offre un sens compréhensible dans l'une ou plusieurs des langues suivantes :

Le français, l'anglais, l'allemand, l'annamite (quoc ngu), l'arabe, l'arménien, le bohème (tchèque), le bulgare, le croate, le danois, l'esclavonien, l'espagnol (castillan), le finnois, le flamand, le grec, l'hébreu, le hollandais (néerlandais), le hongrois, l'illyrique, l'italien, le japonais, le luxembourgeois, le malais, le malgache, le norvégien, l'ouolof, le persan, le petit russe, le polonais, le portugais, le roumain, le routhène, le russe, le serbe, le siamois, le slovaque, le slovène, le suédois, le turc et le latin, ou, en ce qui concerne le service intérieur, dans l'un des idiomes basque, breton, gascon ou provençal.

Les altérations ou réunions de mots contraires à l'usage de la langue ne sont pas admises. Toutefois, les noms propres de villes et de pays ; les noms patronymiques appartenant à une même personne ; les noms de lieux, places, boulevards, rues et autres dénominations de voies publiques ; les noms de navires ; les nombres entiers, décimaux ou fractionnaires, ainsi que les fractions, écrits en toutes lettres ; les mots composés français et anglais, peuvent être respectivement groupés en un seul mot sans apostrophe ni trait d'union.

N'est pas considéré comme secret un télégramme dont le texte comprend des marques de commerce, des cotes de marchandises, des cours de bourse, des lettres ou groupes de lettres représentant les signaux du Code international sémaphorique, ou des expressions abrégées d'usage courant dans la correspondance usuelle ou commerciale, telles que : caf (coût, assurance, frêt), cif (cost, insurance, freight), fob (free on board), rsvp (réponse s'il vous plaît), PLM (Paris-Lyon-Méditerranée), GV (grande vitesse), etc.

14. — Langage secret. — Le langage *secret* comprend le langage *convenu* et le langage *chiffré*.

15. — Langage convenu. — Le langage convenu se compose de mots ne formant pas de phrases compréhensibles dans une ou plusieurs des langues autorisées pour la correspondance télégraphique en langage clair.

Les mots du langage convenu ne peuvent contenir au maximum que dix caractères selon l'alphabet Morse.

Dans le régime intérieur, les mots du langage convenu doivent être des mots empruntés à une ou plusieurs des langues allemande, anglaise, espagnole, française hollandaise, italienne, portugaise ou latine.

Dans le régime international, les mots du langage convenu peuvent être réels ou artificiels, et doivent être formés de syllabes pouvant se prononcer selon l'usage d'une des langues visées à l'alinéa précédent. Toutefois, les combinaisons formées par la réunion de deux ou plusieurs mots du langage clair, contraire à l'usage de la langue, ne sont pas admises.

16. — Langage chiffré. — Le langage chiffré est celui qui est formé :

1° Soit de chiffres arabes, de groupes ou de séries de chiffres arabes ayant une signification secrète, soit de lettres, de groupes ou de séries de lettres ayant une signification secrète ;

2° Soit de mots, noms, expressions ou réunions de lettres ne remplissant pas les conditions du langage clair ou du langage convenu.

Le mélange, dans le texte d'un même télégramme, de chiffres et de lettres ayant une signification secrète n'est pas admis.

Le bureau d'origine peut exiger la traduction en langage clair des mots écrits en langage secret et la production du code qui a servi à libeller le télégramme.

Les télégrammes à destination de l'étranger, rédigés entièrement ou partiellement en langage secret, ne sont acceptés que pour certains pays (voir tableau, art. 51).

SECTION V

Signature.

17. — Forme de la signature. — Légalisation. — La signature n'est pas obligatoire ; elle peut être convenue ou abrégée.

L'expéditeur a la faculté de comprendre dans son télégramme la légalisation ou la certification matérielle de sa signature. Il peut la faire transmettre, soit textuellement, soit par la formule : « Signature légalisée *ou* certifiée par... »

Cette légalisation ou cette certification, telle qu'elle est libellée sur la minute du télégramme, entre dans le compte des mots taxés et prend place après la signature. Elle n'est acceptée et transmise qu'autant que son authenticité est dûment établie, notamment par l'apposition du sceau ou cachet de l'autorité qui légalise.

CHAPITRE III

Dépôt des télégrammes

18. — Dépôt au guichet. — Les télégrammes à transmettre sont remis au guichet du bureau, à découvert ou sous pli cacheté, par l'expéditeur ou par son mandataire.

Toutefois, un expéditeur, concessionnaire d'une ligne d'intérêt privé aboutissant à un bureau, est autorisé à transmettre à ce bureau les télégrammes qu'il veut envoyer. Il est tenu de verser au préalable une provision destinée à garantir le payement des taxes dues.

Si l'expéditeur est abonné au réseau téléphonique, il est admis à téléphoner, de son domicile au bureau de départ, les télégrammes qu'il veut faire transmettre, mais à la condition que leur texte soit rédigé en français, en langage clair, et ne contienne pas plus de 50 mots. A Paris, à Lyon, et dans les réseaux à conversations taxées, chacun de ces télégrammes donne lieu à la perception d'une taxe spéciale de 10 centimes. Une provision doit être préalablement constituée. Cependant, les abonnés au téléphone, dépositaires d'une provision au titre téléphonique, sont dispensés de verser une seconde provision spéciale aux taxes des télégrammes qu'ils désirent téléphoner. Pour être admis à échanger des télégrammes, à partir de leur poste, il leur suffit d'en faire la demande écrite et, le cas échéant, d'autoriser le receveur à majorer les taxes de la somme de 10 centimes par télégramme téléphoné de départ ou d'arrivée.

19. — Télégrammes à distribuer par le bureau de dépôt. — Les télégrammes déposés à un bureau pour être distribués par ce bureau sont traités comme des télégrammes ordinaires. La copie à remettre au destinataire est établie, d'après la minute, sur formule bleue n° 701.

20. — Télégrammes à transmettre confiés aux facteurs ruraux ou envoyés par la poste. — Les facteurs qui desservent des localités ne possédant pas de bureau télégraphique ou des écarts de la commune siège du bureau, sont tenus de recevoir, en cours de tournée et de faire inscrire, ou d'inscrire eux-mêmes sur le carnet n° 592, les télégrammes à déposer à leur bureau d'attache ou au bureau télégraphique situé sur le parcours restant à effectuer.

Ces télégrammes peuvent être placés par l'expéditeur sous enveloppe close, sans donner lieu à la perception d'affranchissement postal, à condition que l'enveloppe porte la mention : « Télégramme à expédier ».

Chaque télégramme déposé par l'intermédiaire du facteur comporte, au profit de celui-ci, un droit de commission de 0 fr. 10, à percevoir sur l'expéditeur.

Dans le cas où les télégrammes confiés aux facteurs ruraux courent le risque de ne pouvoir être transmis par le bureau de départ avant la clôture des opérations télégraphiques, notamment les dimanches et jours fériés, les facteurs doivent aviser les expéditeurs du retard probable auquel sont exposés leurs télégrammes. Il est fait mention, sur l'original, de cet avis que l'intéressé est prié de contresigner.

Tout autre télégramme adressé à un receveur par la poste, pour être réexpédié par son bureau, n'est pas transmis. Il est joint à un procès-verbal n° 685 et adressé à l'Administration (Exploitation électrique — 4e Bureau, s'il s'agit d'un télégramme du régime intérieur, — 2e Bureau, s'il s'agit d'un télégramme du régime international), par l'intermédiaire du directeur départemental. En même temps, si la demande émane d'un expéditeur domicilié dans les limites du régime intérieur, le receveur informe cet expéditeur, par lettre revêtue de son contre-seing, qu'il ne peut être donné suite à sa demande et lui renvoie, le cas échéant, les valeurs destinées à l'affranchissement du télégramme.

21. — Identité. — L'agent préposé au guichet peut, sur l'avis conforme du receveur ou de son suppléant, exiger la preuve d'identité de l'expéditeur, chaque fois que cette mesure est jugée opportune. Si l'expéditeur ne consent pas à justifier de son identité, le télégramme est refusé.

L'identité d'un expéditeur qui n'est pas connu du receveur est établie soit par l'attestation de deux témoins connus (1), soit par la production d'un livret d'identité ou de toute autre pièce jugée suffisante par le receveur.

22. — Arrêt des télégrammes. — Les Administrations de l'Union télégraphique se réservent la faculté d'arrêter la transmission de tout télégramme privé qui paraîtrait dangereux pour la sécurité de l'Etat ou qui serait contraire aux lois du pays, à l'ordre public ou aux bonnes mœurs (Loi du 29 novembre 1850, art. 3. — Convention de Saint-Pétersbourg, art. 7).

23. — Télégrammes contraires aux bonnes mœurs. — Dans les bureaux principaux, le préposé du guichet soumet au receveur ou à son suppléant tous les télégrammes contraires aux bonnes mœurs. Celui-ci, s'il juge devoir refuser le télégramme présenté, en fait prendre copie.

Les gérants des autres bureaux n'ont pas qualité pour refuser les télégrammes privés visés à l'alinéa précédent ; ils doivent toujours les faire transiter par un bureau principal, même si ces télégrammes sont à destination d'un bureau secondaire en relations directes avec le bureau de départ.

Dans le cas où le bureau principal juge ne pas devoir donner cours à un télégramme reçu par lui d'un bureau secondaire, il avise ce bureau, par avis de service, de l'arrêt du télégramme. Le bureau secondaire taxateur informe à son tour l'expéditeur et lui rembourse la taxe perçue.

Le receveur qui refuse ou arrête un télégramme contraire aux bonnes mœurs, en adresse une copie, sous chargement d'office, au directeur départemental dont il relève.

24. — Télégrammes refusés. — Quand un télégramme, présenté au guichet, est refusé pour un motif quelconque, la minute est rendue à l'expéditeur. Le motif du refus est mentionné sur cette minute, si l'expéditeur le désire.

25. — Télégrammes injurieux. — Les télégrammes contenant des injures à l'égard du destinataire ne doivent pas être refusés, au moment du dépôt, ni arrêtés en transit ou à l'arrivée ; il appartient au destinataire d'exercer, s'il le juge à propos, des poursuites judiciaires contre l'expéditeur.

26. — Avis à donner au public au moment du dépôt. — Les expéditeurs sont informés, au moment où ils déposent leurs télégrammes, des circonstances particulières qui pourraient retarder ces télégrammes ou les empêcher de parvenir à destination (fermeture du bureau destinataire, mauvais état des communications, etc.). Mention de l'avis donné est portée sur la minute et, autant que possible, contresignée par l'expéditeur ou par son mandataire.

(1) Les femmes peuvent être admises comme témoins (Loi du 7 décembre 1897) ; mais la femme et le mari ne peuvent être témoins ensemble pour la même opération.

Les agents ne donnent aucune indication relative au délai qui s'écoulera entre le dépôt et la remise d'un télégramme, ou aux incidents qui se sont produits ou se produiront avant ou durant la transmission.

27. — Dépôt en dernière limite. — Lorsqu'un télégramme est présenté à un bureau moins d'une heure avant la clôture quotidienne définitive du bureau destinataire, l'expéditeur est prévenu que, par suite de cette circonstance, son télégramme est exposé à ne parvenir que le lendemain à l'ouverture. Sur l'original même, il est fait mention de cet avis, que l'expéditeur est prié de contresigner. Si l'expéditeur s'y refuse et maintient le dépôt de son télégramme, l'agent mentionne ce refus, appose son paraphe et accepte le télégramme.

Le délai d'une heure susindiqué est réduit à une demi-heure pour les télégrammes départementaux et les télégrammes destinés à une localité reliée directement au bureau de dépôt.

L'agent du guichet doit inscrire le mot « limité » dans le préambule de tout télégramme déposé dans les délais fixés aux deux alinéas précédents. Les télégrammes qui portent cette mention sont transmis par priorité sur les autres télégrammes privés.

L'acceptation des télégrammes privés au guichet d'un bureau cesse à l'heure réglementaire de fermeture de ce bureau ; toutefois, si, à ce moment, plusieurs personnes se trouvent au guichet, le préposé accepte, avant de se retirer, les télégrammes présentés par elles.

28. — Acceptation des télégrammes en dehors des heures normales d'ouverture. — Les receveurs et gérants sont autorisés à accepter, au départ, les télégrammes privés qui leur sont présentés en dehors des heures normales d'ouverture de leur bureau ; mais ils ne peuvent les transmettre à leur centre de dépôt que pendant les heures d'ouverture de celui-ci.

29. — Nom et adresse de l'expéditeur. — Quand l'expéditeur d'un télégramme n'a pas inscrit son nom et son adresse au bas de la formule sur laquelle est écrit son télégramme, ces renseignements lui sont demandés par l'agent taxateur, qui doit lui faire remarquer que cette demande a pour but de mettre le bureau d'origine à même de lui faire part des incidents qui pourraient empêcher la transmission ou la remise de son télégramme.

Ces indications ne sont taxées et transmises que sur la demande de l'expéditeur. Si celui-ci refuse de les donner, l'agent taxateur accepte le télégramme sans insister et mentionne le refus sur la minute.

30. — Inscription du télégramme au journal A^1. — Dès que la taxe a été acquittée, le télégramme est inscrit sur le journal A^1, et reçoit le numéro d'ordre que porte la case dans laquelle il est décrit. Le numéro d'inscription au journal suivi, le cas échéant, de l'indicatif du bureau de dépôt, constitue le numéro du télégramme.

Tout télégramme présenté au guichet par un expéditeur qui ne consent pas à acquitter les taxes dues est refusé.

31. — Récépissé de dépôt. — Un récépissé de dépôt, extrait du journal A^{IV}, est délivré, contre payement d'une somme de 0 fr. 10, à tout expéditeur qui en fait la demande au moment du dépôt du télégramme ou dans les six mois qui suivent ce dépôt. Il fait mention de la destination du télégramme, le cas échéant, des indications éventuelles, ainsi que de la totalité des taxes perçues, y compris celle de 0 fr. 10, représentant le prix du récépissé délivré. (1)

Un récépissé portant mention de la taxe globale perçue (y compris la taxe de 0 fr. 10 représentant le prix de ce récépissé) est délivré, contre payement de

(1) Exceptionnellement, l'heure de dépôt du télégramme peut, sur la demande expresse de l'expéditeur, être mentionnée sur le récépissé.

0 fr. 10, à tout expéditeur qui en fait la demande *au moment du dépôt*, sous bordereau, d'une série de télégrammes.

Le prix des récépissés de dépôt n'est remboursé en aucun cas.

32. — Date et heure de dépôt du télégramme. — La minute du télégramme est frappée du timbre à date du bureau, et revêtue de l'indication de l'heure de dépôt. Le cas échéant, il est tenu compte des indications écrites données par l'expéditeur tendant à ce que le télégramme ne soit mis en transmission par le bureau d'origine qu'à une heure postérieure à l'heure du dépôt, pourvu que ce bureau soit ouvert à l'heure indiquée ; dans ce cas, on porte dans le préambule, au lieu de l'heure réelle du dépôt, l'heure de la mise en transmission.

33. — Annulation par l'expéditeur d'un télégramme inscrit au journal A^1. — Lorsque la taxe d'un télégramme a été inscrite au journal A^1, l'expéditeur, ou son mandataire, peut néanmoins, en justifiant de sa qualité, demander l'annulation de ce télégramme.

Si le télégramme *n'a pas été transmis*, on annexe à la minute la demande d'annulation écrite et signée par l'intéressé, et les taxes perçues sont remboursées d'office à l'expéditeur, sous déduction d'un droit de 0 fr. 25.

Si le télégramme *a déjà été transmis*, la demande d'annulation ne peut être faite que par avis de service taxé. Dans ce cas, l'expéditeur a droit au remboursement des taxes accessoires devenues inutiles par suite de l'annulation du télégramme, et, en outre, — mais dans le régime international seulement, — de la part de taxe afférente au parcours électrique non effectué, tant pour la demande d'annulation que pour le télégramme primitif. Ces remboursements ne sont effectués que sur autorisation de l'Administration centrale.

CHAPITRE IV

Compte des mots

SECTION I

Dispositions communes à tous les régimes.

34. — Mots soumis à la taxe. — Tout ce que l'expéditeur écrit sur la minute de son télégramme, pour être transmis à son correspondant, est compris dans le nombre des mots et entre dans le calcul de la taxe.

Les indications de voie sont transmises gratuitement et figurent sur la copie remise au destinataire ; les signes de ponctuation, apostrophes et traits d'union ne sont pas taxés ; ils ne sont transmis que sur la demande formelle de l'expéditeur.

Les tirets qui ne servent qu'à séparer sur la minute les différents mots ou groupes d'un télégramme ne sont ni taxés, ni transmis.

Lorsque, en adresse, le nom du bureau d'arrivée, du département, etc., est souligné ou placé entre parenthèses, l'agent taxateur ne doit taxer ces signes qu'après s'être assuré que l'intention de l'expéditeur est qu'ils soient transmis. Dans le cas de négative, il les supprime et fait approuver cette modification.

35. — Expressions comptées pour un mot. — Sont comptés pour un mot :

1° Tout caractère, toute lettre, tout chiffre isolé.

2° Le souligné ;

3° La parenthèse (les deux signes servant à la former) ;

4° Les guillemets (les deux signes placés au commencement et à la fin d'un seul et même passage) ;

5° Les indications éventuelles écrites sous la forme abrégée donnée au tableau de l'article 9.

36. — Groupes formés de chiffres, de lettres ou de signes équivalents. — Sont comptés pour un chiffre ou une lettre dans le groupe où ils figurent, les points, les virgules, les tirets et les barres de fractions. Il en est de même de chacune des lettres ajoutées aux chiffres pour désigner des nombres ordinaux.

Chaque groupe de chiffres compte pour autant de mots qu'il contient de fois cinq chiffres ou signes équivalents, plus un mot pour l'excédent.

Les signes de ponctuation qui, au lieu d'être employés isolément, sont répétés à la suite les uns des autres, sont taxés comme des groupes de chiffres.

Les groupes de lettres ayant une signification secrète ou les groupes de lettres employés soit comme marque de commerce, soit dans les télégrammes sémaphoriques, comptent comme les groupes de chiffres. Il en est de même des expressions abrégées d'usage courant visées à l'article 13 (dernier alinéa).

Sont comptés de la même manière les mots, noms, expressions ou réunions de lettres ne remplissant pas les conditions du langage clair ou du langage convenu, ainsi que les mots n'appartenant pas aux langues admises, qui ont été acceptés à tort par le bureau d'origine.

37. — Langage convenu. — Chaque mot du langage convenu, remplissant, d'ailleurs, les conditions spécifiées à l'article 15, compte pour un mot.

38.— Langage mixte. — Lorsque le texte d'un télégramme est formé de passages en langage convenu et de passages en langage clair, les mots du langage clair sont comptés pour un mot par séries indivisibles de dix caractères.

Si un télégramme mixte comprend, en outre, un texte en langage chiffré, les passages en langage chiffré sont comptés conformément aux prescriptions de l'article 36 (2e et 3e alinéas).

Si un télégramme ne comprend que du langage clair et du langage chiffré, ou seulement du langage convenu et du langage chiffré, les passages en langage clair sont comptés suivant les règles applicables au langage clair, les passages en langage convenu suivant les règles applicables au langage convenu, et les passages en langage chiffré d'après les règles applicables au langage chiffré.

39. — Mots réunis par un trait d'union ou séparés par une apostrophe. — Les mots réunis par un trait d'union ou séparés par une apostrophe sont, sauf ce qui est dit à l'article 41, comptés comme autant de mots isolés.

40. — Adresses ordinaires. Adresses convenues. — Les mots de l'adresse sont comptés suivant les règles ordinaires.

Dans le cas où le texte d'un télégramme est rédigé totalement ou partiellement en langage secret, l'adresse est taxée comme si le télégramme était rédigé entièrement en langage clair.

Les noms de convention enregistrés sont admis pour un mot, jusqu'à concurrence de 15 ou 10 caractères, selon qu'ils se trouvent dans le texte de télégrammes rédigés soit en langage clair, soit en langage convenu ou en langage mixte.

L'agent préposé au guichet doit s'en remettre aux déclarations de l'expéditeur ; mais, dans les cas où il croit se trouver en présence d'une irrégularité, il la signale à l'expéditeur, et, si celui-ci maintient l'expression, il en fait mention sur l'original, en le priant de contresigner l'annotation.

SECTION II

Dispositions spéciales au régime intérieur.

41. — Règles concernant les expressions à admettre pour un mot. — Dans le régime intérieur, sont comptés pour un mot :

1° Les expressions simples ou composées en usage dans la langue française. — Il y a lieu d'admettre comme telles :

a) *Mots simples.*

Ceux qui figurent dans un vocabulaire usuel de la langue française :

Ex.: défeuiller, friturier, etc.

Et ceux qui, bien que ne figurant pas encore dans les vocabulaires usuels, sont, néanmoins, d'un emploi très fréquent et sanctionné par l'usage :

Ex.: antidiphtérique, surextra, kilovoltampère, glycérophosphate, dédouaner, contre-valeur, mésoffre, surfret, controffre, archiplein, etc.

b) *Mots composés.*

On doit comprendre sous cette dénomination, soit les mots composés proprement dits, formant le titre principal d'un article dans un vocabulaire usuel de la langue française, soit les expressions figurant en sous-titre dans un de ces vocabulaires, et entrées dans l'usage de la langue française, au point de présenter le caractère de mots composés proprement dits.

Ex.: eau-de-vie, arrière-petit-fils, aide-major, contre-amiral, maréchal-des-logis-chef, juge de paix, agent de change, pomme de terre, lieutenant-colonel, compte-rendu, haut-fourneau, quart d'heure, quelque chose, etc.; les mots précédés de mi, demi, semi ; les adjectifs précédés de « archi » ; les expressions pronominales, adverbiales, prépositives ou conjonctives composées : à peu près, parce que, au-dessus, tout à fait, tout de suite, vis-à-vis, jusqu'à présent, ceux-ci, nous-mêmes, etc.

Mais on ne saurait considérer comme mot composé proprement dit, et, par suite, compter pour une unité, toute expression composée formée d'un mot principal, auquel ont été adjoints, avec une préposition, un ou plusieurs compléments déterminatifs, destinés simplement à compléter le sens, en indiquant l'origine, l'usage, la composition, la fonction.

Ex.: soufre de Sicile, chapeau de paille, pierre à bâtir, capitaine d'habillement, confiture de groseille, Légion d'honneur, etc.

2° Les noms propres de lieux, de pays, de circonscriptions administratives, de voies publiques et les numéros des habitations, si les expressions employées reproduisent exactement les dénominations officielles.

Quant aux noms de gares, hôtels, châteaux, fermes, villas, usines, etc., ils ne sont acceptés pour un mot que :

a) Lorsqu'ils reproduisent une expression simple ou composée comptant elle-même pour un mot ;

b) Lorsqu'ils reproduisent une expression géographique admise elle-même pour un seul mot :

Ex.: Hôtel Chevau-légers.......... 2 mots
Villa Arc-en-ciel.......... 2 mots
Hôtel Grande-Bretagne.......... 2 mots
Usine Moulin-Madame.......... 2 mots
Château Four à Chaux.......... 2 mots

Certaines expressions, telles que « Chapeau Rouge », « La Couronne », « La Paix », « Croix d'or » « La Cloche », « Saint-Martin », « La Gare », etc., qui figurent au Dictionnaire des Postes et des Télégraphes, et sont fréquemment employés pour désigner des hôtels, cafés, etc., ont été choisies par les propriétaires de ces établissements en dehors de toute considération relative à leur acception géographique. Par suite, elles ne sauraient constituer des dénominations officielles de lieux ou de pays, et ne peuvent être comptées pour un mot.

3° Les noms des bureaux télégraphiques, s'ils sont écrits tels qu'ils figurent en caractères gras à la Nomenclature intérieure.

Toutefois, en ce qui concerne les bureaux succursales français (Bordeaux-Chartrons, Dijon-Porte-d'Ouche, etc.), le nom du bureau tel qu'il figure à la Nomenclature, est compté pour un mot :

a) Dans l'adresse d'un télégramme à distribuer au guichet ou dans l'enceinte d'un de ces bureaux :

Ex.: = TR = Durand Paris-Halles ;
N... commis Lyon-Brotteaux ;

b) dans le texte, lorsqu'ils servent à préciser le bureau même :

Ex.: Répondez-moi bureau Marseille-Chapitre.

Dans les autres cas, le nom de la ville suffit, à l'exclusion des indications portées en italique à la suite de ce nom, indications qui devraient être taxées, si l'expéditeur les maintenait, malgré l'avis qui lui en serait donné.

4° Les expressions dont le groupement est autorisé à l'article 13 (avant-dernier alin.), mais qui ne sont pas mentionnées aux trois premiers paragraphes du présent article, ainsi que les mots des langues étrangères, lorsque ces mots ou expressions ne contiennent pas plus de quinze caractères selon l'alphabet Morse, l'excédent étant compté pour un mot par séries indivisibles de quinze caractères.

42. — Différence entre le nombre des mots taxés et celui des mots réels. — Lorsque le texte d'un télégramme comprend un ou plusieurs mots composés, formés de parties réunies ou non par des traits d'union, et que la manière de compter ces expressions paraît susceptible de donner lieu, en cours de transmission, à des difficultés entre correspondants, au sujet du nombre des mots du télégramme ; ou bien lorsque ce télégramme renferme des réunions de mots autorisées, ou des groupes de lettres ou de chiffres, qui, en raison du nombre des caractères qui les composent, doivent être comptés pour plusieurs unités, l'agent taxateur prend soin d'indiquer, dans le préambule, le nombre des mots du télégramme, sous la forme d'une fraction, dont le numérateur représente le nombre des mots taxés, et le dénominateur, le nombre des mots réels : Ex. : 8/9, 23/21.

Si le texte du télégramme renferme également des passages en langage chiffré, l'indication du nombre des mots doit comprendre : 1° le nombre total des mots qui sert de base à la taxe ; 2° le nombre réel des mots en langage clair ou convenu ; 3° le nombre des groupes de chiffres ou de lettres. Ex. : 16/10/4.

SECTION III

Dispositions spéciales au régime international.

43. — Expressions comptées pour un mot. — Sont comptés pour un mot :

1° En adresse :

a) Le nom du bureau télégraphique de destination tel qu'il figure dans la première colonne de la Nomenclature officielle des bureaux et complété, le cas échéant, pour les indications qui figurent dans cette colonne ;

b) Respectivement les noms de pays ou de subdivisions territoriales, s'ils sont écrits en conformité des indications de ladite Nomenclature ou de leurs autres dénominations telles qu'elles sont données dans la préface de ce document.

2° Dans les télégrammes-mandats :

a) Le nom du bureau postal d'émission,

b) Le nom du bureau postal payeur,

c) Le nom de la résidence du bénéficiaire.

44. — Longueur des mots. — Pour les télégrammes rédigés entièrement en langage clair ou contenant des passages en langage chiffré, à l'exclusion de tout mot convenu, chaque mot simple et chaque groupement autorisé à l'article 13 (avant-dern. alin.) est compté pour autant de mots qu'il contient de fois quinze caractères selon l'alphabet Morse, plus un mot pour l'excédent, s'il y a lieu.

Les dispositions visées à l'art. 41 précisant les expressions susceptibles d'être admises comme mots simples ou composés en usage dans la langue française sont appliquées dans le régime international ; mais, dans ce régime, les mots composés doivent être groupés par l'expéditeur pour bénéficier de la règle établie au précédent alinéa.

45. — Numéros des habitations dans une adresse. — Chacune des lettres ajoutées aux chiffres pour désigner les numéros des habitations dans une adresse est comptée pour un chiffre.

46. — Réunion de différentes parties d'une expression comptée pour un mot. — Lorsque ne sont pas groupées les différentes parties de chacune des expressions taxées pour un mot et désignant : 1° le bureau destinataire ; 2° le pays de destination ; 3° la subdivision territoriale et 4° les noms visés à l'article 43 figurant dans les télégrammes-mandats, l'agent taxateur les réunit entre elles.

47. — Différence entre le nombre des mots taxés et celui des mots réels. — En cas de différence entre le nombre des mots taxés et celui des mots réels, notamment lorsqu'un télégramme en langage clair contient des mots de plus de quinze caractères, ou lorsqu'un texte en langage convenu contient des mots clairs de plus de dix caractères, l'agent taxateur prend soin d'indiquer, dans le préambule, le nombre des mots du télégramme, sous la forme d'une fraction dont le numérateur représente le nombre des mots taxés et le dénominateur le nombre des mots réels. Exemple : 23/21.

48. — Indication du nombre des mots dans les télégrammes dont le texte est rédigé totalement ou partiellement en langage chiffré. — Dans les télégrammes dont le texte est rédigé tolalement ou partiellement en langage chiffré, l'agent taxateur indique, dans le préambule, le nombre des mots du télégramme de la façon suivante : 1° nombre total des mots taxés ; 2° nombre des mots en langage clair ou en langage convenu ; 3° nombre des groupes de chiffres ou de lettres. Exemple : 17/11/4.

SECTION IV

Exemples.

49. — Exemples pour le compte des mots. — Le tableau suivant précise les règles applicables au compte des mots dans un télégramme entièrement rédigé en langage clair ou renfermant des passages en langage clair et d'autres en langage chiffré :

MOT OU EXPRESSION	RÉGIME		
	INTÉRIEUR	INTERNATIONAL (adresse) (1)	INTERNATIONAL (texte)
Kriegsgeschichten (15 caractères)	1 mot	»	1 mot
Inconstitutionnalité (20 caractères)	1 mot	»	2 mots
S V P (signifiant s'il vous plaît)	1 mot	»	1 mot
Tout de suite	1 mot	»	3 mots
A-t-il	3 mots	»	3 mots
Aujourd'hui	1 mot	»	2 mots
Aujourdhui (10 caractères)	1 mot	»	1 mot
Compagnie P.-L.-M.	4 mots	»	4 mots
Compagnie PLM	2 mots	»	2 mots
C'est-à-dire	1 mot	»	4 mots
Arc-les-Gray (3)	1 mot	1 mot	3 mots
Arclesgray (10 caractères)	1 mot	»	1 mot
Aix-la-Chapelle (3)	1 mot	1 mot	3 mots
Aixlachapelle (12 caractères)	1 mot	»	1 mot
Frankfurt am Main (3)	1 mot	1 mot	3 mots
Frankfurtmain (13 car.)	1 mot	»	1 mot
Emmingen, Hannover (2)	2 mots	1 mot	2 mots
Emmingen Wurttemberg (2)	2 mots	1 mot	2 mots

(1) Il n'a été porté d'indication dans cette colonne que lorsque les règles applicables pour le compte des mots de l'adresse sont différentes de celles applicables aux mots du texte.
(2) Hannover et Wurttemberg suivant Emmingen servent à compléter la désignation de deux bureaux homonymes d'un même État et figurent à la première colonne de la Nomenclature internationale des bureaux télégraphiques.
(3) Dans l'adresse, l'agent taxateur doit grouper les mots constituant cette expression.

MOT OU EXPRESSION	RÉGIME		
	INTÉRIEUR	INTERNATIONAL (adresse) (1)	INTERNATIONAL (texte)
Seine-et-Marne	1 mot	1 mot	3 mots
Seineetmarne (12 caractères)	1 mot	»	1 mot
Van de Brande	3 mots	»	3 mots
Vandebrande (11 caractères)	1 mot	»	1 mot
Joseph Durand (prénom et nom patron.)	2 mots	2 mots	2 mots
Josephdurand	2 mots	2 mots	2 mots
Rue de la Paix	2 mots	»	4 mots
Rue delapaix	2 mots	»	2 mots
Hyde Park	2 mots	»	2 mots
Hydepark (contraire à l'usage de la langue)	2 mots	»	2 mots
Hydepark square (2)	2 mots	»	2 mots
Hydeparksquare (contraire à l'usage de la langue)	2 mots	»	2 mots
New Oxford Street	2 mots	»	3 mots
Newoxford Street	2 mots	»	2 mots
Hôtel du Pas-de-Calais	3 mots	»	5 mots
Grand'mère	1 mot	»	2 mots
Grandmère (9 caractères)	1 mot	»	1 mot
Porte-monnaie	1 mot	»	2 mots
Portemonnaie (12 caractères)	1 mot	»	1 mot
Prince of Wales (nom de navire)	3 mots	»	3 mots
Princeofwales (nom de navire) (13 caractères)	1 mot	»	1 mot
5 *bis* (numéro de rue)	1 mot	»	1 mot
5 *bis* (désignant autre chose qu'un numéro de rue)	2 mots	»	2 mots
44 1/2 (5 chiffres et signes)	1 mot	»	1 mot
444 1/2 (6 chiffres et signes)	2 mots	»	2 mots
444,5 (5 chiffres et signes)	1 mot	»	1 mot
444,55 (6 chiffres et signes)	2 mots	»	2 mots
10 francs 50 centimes (ou 10 fr. 50 c.)	4 mots	»	4 mots
10 fr. 50	3 mots	»	3 mots
Fr. 10,50	2 mots	»	2 mots
$\frac{2}{3}$	1 mot	»	1 mot
Deuxtiers (signifiant $\frac{2}{3}$)	1 mot	»	1 mot
11 h. 30	3 mots	»	3 mots
11,30	1 mot	»	1 mot
Le 17me	2 mots	»	2 mots
Le 1529me	3 mots	»	3 mots
3/9/7	1 mot	»	1 mot
44/2	1 mot	»	1 mot
44/	1 mot	»	1 mot
2 0/0	1 mot	»	1 mot
2 p. 0/0	3 mots	»	3 mots
Huit/10	2 mots	»	2 mots
5 douzièmes	2 mots	»	2 mots
54-58	1 mot	»	1 mot
30 exposant a (3)	3 mots	»	3 mots
15 multiplié par 16 (3)	4 mots	»	4 mots
Deux cent trente-quatre	4 mots	»	4 mots
Deuxcenttrentequatre (20 caractères)	2 mots	»	2 mots
Vingtvingtcinq (signifiant 20,25)	1 mot	»	1 mot
E.	1 mot	»	1 mot
E. M. (Lettres isolées. Initiales de noms)	2 mots	»	2 mots

(1) Les mots et expressions qui figurent dans la première colonne de cette page du tableau comptent de la même manière dans l'adresse et dans le texte.

(2) Dans ce cas, l'expression « Hydepark » en un seul mot, ne compte que pour un mot, parce que « park » fait partie intégrante du nom du square.

(3) Les appareils télégraphiques ne pouvant reproduire les expressions telles que 30^a, 15×6, etc., les expéditeurs doivent être invités à leur substituer la signification explicite « 30 exposant a », « 15 multiplié par 6 », etc.

MOT OU EXPRESSION	RÉGIME		
	INTÉRIEUR	INTERNATIONAL	
		(adresse) (1)	(texte)
Emvthf (6 lettres)	2 mots	»	2 mots
Caf (pour : coût, assurance, fret)	1 mot	»	1 mot
Cif (pour : cost, insurance, freight)	1 mot	»	1 mot
Fob (pour : free on board)	1 mot	»	1 mot
= X P fr. 2,50 = (indication éventuelle écrite sous la forme abrégée)	1 mot	»	1 mot
= R P 15 = (indication éventuelle écrite sous la forme abrégée)	1 mot	»	1 mot
$\frac{AP}{M}$ (marque de commerce	1 mot	»	1 mot
R8TM5 (marque de commerce)	4 mots	»	4 mots
ADVGMY (marque de commerce)	2 mots	»	2 mots
5, 2, 5	1 mot	»	1 mot
$\frac{3}{M}$ (marque de commerce)	2 mots	»	2 mots
C. H. F. 4,55 (marque de commerce)	4 mots	»	4 mots
L'affaire est urgente : partir sans retard (7 mots et deux soulignés) (2)	9 mots	»	9 mots
Reçu de vos nouvelles indirectes (assez mauvaises) télégraphiez directement (Texte comportant une parenthèse) (3)	10 mots	»	10 mots
Recevons de Péra lettre source sûre où lisons «affaire conversion entravée par syndicat banquiers » (Texte comportant un passage entre guillemets) (4)	15 mots	»	15 mots

(1) Les expressions qui figurent dans la première colonne de cette page du tableau comptent de la même manière dans l'adresse et dans le texte.
(2) Le signal *souligné* est transmis avant et après chaque mot ou passage souligné.
(3) Le signal *parenthèses* est transmis avant et après chaque passage ou mot placé entre parenthèses.
(4) Le signal *guillemets* est transmis avant et après chaque passage signalé par des guillemets.

CHAPITRE V

Application et perception des taxes. — Tarifs.

50. — Calcul des taxes à percevoir. — Les taxes télégraphiques sont calculées d'après les indications du Tarif télégraphique et les dispositions règlementaires.

Elles se divisent en taxe *principale* et taxes *accessoires*. La taxe principale est celle qui résulte uniquement du nombre des mots du télégramme. Les taxes accessoires comprennent toutes les perceptions faites en sus de la taxe principale.

Dans tous les régimes, elles sont appliquées par mot, avec un minimum de perception dans le régime intérieur et dans certaines relations du régime européen (Allemagne, Autriche-Hongrie, Belgique, Espagne, Grande-Bretagne et Irlande, Italie, Luxembourg, Maroc, Pays-Bas, Portugal et Suisse).

Elles sont calculées suivant la voie indiquée sur la minute par l'expéditeur (1).

Les agents ne provoquent jamais l'inscription d'une mention de voie.

Lorsque la voie indiquée par l'expéditeur est interrompue au moment du dépôt, l'agent taxateur lui fait connaître cette situation et lui indique les autres voies existantes. L'avis donné relativement à l'interruption est mentionné sur la minute et, autant que possible, contresigné par l'expéditeur.

Lorsque l'expéditeur n'a porté aucune mention relative à l'itinéraire à suivre, la taxe est calculée par la voie normale, c'est-à-dire la moins coûteuse. La taxe du mot par la voie normale est indiquée en caractères gras au Tarif télégraphique, dont le tableau ci-après est un résumé synoptique.

En cas d'interruption de la voie normale, il y a lieu d'appliquer d'office le tarif de la voie la moins coûteuse restant utilisable.

---

(1) On doit admettre qu'un expéditeur, qui fait usage d'une formule portant une indication de voie imprimée, agit en pleine connaissance de cause et choisit pour son télégramme la voie indiquée sur la formule. Par suite, on doit diriger ce télégramme par la voie mentionnée sur cette formule, à moins que les nécessités du service (encombrement, interruption) n'obligent à employer une autre voie (Règlement international, art. XLII, § 3).

51. — Tableau indiquant le tarif par mot (voie normale) pour les principaux Pays, ainsi que les télégrammes spéciaux admis pour chacun d'eux.

PAYS	TARIF par mot (voie normale)	PRINCIPAUX TÉLÉGRAMMES SPÉCIAUX ADMIS	OBSERVATIONS
1° Régime Européen :			
Allemagne	0.15	D. TC. PC. PCP. FS. RP. MP. RO. Multiple. Poste. Exprès. Sémaphorique. Mandat Langage secret.	Minimum : 0 fr. 90
Autriche-Hongrie	0.20	*Les mêmes, plus* Presse.	Minimum : 1 fr.
Belgique	0.125	*Les mêmes.*	Minimum : 0 fr. 75
Bosnie-Herzégovine	0.285	*Les mêmes, moins* Sémaphorique, Mandat et Langage secret.	
Bulgarie	0.315	*Les mêmes, moins* Sémaph., Exprès et Langage secret.	
Danemark	0.245	D. TC. PC. PCP. FS. RP. RO. MP. Exprès. Poste. Sémaph. Multiple. Mandat. Langage secret. Presse.	
Espagne	0.20	D. TC. PC. PCP. FS. RP. MP. Sémaph. Multiple. RO. Poste. Presse. Langage secret.	Minimum : 1 fr.
Gibraltar	0.245	TC. PC. PCP. FS. RP. D. Multiple. Presse. Langage secret.	
Grande-Bretagne et Irlande	0.20	TC. PC. PCP. FS. RP. Sémaph. Multiple. Poste. Exprès. Presse. Mandat. Lang. secret.	Minimum : 1 fr.
Grèce — **Grèce continentale et îles de Paros et d'Eubée**	0.535	D. MP. TC. PC. PCP. FS. RP. RO. Multiple. Exprès. Poste. Lang. sec. Presse.	
Grèce — **Iles (moins Paros et Eubée)**	0.57	D. MP. TC. PC. PCP. FS. RP. RO. Multiple. Exprès. Poste. Lang. sec. Presse.	
Italie	0.20	*Les mêmes, plus* Mandat. Presse et Sémaph.	Minimum : 1 fr.
Luxembourg	0.10	D. MP. TC. PCP. FS. RP. RO. Multiple. Exprès. Poste. Mandat. Presse. Langage secret.	Minimum : 0 fr. 80
Malte	0.405	D. MP. TC. PC. PCP. FS. RP. RO. Multiple. Exprès. Poste. Langage secret.	
Maroc	0.20	D. MP. TC. PC. PCP. FS. RP. RO. Multiple. Poste. Presse. Lang. secret.	Minimum : 1 fr.
Monténégro	0.285	TC. PC. PCP. FS. RP. RO. Lang. secret. Multiple. Poste.	
Norvège	0.36	D. TC. PC. PCP. RP. MP. FS. RO. Exprès. Poste. Sémaphorique. Multiple. Mandat. Langage secret. Presse.	
Pays-Bas	0.16	*Les mêmes,*	Minimum : 1 fr.
Portugal	0.20	*Les mêmes, plus* Presse.	Minimum : 1 fr.
Roumanie	0.285	D. MP. TC. PC. PCP. FS. RP. RO. Poste. Multiple. Mandat. Langage secret.	
Russie d'Europe et du Caucase	0.40	D. TC. PC. PCP. FS. RP. MP. Exprès. Poste. Multiple. Langage convenu.	
Sénégal et Soudan	1.50	D. FS. TC. PC. PCP. RP. MP. RO. Exprès. Poste. Multiple. Presse. Langage secret. Tél.-lettres.	

PAYS	TARIF par mot (voie normale)	PRINCIPAUX TÉLÉGRAMMES SPÉCIAUX ADMIS	OBSERVATIONS
Serbie	0.285	D. TC. PC. PCP. FS. RP. RO. MP. Poste. Multiple. Mandat.	
Suède	0.28	D. TC. PC. PCP. RP. FS. MP. RO. Exprès. Poste. Mandat. Multiple. Langage secret. Presse.	
Suisse	0.125	*Les mêmes, moins* D.	Minimum : 0 fr. 75
Tripolitaine	0.70	D. TC. PC. PCP. RP. MP. RO. Poste. Multiple.	
Turquie d'Europe et d'Asie	0.53	D. TC. PC. PCP. RP. FS. RO. Poste. Exprès. Multiple.	
2° Régime Extra-Européen :			
Annam	5.0375	D. (V. Wladiw. ou Malte). TC. PC. FS. PCP. RP. RO. MP. Poste. Exprès. Multiple. Langage secret. Tél.-lettres. Presse.	
Antilles	2.10 à 9.30	TC. PC. PCP. RP. Poste. Langage secret. Presse.	
Argentine (République)	4.80	D. TC. PC. RP. MP. RO. PCP. Poste. Langage secret. Multiple. Presse.	
Australie	3.4375	D. TC. PC. PCP. RP. RO. MP. FS. Multiple. Poste. Presse. Langage convenu (pour Victoria seulement).	
Bolivie	7.20	TC. PC. RP. PCP. Poste. Langage secret.	N'admet pas les réclamations.
Brésil	3.75 à 7.60	D. TC. PC. RP. MP. PCP. FS. Poste. Langage secret. Multiple (voies du Sud). Presse.	
Canada	1.25	TC. PC. PCP. RP. Exprès. Poste. Langage secret. Presse.	
Cap (Colonie du)	3.125	FS. TC. PC. PCP. RP. Poste. Exprès. Presse. Multiple. Langage secret.	
Chili	7.20	TC. PC. PCP. RP. Poste. Langage secret. Presse.	
Chine	5.1875	D. (V. Wladiw. ou Malte). TC. PC. PCP. RP. Poste. Langage secret. Presse.	
Cochinchine et Cambodge	4.2875	D. (V. Wladiw. ou Malte). TC. PC. PCP. FS. RP. RO. MP. Poste. Exprès. Langage secret. Tél.-lettres. Presse.	
Colombie	6.90 et 7.20	TC. PC. PCP. RP. Poste. Langage secret. Presse.	N'admet pas les réclamations.
Congo-français	6.305	D. MP. RO. FS. TC. PC. PCP. RP. Mult. Poste. Lang. secret. Tél.-lettres. Presse.	
Corée	5.7375	D. (V. Wladiw. ou Malte). TC. PC. PCP. RP. Exprès. Poste. Langage secret. Presse.	
Costa Rica	5.20	TC. PC. PCP. RP. Poste. Langage secret. Presse.	
Cuba	2.10 à 2.30	TC. D. (v. PQ.). PC. PCP. RP. Langage secret. Presse.	
Dahomey	6.055	*Les mêmes* que Congo fr., *plus* Exprès.	
Egypte	1.25 à 1.65	D. TC. PC. PCP. RP. MP. Poste. Multiple. Mandat. Langage secret. Presse.	
Equateur	7.20	TC. PC. PCP. RP. Poste. Langage secret. Presse.	N'admet pas les réclamations.

PAYS	TARIF par mot (voie normale)	PRINCIPAUX TÉLÉGRAMMES SPÉCIAUX ADMIS	OBSERVATIONS
Etats-Unis	1.25 à 3.25	TC. PC. PCP. RP. Exprès. Poste. Lang. secret. D (avec New-York par la v. PQ). Presse.	
Guatemala	3.85 et 4.20	TC. PC. PCP. RP. Poste. Langage secret. Presse.	
Guyane francaise	8.05	TC. PC. PCP. RP. Poste. Langage secret. Presse.	
Honduras	4.70	TC. PC. PCP. RP. Poste. Langage secret. Presse.	
Indes néerlandaises	4.6875 et 5.1875	D (V. Malte). TC. PC. PCP. RP. RO. MP. Exprès. Poste. Multiple. Langage secret. Presse. Mandat.	
Indoustan	2.8125	TC. PC. RP. Multiple. Poste. Langage secret. Presse.	
Japon	5.7375	D. (V. Wladiw. ou Malte). TC. PC. PCP. RP. RO. FS. Multiple. Poste. Langage secret. Mandat. Presse.	
Madagascar	3.375	TC. PC. PCP. RP. Presse. Langage secr. Poste. Tél.-lettres.	
Mexique	1.90 à 2.60	TC. PC. PCP. RP. Poste. Langage secret. Presse.	
Nicaragua	4.90 et 5.20	TC. PC. PCP. RP. Poste. Langage secret. Presse.	
Nouvelle-Calédonie	4.2875	TC. PC. PCP. RP. Poste. Langage secret. Tél.-lettres. Presse.	
Nouvelle-Zélande	3.4375	TC. PC. PCP. RP. FS. MP. Multiple. Poste. Langage secret. Presse.	
Obock	3.275	D. TC. RO. PC. PCP. RP. MP. Multiple. Langage secret. Presse.	
Orange (État libre d')	3.125	TC. PC. PCP. RP. Poste. Multiple. Presse. Langage secret.	
Panama	6.25	TC. PC. PCP. RP. Poste. Langage secret. Presse.	
Paraguay	4.80	D. TC. PC. PCP. RP. MP. RO. Poste. Langage secret. Presse.	
Pérou	7.20	TC. PC. PCP. RP. Poste. Langage secret. Presse.	
Perse	1.62	TC. PC. PCP. RP. D. Multiple. Poste. Langage secret.	
Philippines (Iles)	5.1875 et 5.687	TC. PC. PCP. Poste. RP. Langage secret. D. (pour Manille). Presse.	
Réunion (Ile de la)	3.375	*Comme avec Madagascar.*	
Russie d'Asie	1.05	D. TC. PC. PCP. RP. MP. Multiple. Poste. Exprès. Lang. convenu.	
Salvador	4.40 et 4.70	TC. PC. PCP. RP. Poste. Langage secret. Presse.	
Siam	3.7875	TC. PC. RP. PCP. Poste. Exprès. Langage secret. Presse.	
Tonkin	5.0375	D. TC. PC. PCP. RP. MP. FS. RO. Poste. Exprès. Multiple. Lang. secret. Tél.-lettres. Presse.	
Transwaal	3.125	TC. PC. PCP. RP. Poste. Multiple. Presse Langage secret.	
Uruguay	4.80	D. TC. PC. PCP. RP. MP. RO. Poste. Langage secret. Multiple. Presse.	
Vénézuela	8.95 et 9.50	TC. PC. RP. PCP. Poste. Langage secret. Presse.	N'admet pas les réclamations.

52. — Perception des taxes. — Les taxes télégraphiques sont perçues au départ, sauf les exceptions prévues pour les télégrammes à faire suivre, les télégrammes affranchis par un bon, les télégrammes émanant d'un bâtiment en mer, les télégrammes à remettre par exprès, les altérations ou réunions abusives de mots et la taxe spéciale de 10 centimes applicable aux télégrammes d'arrivée téléphonés à des abonnés au téléphone.

Les taxes sont décrites sur la minute du télégramme et sont toujours perçues en numéraire, sauf celles acquittées à l'aide d'un bon de caisse. Si la somme totale à percevoir contient une fraction de demi-décime, cette somme est augmentée de la quantité nécessaire pour compléter le demi-décime.

Les taxes perçues en moins par erreur et les frais non recouvrés sur le destinataire sont perçus sur l'expéditeur, sauf les exceptions prévues aux articles 110 et 168.

53. — Taxation des télégrammes internationaux par les bureaux secondaires non munis de la Nomenclature internationale ou de l'édition complète du Tarif. — Les bureaux secondaires qui ne sont pas munis de la Nomenclature internationale ou de l'édition complète du Tarif télégraphique demandent aux bureaux principaux auxquels ils sont reliés les renseignements dont ils peuvent avoir besoin pour la taxation des télégrammes internationaux.

Ces demandes et les réponses y afférentes se font par avis de service.

CHAPITRE VI

Télégraphie officielle.

SECTION I.

Télégrammes officiels.

54. — Télégrammes officiels proprement dits ou assimilés. — Dans le service intérieur, les télégrammes officiels sont ceux qui, intéressant le service de l'Etat, sont expédiés par des fonctionnaires auxquels le droit de franchise télégraphique a été accordé par arrêté ministériel.

Sont également considérés comme télégrammes officiels les cours des rentes françaises et les télégrammes météorologiques. Il en est de même des réponses aux télégrammes définis à l'alinéa précédent ou aux lettres adressées par un expéditeur à un destinataire avec lequel cet expéditeur a la franchise télégraphique, lorsque le télégramme primitif ou la lettre renferme implicitement l'ordre de répondre par le télégraphe. La réponse peut être adressée directement à un tiers, si l'expéditeur du télégramme primitif ou de la lettre a, lui-même, franchise avec ce tiers. Dans tous les cas, le télégramme ou la lettre susvisés sont produits, au moment du dépôt de la réponse, et l'agent du guichet inscrit sur la minute le mot « réponse » qui est transmis après l'adresse.

Les télégrammes officiels doivent être signés par le titulaire de la franchise ou, à son défaut, par son substitut, son remplaçant ou son intérimaire régulier. Ils sont, en outre, frappés du sceau ou du cachet de l'autorité qui les expédie. Toutefois, cette dernière formalité n'est pas exigible lorsque l'authenticité du télégramme ne soulève aucun doute.

Pour les télégrammes officiels transmis à un sémaphore par un navire en mer, le sceau est remplacé par le signe distinctif du commandement.

55. — Franchise télégraphique. — Le droit de franchise télégraphique implique, dans le régime intérieur, pour la correspondance des personnes qui en sont investies, d'une part, l'exonération de la taxe et, d'autre part, la priorité de transmission et de remise.

Toutefois, les Préfets, les Sous-Préfets et les fonctionnaires ressortissant au Département de l'Instruction publique acquittent, au moment du dépôt, les frais d'exprès de leurs télégrammes à remettre hors des limites de la distribution gratuite du bureau d'arrivée, à moins que la remise par la poste ne soit demandée.

Les Préfets et les Sous-Préfets, qui expédient des télégrammes à destination de l'étranger, acquittent, au moment du dépôt, la taxe intégrale de ces télégrammes ; mais la part française de cette taxe leur est ultérieurement remboursée, sur autorisation de l'Administration centrale. A cet effet, une copie de l'original du télégramme est transmise, par l'intermédiaire du directeur départemental, à l'Administration centrale (Comptabilité, 2e bureau), accompagnée d'un procès-verbal n° 685.

La franchise télégraphique est *directe* ou *indirecte*.

Franchise directe. — La franchise directe appartient aux seuls fonctionnaires ou agents auxquels elle a été conférée par décision ministérielle et dans les limites fixées par cette décision. Sont désignées à l'Etat général des franchises les personnes investies de la franchise directe, avec l'indication, pour chacune d'elles, de l'étendue de leur droit.

Tout fonctionnaire ou agent possédant le droit de franchise ne le conserve que dans le ressort où il exerce ses fonctions. Toutefois, il peut déposer ses télégrammes dans une localité voisine de son ressort, lorsqu'il n'existe pas de bureau télégraphique sur les lieux mêmes où il se trouve.

Par exception, les généraux commandant les corps d'armées, en déplacement hors de leur région, continuent à jouir de leur droit, sauf quand leurs télégrammes officiels doivent être déposés à Paris. Dans ce dernier cas, ces télégrammes restent soumis à la formalité du visa du ministre de la Guerre.

Franchise indirecte. Visa. — La franchise indirecte est conférée par un *visa* apposé sur un télégramme par un fonctionnaire investi de la franchise directe avec le destinataire du télégramme. Le visa est demandé par l'agent expéditeur du télégramme à son chef hiérarchique ; à défaut de chef hiérarchique, il est demandé à une autre autorité compétente. En outre, pour être valable, le visa doit être apposé postérieurement à la rédaction du télégramme et avant le dépôt de ce télégramme au guichet.

Le mot « *visé* » est inscrit sur la minute pour être transmis à la suite de l'adresse de tout télégramme qui a été soumis à la formalité du visa.

Délégation du droit de franchise ou de visa. — Le droit de franchise ou de visa peut être délégué par tout fonctionnaire à son substitut, suppléant ou intérimaire régulier. Pendant toute la durée de la délégation, le titulaire de la franchise ne peut expédier de télégrammes en exemption de taxe. Les télégrammes envoyés au nom du titulaire de la franchise doivent être signés par le véritable expéditeur, qui est tenu de faire précéder sa signature de l'énonciation de sa qualité et de la mention « pour le (qualité du titulaire) absent *ou* empêché ».

Sauf le cas où il s'agit d'un télégramme expédié au titulaire de la franchise par son remplaçant, c'est toujours la qualité de ce titulaire qui doit être énoncée en adresse.

Exemple : Un télégramme expédié par le Secrétaire général d'une préfecture, en l'absence du Préfet, portera la mention suivante :

Pr le Préfet absent *ou* empêché :
Le Secrétaire général,
(Signature).

et l'adresse en sera ainsi libellée :

Préfet (et non Secrétaire général) à...

56. — Refus des télégrammes officiels à remettre par le bureau d'origine. — Les correspondances déposées sous la forme de télégrammes officiels, qui ne doivent donner lieu à aucune transmission électrique, ne sont pas acceptées par le service télégraphique. S'il s'agit d'un télégramme multiple dont l'adresse comporte, entre autres destinataires, un ou plusieurs fonctionnaires en résidence dans la zone de distribution du bureau de dépôt, l'agent du guichet supprime d'office, en présence de l'expéditeur, les indications afférentes à la remise du télégramme à ces fonctionnaires. Si le télégramme est déposé par un tiers, l'expéditeur est avisé immédiatement par une note signée du receveur de la modification apportée à l'adresse de son télégramme.

57. — Contravention. — L'exercice du droit de franchise donne lieu à *contravention* ou à *abus*.

Il y a « *contravention* » toutes les fois que l'expéditeur ne jouit pas, dans les conditions où il se trouve, du droit de correspondre en franchise avec le destinataire du télégramme qu'il présente, ou se prévaut d'un visa délivré par un fonctionnaire qui outrepasse lui-même les limites de son droit. Ainsi, un préfet ne peut user de la franchise lorsqu'il se trouve en dehors de son département ; un général ne peut correspondre en franchise avec un percepteur des contributions, même si ce fonctionnaire est en résidence dans les limites du commandement du général, etc.

Tout télégramme présenté en contravention est, quel qu'en soit l'objet, refusé en franchise. Il n'est accepté que contre payement de la taxe. Le cas échéant, l'incident auquel donnent lieu le dépôt et la taxation des télégrammes de cette catégorie est signalé immédiatement, par rapport spécial, au directeur départemental.

Lorsqu'un télégramme présenté « en contravention » a été accepté et transmis comme officiel, le receveur du bureau principal d'arrivée ou, si le télégramme est destiné à un bureau secondaire, le receveur du dernier bureau principal, de transit, ou enfin, si le télégramme ne transite par aucun bureau principal, le receveur du bureau secondaire d'arrivée, établit d'office un procès-verbal n° 685. Après enquête, le dossier est envoyé à l'Administration centrale (Direction de l'Exploitation électrique, 4e Bureau). Le nombre des télégrammes signalés comme acceptés en contravention, ainsi que le montant des taxes des télégrammes de cette catégorie qui a été recouvré sont portés respectivement à l'état 803 *bis*, au compte des départements ministériels intéressés.

Les taxes des télégrammes acceptés en contravention sont, sur l'ordre de l'Administration, versées par le receveur du bureau d'origine, sauf recours de celui-ci contre l'expéditeur.

58. — Abus. — Il y a « *abus* » toutes les fois que le télégramme présenté comme officiel par un fonctionnaire qui possède la franchise avec le destinataire a trait à des affaires d'ordre privé, d'intérêt ou de convenance personnels, s'il a pour but de réparer une faute de service (erreur, négligence ou omission), s'il contient des développements exagérés ou s'il n'est pas rédigé avec la concision que comporte le style télégraphique, s'il est adressé à des destinataires non directement intéressés, s'il ne présente pas un caractère d'urgence absolue, s'il ne se rapporte pas à l'objet spécial en vue duquel la franchise a été accordée et, d'une manière générale, si son envoi est contraire aux dispositions édictées dans les circulaires des différents départements ministériels qui ont été notifiées au service par la voie du bulletin mensuel.

Ainsi sont abusifs : les télégrammes relatifs aux congés, aux transports de corps, aux commandes de repas, de voiture, etc., à la participation aux obsèques des autorités ou des fonctionnaires, ceux qui ont pour objet de réclamer des renseignements ou des documents qui devaient parvenir à une date déterminée ou dont l'envoi avait été antérieurement demandé, les télégrammes qui auraient pu être remplacés sans inconvénient par une correspondance postale, etc.

Quand un télégramme jugé abusif est présenté par l'expéditeur lui-même, celui-ci est avisé de l'obligation qui incombe au receveur de signaler le télégramme à l'Administration. Si, malgré cet avis, l'expéditeur insiste pour que son télégramme soit traité comme officiel, le receveur l'accepte et le transmet comme tel.

Lorsque le télégramme jugé abusif est présenté par un tiers, il est accepté sans observation et transmis comme officiel.

Dans ces deux derniers cas, le bureau d'origine établit un procès-verbal n° 685, sur lequel sont consignés tous les renseignements de nature à permettre à l'Administration de poursuivre le recouvrement de la taxe des correspondances présumées abusives. Ce procès-verbal, auquel est annexée copie de toutes les pièces utiles, est envoyé aussitôt à la direction départementale qui le transmet à l'Administration centrale (Exploitation électrique — 4e bureau). Le recouvrement des taxes afférentes aux télégrammes irrégulièrement transmis en franchise n'est opéré qu'en vertu d'instructions conformes de l'Administration.

Les bureaux principaux signalent à la direction départementale, par procès-verbaux n° 685, tous les télégrammes officiels abusifs reçus par eux (transit et arrivée). Ces procès-verbaux sont envoyés et centralisés à la direction dont relèvent les bureaux d'origine, qui les transmet, avec toutes les indications utiles, à l'Administration centrale (Exploitation électrique — 4e bureau). Le nombre des télégrammes signalés comme abusifs, ainsi que le montant des taxes des télégrammes de cette catégorie, qui a été recouvré, sont portés respectivement à l'état 803 *bis*, au compte des Départements ministériels intéressés.

Toutefois, les bureaux sont tenus d'encaisser les taxes que les fonctionnaires expéditeurs de télégrammes officiels abusifs désirent verser, sur invitation du département ministériel dont ils relèvent. Dans ce cas, l'encaissement est signalé par l'intermédiaire de la direction, à l'Administration centrale (Direction de l'exploitation électrique, 4e Bureau) et la somme perçue est inscrite à l'état 803 *bis*.

59. — Envoi des copies de télégrammes abusifs ou en contravention. — Les copies des télégrammes abusifs ou acceptés en contravention, transmises à l'Administration, doivent reproduire intégralement et sans aucune exception, les mentions qui figurent sur les originaux, notamment les visas du receveur ou de son délégué. Sauf demande spéciale, ces originaux ne sont pas joints aux procès-verbaux n° 685.

60. — Circulaires. — On désigne sous le nom de *circulaire* un télégramme officiel adressé à plusieurs fonctionnaires habitant des localités desservies par des bureaux télégraphiques différents. Les circulaires ne sont admises que dans le régime intérieur.

Une circulaire est *générale* ou *partielle*. *Générale*, elle comporte une adresse telle que : « Intérieur à Préfets. » *Partielle*, elle comporte une adresse telle que la suivante : « Procureur à Procureurs Moulins, Clermont-Ferrand, Guéret, Bourges, Nevers et Mâcon ».

61. — Dépôt et rédaction des télégrammes officiels. — Les télégrammes officiels peuvent être déposés dans tous les bureaux télégraphiques, même dans les gares non ouvertes à la télégraphie privée. Il est, toutefois, nécessaire que la gare se trouve d'une manière permanente dans le circuit d'un conducteur électrique.

Ils sont rédigés au choix des expéditeurs, soit en langage clair, soit en langage convenu, soit en langage chiffré, ou dans ces trois langages simultanément. Le langage chiffré peut être composé de chiffres ou de lettres ayant une signification secrète.

Toutes les indications éventuelles admises dans le régime intérieur, sauf celles relatives à la réponse payée et aux perceptions de taxes, peuvent figurer en tête de l'adresse des télégrammes officiels. Il en est de même des mentions « urgence » et « extrême urgence ».

Les receveurs peuvent introduire d'office l'indication éventuelle = TC = dans les télégrammes officiels, lorsque l'importance du texte leur paraît exiger cette garantie spéciale.

L'adresse des télégrammes officiels doit reproduire intégralement, en tenant compte des abréviations que comporte le style télégraphique, les titres ou qualités des fonctionnaires expéditeurs et destinataires, tels qu'ils sont inscrits à l'Etat général des franchises. Les indications inutiles portées en adresse, les formules de politesse ne faisant pas partie intégrante du texte et, hormis quelques cas très rares qui sont laissés à l'appréciation du receveur, la signature de l'expéditeur, sont supprimés d'office par l'agent responsable. Le titre et, le cas échéant, le nom de l'expéditeur sont reportés en adresse (1).

Il importe, toutefois, de ne pas éliminer certains renseignements indispensables pour désigner nettement l'expéditeur ou pour assurer la remise du télégramme au véritable destinataire.

Si l'expéditeur a introduit dans l'adresse des indications non relatives à la remise ou inutiles pour désigner l'expéditeur, mais pouvant présenter un intérêt pour le destinataire, ces indications sont reportées au commencement du texte.

Tout télégramme officiel peut être retiré tant qu'il n'a pas été transmis. Si la transmission a eu lieu, un nouveau télégramme est nécessaire pour annuler le premier.

62. — Inscription dans les écritures. — Les télégrammes officiels sont inscrits sur un rôle de départ spécial et non au journal A[1]. Chaque télégramme prend comme numéro celui indiqué au rôle, et reçoit les autres indications utiles pour la formation du préambule. A la demande du déposant, mention peut être faite sur un reçu, présenté par ce dernier, de l'heure de dépôt inscrite sur l'original et du numéro du télégramme.

Dans le régime intérieur, les télégrammes officiels sont soumis, pour ordre, à la même taxe que les télégrammes privés. Ces taxes sont portées au compte du ministère dont relève le fonctionnaire expéditeur. Elles sont inscrites, chaque jour, sur un tableau qui comprend tous les Départements ministériels, l'Observatoire et la Bourse.

Le nombre des télégrammes officiels et la taxe de ces télégrammes sont portés, par Département ministériel, à la statistique n° 803 *bis*, qui est envoyée, chaque année, à l'Administration (Exploitation électrique, 4e bureau), dans la 1re quinzaine de janvier.

Dans le calcul des taxes pour ordre, on ne tient compte, en règle générale, que des télégrammes de départ. Mais, par exception, tout télégramme officiel émanant d'un bureau secondaire et tout télégramme des Compagnies de chemins de fer empruntant les fils de l'Etat figure sur le compte du premier bureau principal qui le reçoit.

63. — Contrôle au départ. — Après enregistrement et inscription de l'heure de dépôt, les télégrammes officiels sont signalés au receveur ou, en cas d'empêchement ou d'absence, à son délégué qui doit viser les minutes, en mentionnant la date et l'heure du visa. Le receveur indique l'ordre de transmission des télégrammes à plusieurs destinations et, pour ceux à transmettre par plusieurs postes simultanément, fait établir, par les procédés les plus rapides, un nombre suffisant de copies.

Après transmission, ces minutes sont toujours vérifiées, en dernier ressort et dans le plus bref délai possible, par le receveur qui y mentionne la date et l'heure de sa vérification.

Le contrôle des télégrammes officiels ne peut être délégué d'une manière permanente par le receveur, sauf dans les bureaux dont l'effectif comporte un ou plusieurs chefs ou sous-chefs de section.

64. — Télégrammes émanant des préfets et sous-préfets et des fonctionnaires de l'Instruction publique à remettre par exprès. — Lorsqu'un télégramme officiel déposé

---

(1) Dans un télégramme dont l'original porte l'adresse suivante : « Monsieur le Préfet de la Meuse, à Bar-le-Duc » et a pour signature : « Le Maire de la ville de Ligny : Noel Durand », l'agent du guichet supprime la signature et rédige l'adresse comme il suit : « Maire à Préfet Bar-le-Duc. »

par un de ces fonctionnaires doit être remis par exprès, le montant des frais perçus ou des arrhes déposées est inscrit au journal A[1] dans la forme ordinaire, comme pour un télégramme privé.

Le télégramme prend le numéro d'inscription au rôle spécial des télégrammes officiels, mais le numéro d'enregistrement au journal A[1] est inscrit dans la colonne des observations de ce rôle. Réciproquement, le numéro d'inscription au rôle est mentionné au journal A[1].

65.— Télégrammes intéressant le service de l'Etat et non transmis en franchise.— Un fonctionnaire ne jouissant pas de la franchise, qui expédie, dans les limites du régime intérieur, un télégramme relatif au service de l'Etat, peut demander que ce télégramme, bien que taxé comme télégramme privé, soit transmis et remis par priorité. Le taxateur inscrit alors sur la minute la mention non taxée « urgent », qui est transmise gratuitement avant le préambule.

66. — Télégrammes annonçant le décès de marins et de militaires. — Les télégrammes adressés aux maires, déposés par des officiers ou agents de la marine, et annonçant le décès de marins, sont taxés et payés comme télégrammes privés, mais ils peuvent être reçus en compte par les bureaux télégraphiques. Ils font l'objet d'un règlement de compte trimestriel de ministère à ministère.

Quant aux télégrammes relatifs aux décès ou au transport de corps des militaires décédés en France sous les drapeaux, ils sont transmis dans la forme ordinaire et le montant de leur taxe doit être versé au moment du dépôt.

67. — Transmission. — Dans le service intérieur, le préambule des télégrammes officiels est toujours précédé de l'indice *Off.*

Dans le préambule des télégrammes officiels circulaires, l'indice *Off.* doit être suivi du mot *circulaire.* Chaque bureau de transit doit modifier, dans les retransmissions, le préambule des off. circulaires partielles ; si le bureau d'origine n'a qu'une seule transmission à effectuer, il reproduit dans le préambule les noms de toutes les destinations du télégramme.

Exemple : le procureur de la République de Cusset adresse une circulaire à ses collègues de Moulins et des chefs-lieux des départements limitrophes de l'Allier. Dans le cas où la communication normale de Cusset avec Moulins se trouve interrompue, Cusset transmet le télégramme à Vichy, après avoir rédigé le préambule comme suit :

« Off. circulaire Moulins, Clermont-Ferrand, Guéret, Bourges, Nevers, Mâcon et Saint-Etienne de Cusset nº 27 mots 43 9/4 8 h. 15 s. ».

Vichy, qui possède des communications directes avec Clermont-Ferrand et avec Moulins, retransmet le télégramme à chacun de ces bureaux, mais après avoir rédigé des préambules différents, savoir :

Pour Clermont-Ferrand, qui correspond directement avec Bourges, Nevers et Saint-Etienne on transmet : « Off. circulaire Clermont-Ferrand, Bourges, Nevers et Saint-Etienne de Cusset nº 27 mots 43 9/4 8 h. 15 s. » ;

Clermont-Ferrand et Moulins font suivre la circulaire à chacun de leurs correspondants, après avoir modifié convenablement le préambule.

L'adresse collective, réduite en conformité des prescriptions de l'article 61, est transmise intégralement par le bureau d'origine et par les bureaux de transit.

Tout bureau qui reçoit une circulaire à réexpédier à des bureaux avec lesquels il est en communication directe en établit immédiatement, par les procédés les plus rapides, un certain nombre de copies qu'il met en transmission, en commençant par les lignes les plus importantes.

Le collationnement des télégrammes officiels comprend les noms propres de lieux et de personnes, les mots soulignés, importants ou douteux, les expressions en langage secret (convenu ou chiffré) et les groupes de chiffres ou de lettres.

Dans les bureaux de transit, les copies des télégrammes officiels sont promptement vérifiées et visées, après transmission, par le receveur ou son délégué, avec indication de la date et de l'heure du visa.

68. — Réception et remise des télégrammes officiels. — A l'arrivée, les télégrammes officiels sont enregistrés sur le rôle spécial nº 666.

La copie d'un télégramme reçu à l'appareil est envoyée au destinataire sans transcription préalable, mais après avoir été vérifiée et visée par le receveur ou son délégué.

Lorsqu'il s'agit de circulaires ou de télégrammes multiples, l'adresse doit toujours parvenir intégralement à chaque destinataire.

Cette copie, mise sous enveloppe, est accompagnée d'un reçu nº 708, sur lequel sont inscrites les indications réglementaires concernant le destinataire, les heures de sortie et de rentrée des facteurs. Les reçus des télégrammes officiels forment une série annuelle spéciale.

Un télégramme officiel est accepté, transmis et remis de jour et de nuit sans aucun retard. Les receveurs doivent, en conséquence, répondre aux appels de leurs correspondants, quelle que soit l'heure à laquelle ces appels se produisent.

Lorsque le destinataire ne réside pas dans le lieu télégraphique d'arrivée, le télégramme lui est envoyé par poste, si l'indication éventuelle « Poste » est inscrite dans l'adresse, et par exprès dans tous les autres cas.

Toutefois, les télégrammes adressés à des fonctionnaires dont le domicile particulier est situé hors des limites de la distribution gratuite sont remis au siège de la fonction, à moins que la remise par exprès à ce domicile n'ait été demandée par l'expéditeur ou que le fonctionnaire destinataire n'ait pris l'engagement de payer les frais d'exprès.

Toutes les fois qu'il y a emploi de l'exprès, à l'occasion de la remise d'un télégramme officiel, il est passé écriture de la dépense sur l'état mensuel nº 1373. Les frais d'exprès sont portés au compte du Département ministériel dont relève le fonctionnaire expéditeur, sauf pour les télégrammes visés à l'article 64.

SECTION II

Télégrammes d'Etat.

69. — Définition et traitement. — Dans le service international, on donne le nom de *télégrammes d'Etat* aux télégrammes qui émanent des Chefs d'Etat, des Ministres, des Commandants en chef des forces de terre et de mer et des agents diplomatiques et consulaires. Sont également considérées comme télégrammes d'Etat les réponses aux télégrammes ci-dessus énoncés, lorsque le télégramme primitif est produit et contient l'ordre de répondre par la voie télégraphique.

Les télégrammes des agents consulaires qui exercent le commerce ne sont considérés comme télégrammes d'Etat que lorsqu'ils sont adressés à un personnage officiel et qu'ils traitent d'affaires de service. Ceux qui ne remplissent pas ces conditions sont néanmoins acceptés comme télégrammes d'Etat par le bureau de départ, et communiqués, aussitôt après transmission, à l'Administration centrale, par l'intermédiaire du directeur départemental.

Les télégrammes d'Etat sont taxés comme les télégrammes privés et inscrits au journal A^1 ou sur le registre nº 1398 (télégrammes en compte). Ils ne sont acceptés comme télégrammes d'Etat que lorsqu'ils sont frappés du sceau ou du cachet de l'autorité qui les expédie (1). Pour les télégrammes d'Etat transmis à un sémaphore

(1) Cette formalité n'est pas exigée quand l'authenticité est certaine.

par un navire en mer, le sceau est remplacé par le signe distinctif du commandement.

Les télégrammes intéressant le service de l'Etat, qui émanent de fonctionnaires français et qui sont à destination de l'étranger ou qui empruntent le réseau étranger, sont considérés comme télégrammes d'Etat et traités comme tels, lorsque, d'après l'Etat général des franchises, l'expéditeur jouit de la franchise administrative illimitée sur le territoire français, ou bien est spécialement autorisé à correspondre avec le destinataire. Les télégrammes de l'espèce sont transmis par priorité sur le parcours français. Ils sont enregistrés au journal des télégrammes en compte du département ministériel intéressé, mais aucune indication de taxe n'est inscrite.

Le montant intégral de la taxe des télégrammes internationaux expédiés par les préfets et sous-préfets est immédiatement perçu sur l'expéditeur et enregistré au journal A[1], mais la part française de cette taxe est ultérieurement remboursée à l'intéressé.

Le texte des télégrammes d'Etat peut être rédigé en langage clair ou en langage secret (convenu ou chiffré). Ces langages peuvent être employés simultanément ; mais le mélange, dans un même télégramme, de groupes de chiffres et de lettres ayant une signification secrète n'est pas admis.

Les télégrammes d'Etat sans texte ni signature sont admis.

Les télégrammes d'Etat qui ne remplissent pas les conditions réglementaires ne sont pas refusés ; ils sont signalés à l'Administration centrale (Exploitation électrique — 2e bureau).

Les dispositions relatives à l'annulation et au collationnement d'office des télégrammes officiels sont applicables aux télégrammes d'Etat. Toutefois, ceux qui sont rédigés totalement ou partiellement en langage secret doivent être répétés intégralement et d'office par le bureau réceptionnaire.

En ce qui concerne la remise, les télégrammes d'Etat sont traités comme les télégrammes officiels, et, en outre, inscrits au rôle d'arrivée des télégrammes privés. Ils sont accompagnés d'un reçu nº 708.

L'indice « SSS » est toujours transmis avant le préambule des télégrammes d'Etat.

Les bureaux établissent, chaque mois, un relevé descriptif nº 1364 de tous les télégrammes acceptés en franchise pour l'étranger et l'adressent au directeur départemental.

Ces télégrammes sont indiqués également en nombre sur une annexe à l'état D.

SECTION III

Cours des rentes françaises.

70. — Transmission et affichage. — Les cours des rentes françaises sont remis, chaque jour de bourse, aux préfets, sous-préfets, trésoriers-payeurs généraux, receveurs particuliers des finances, percepteurs et aux directeurs des Postes et des Télégraphes des départements sièges d'une succursale de la Caisse nationale d'épargne. Ils sont également portés à la mairie de toute commune siège d'un bureau télégraphique, lorsque la commune a fait placer, à ses frais, un cadre à la porte de la mairie pour y recevoir le bulletin des cours.

Ils sont, dans tous les cas, affichés par les receveurs ou gérants à l'extérieur du bureau, dans un endroit où le public peut les consulter commodément. Chaque bulletin reste affiché pendant deux jours.

Enfin, ils sont portés à toute personne qui a versé, à la caisse du receveur de la localité, un abonnement fixé à 50 francs par semestre. Cette taxe est encaissée dans les mêmes conditions que celle des abonnements aux adresses conventionnelles (voir art. 302).

Les cours sont transmis aux bureaux principaux et aux bureaux municipaux.

La transmission comprend les cours cotés en clôture à la Bourse de Paris (1), suivis de la différence (hausse ou baisse) sur les cours de la clôture précédente.

Les cours sont reçus sur formule jaune n° 700. Aussitôt après vérification et rectification, s'il y a lieu, le receveur ou son délégué établit et signe autant de bulletins n° 707 qu'il est nécessaire, et fait procéder sans délai à la distribution et à l'affichage.

Les bulletins destinés aux percepteurs sont compris dans la première distribution postale qui suit la réception des cours au bureau.

SECTION IV

Télégrammes météorologiques.

71. — Télégrammes météorologiques proprement dits. — Les télégrammes météorologiques ne sont acceptés et transmis que sur l'ordre de l'Administration. Ils émanent toujours des mêmes expéditeurs et sont adressés aux mêmes destinataires (en général, la marine, le bureau central météorologique et les observatoires). Ils ne comportent pas d'adresse. L'indice « Obs » ou « AT » (avis de tempête) figure en tête du préambule.

72. — Abonnement aux avertissements agricoles. — Les télégrammes météorologiques dits « avertissements *ou* Obs agricoles » sont transmis à tous les bureaux desservant des localités, des particuliers, etc., ayant souscrit aux conditions de l'abonnement réglementaire. Cet abonnement est fixé par semestre à 20 francs pour les communes, les commissions météorologiques et les fonctionnaires, et 50 francs pour les particuliers.

Lorsqu'une commune, un particulier, une société, etc., a pris un abonnement, notification en est faite, par l'intermédiaire du directeur départemental, à l'Administration centrale, qui donne les instructions utiles pour assurer la transmission du télégramme journalier et sa remise au maire de la commune, ou au particulier abonné. Un ordre d'encaissement est, en outre, envoyé au receveur chargé d'opérer le recouvrement et de passer écriture de la recette.

73. — Libellé et transmission. — Le libellé des télégrammes « Obs agricoles » n'est pas le même pour toutes les destinations : les départements ont été répartis en huit régions pour chacune desquelles on rédige des prévisions quotidiennes spéciales.

Les télégrammes « Obs agricoles » sont transmis, suivant le numéro qu'ils portent, à tous les départements dans lesquels se trouvent des abonnés.

(1) Les cours sont transmis dans l'ordre suivant :
Rente 3 0/0 perpétuelle. — Rente 3 0/0 amortissable.

CHAPITRE VII

Télégrammes de service et avis de service transmis en franchise

SECTION I

Dispositions générales.

74. — Définitions. — Les *télégrammes de service* sont ceux qui sont échangés entre les fonctionnaires des Administrations télégraphiques. Ils ont trait à des questions de personnel, de construction, d'organisation, d'exploitation, etc.

Les *avis de service* sont des télégrammes échangés de bureau à bureau et relatifs au service télégraphique ou téléphonique (interruptions, dérangements, taxation, transmission, distribution, etc.).

Sont également traités comme avis de service les télégrammes concernant les opérations postales :

1° Dans le régime intérieur (régularisation de mandats postaux, manque de chargements, etc...) ;

2° Dans les relations avec l'Italie (manque de dépêches, d'objets recommandés, de la feuille d'avis) ;

3° Dans les relations franco-anglaises et franco-italiennes (départ et arrivée), dans les relations entre l'Angleterre et l'Italie (transit), les télégrammes relatifs au service des Malles de l'Inde et d'Australie, ou se rapportant à la réexpédition de certains courriers postaux d'outre-mer ;

4° Dans les relations franco-belges, les télégrammes envoyés de France ou de Belgique, aux Administrations de ces deux pays et aux services intéressés de celles-ci, par les chefs de brigade des bureaux ambulants français circulant sur le territoire belge et par les chefs des bureaux ambulants belges circulant sur le territoire français, à la suite d'incidents sérieux survenus en cours de route ;

5° Dans les relations avec l'Espagne (arrivée) pour l'acheminement des courriers postaux d'outre-mer débarqués à Cadix ou à Vigo.

Sont assimilés aux télégrammes de service les télégrammes émanant des agents des Compagnies de chemins de fer et intéressant le service des voies ferrées, transmis par les lignes de l'Etat ;

De même que les télégrammes adressés, dans les cas urgents, par les chefs de gare aux fonctionnaires intéressés de l'Administration (directeurs, ingénieurs ou inspecteurs) pour les aviser que du matériel télégraphique, dont le transport a été effectué par chemin de fer, est en dépôt dans leur gare ;

Et que les télégrammes déposés dans certaines gares françaises par des agents accompagnant la Malle des Indes et signalant des différences dans les feuilles d'avis.

6° Dans les relations franco-allemandes, pour l'acheminement des courriers postaux d'outre-mer débarqués au Havre et de ceux débarqués à Lisbonne et acheminés *viâ* Lisbonne, Irun, Bordeaux.

75. — Emission. — L'émission (1) des télégrammes et avis de service est limitée aux cas qui revêtent un caractère d'urgence. Les renseignements qui ne présentent pas ce caractère sont demandés ou donnés par la voie postale, sous forme de correspondance administrative, dans le service intérieur, et par lettres affranchies, dans le service international (2).

Les télégrammes et avis de service sont transmis en franchise, à l'exception des avis de service taxés (chap. VIII). La taxe des télégrammes de service est néanmoins calculée et comprise, pour ordre, dans les relevés statistiques mensuels, au compte de l'Administration des Postes et des Télégraphes.

Les télégrammes et avis de service jugés abusifs par les receveurs des bureaux principaux, soit qu'ils ne présentent pas un caractère d'urgence, soit pour une autre cause, donnent lieu à l'établissement d'un procès-verbal n° 685, qui est transmis, après enquête, à l'Administration centrale (Direction de l'Exploitation électrique).

SECTION II

Règles particulières aux télégrammes de service.

76. — Libellé. — L'adresse des télégrammes de service est libellée de manière à indiquer l'expéditeur. Elle affecte la forme suivante : Directeur à Directeur...

Leur texte est aussi succinct que possible. Il peut être rédigé en langage clair ou en langage secret, mais l'emploi des chiffres et des lettres dans un même télégramme n'est pas admis.

Ils sont, au moment du dépôt, enregistrés sur le rôle de départ des télégrammes officiels dans la même forme que ces derniers (art. 62).

77. — Transmission et remise. — Le préambule des télégrammes de service, semblable à celui des autres télégrammes, est précédé de l'indice « A ». Les télégrammes du service des chemins de fer transitant par les fils du réseau de l'Etat sont précédés de l'indice « A fer ».

Les télégrammes de service sont, aussitôt après leur réception, enregistrés sur le rôle d'arrivée des télégrammes officiels et traités comme ces derniers au point de vue de la remise à destination.

SECTION III

Règles particulières aux avis de service.

78. — Objet des avis de service. — Les avis de service *relatifs au service télégraphique et au service téléphonique* ont, en général, pour objet :

1° *Dans le service des lignes*, de signaler le fonctionnement défectueux d'une ligne ou d'un appareil, de prescrire ou de demander l'exécution des mesures propres à la recherche des dérangements et au rétablissement des communications, etc...;

---

(1) Dans les relations internationales, les télégrammes et les avis ou notes de service sont rédigés en français, lorsque les Administrations en cause ne se sont pas entendues pour l'usage d'une autre langue.

(2) Les frais d'affranchissement postal sont inscrits à l'état n° 1373 et justifiés par une note dans la colonne des observations.

2° *Dans le service des transmissions*, de signaler ou de rectifier des irrégularités dans le préambule, l'adresse ou le texte d'un télégramme, de mettre fin à des difficultés entre correspondants au sujet du compte des mots, du collationnement, etc... de rectifier des erreurs de service, etc.

De plus, des avis de service *relatifs au service postal* sont échangés à l'intérieur et ont pour but :

1° D'obtenir la rectification des mandats postaux, à l'exclusion des mandats-cartes autres que ceux adressés poste restante ;

2° De signaler au bureau d'origine la réception d'un mandat-carte adressé « Poste restante » et non soumis à la formalité de la recommandation d'office ;

3° De rechercher une dépêche manquante, une feuille d'avis ou une feuille d'expédition de chargements introuvable dans une dépêche, un paquet de chargements manquant, des valeurs déclarées ou des lettres recommandées décrites sur la feuille d'expédition des chargements et non trouvées dans le paquet des chargements ;

4° D'informer le directeur départemental d'un vol de valeurs ou de dépêches et de rechercher ces valeurs ou ces dépêches ;

5° De faire connaître au receveur du bureau chef-lieu d'arrondissement le montant des demandes de fonds de subvention qui doivent lui parvenir dans l'après-midi, après 2 heures, lorsque l'envoi des fonds doit avoir lieu avant 10 heures du matin, le lendemain ;

6° De donner avis de la réexpédition sur Paris des courriers d'outre-mer ;

7° De notifier d'office la disparition d'un livret de la Caisse nationale d'épargne à la direction détentrice du compte-courant (Direction centrale à Paris ou succursale), mais seulement dans le cas où le livret a été volé ou perdu par le titulaire en dehors de son domicile.

Dans ce cas, l'avis de service est rédigé ainsi qu'il suit :
Caisse nationale d'épargne..... (lieu de destination)..... (numéro du livret..... (nom du titulaire) « volé » *ou* « perdu ».
(A défaut du numéro du livret, indiquer les nom et prénoms du déposant, tels qu'ils figurent sur le livret, et la date de naissance).

79. — Emission. — Les avis de service sont, en principe, émis par le receveur. Toutefois, celui-ci peut désigner, pour le suppléer, un commis principal ou, à défaut, un commis responsable. Cette délégation est notifiée au personnel du bureau par la voie du livre d'ordre.

Le receveur peut également autoriser les agents manipulants à émettre des avis de service rectificatifs dans les cas prévus aux art. 281 et 292.

Les chefs de brigade ou les commis dirigeants des bureaux ambulants et les entreposeurs émettent les avis de service dans les cas prévus à l'article précédent.

Tout agent qui a émis un avis de service sans y être autorisé, qui a transmis un avis de service non visé ou une note personnelle, ou qui fait disparaître un avis de service encourt une peine disciplinaire.

L'agent qui reçoit un avis dit « sans écrire » l'inscrit sur une formule jaune et le remet au receveur ou à son délégué. Aucune suite n'est donnée à cette transmission.

80. — Rédaction. — Les avis de service sont rédigés aussi succinctement que possible, sur formule jaune n° 700. Ils ne comportent pas d'adresse. S'ils sont relatifs à des télégrammes transmis, ils reproduisent les indications propres à faciliter la recherche de ces télégrammes. Quand ils sont émis en vertu d'une prescription réglementaire, ils sont conformes à la formule prescrite.

L'agent qui les émet les signe et en demeure responsable.

Le receveur ou son délégué vise les avis de service de transit et d'arrivée. Cette signature et ce visa ne sont pas transmis, mais aucun avis de service n'est mis en transmission s'il n'en est revêtu.

81. — Transmission. — Ils sont transmis sans inscription préalable et n'ont par conséquent pas de numéro d'ordre. Le préambule, qui est réduit aux indications de destination, d'origine et de dépôt, est précédé de l'indice A.

Les avis de service relatifs à des télégrammes précédemment transmis sont, autant que possible, dirigés sur les bureaux par où ces télégrammes ont transité, afin que chaque poste, avant de les retransmettre, procède aux vérifications nécessaires.

Dans les limites du service intérieur, dans le cas où plusieurs bureaux doivent être prévenus d'un incident de service, le bureau qui transmet un avis à ce sujet fait figurer, en préambule, le nom des bureaux qui restent à aviser par le poste correspondant. Le texte de cet avis contient, d'ailleurs, le nom des bureaux ayant déjà reçu la même communication.

Exemple : Nice ayant à transmettre un avis de service à Paris, Dijon, Lyon et Marseille, avisera directement ces deux derniers bureaux et rédigera comme suit l'avis destiné à Paris : « A. Paris et Dijon de Nice, le..... à ..... = Fil..... rétabli. Marseille et Lyon avisés ». Il appartient à Paris de transmettre cet avis à Dijon.

82. — Suite à donner. — Si l'un des bureaux intermédiaires est en mesure de le faire, il répond ou donne suite à l'avis de service et ne le retransmet pas au bureau suivant.

Les avis de service sont, dès leur réception, rapprochés, s'il y a lieu, des originaux ou des copies des télégrammes auxquels ils se rapportent et y restent annexés. Ils sont remis aux receveurs ou à son délégué, qui y donne la suite nécessaire.

83. — Avis de service donnant lieu à procès-verbaux. — Sauf dans les cas prévus aux art. 281 et 292, les avis de service ayant pour objet de provoquer la rectification de télégrammes ou de mandats irréguliers, le redressement d'erreurs de service ; d'informer le bureau d'origine de la réception d'un mandat-carte adressé « Poste restante » et non soumis à la formalité du chargement d'office ; de signaler l'absence de dépêches, de feuilles d'avis, de feuilles d'expédition de chargements ou les incidents provoqués par les discussions entre correspondants, donnent lieu à l'établissement d'un procès-verbal n° 685 par le bureau qui les a émis et par celui qui les reçoit.

Les avis de service et les transmissions dites « sans écrire », visés à l'article 79, sont signalés de la même manière : les premiers, par le receveur du bureau d'origine, les seconds, par le bureau qui les reçoit.

Le receveur consigne ses observations sur ce procès-verbal, y annexe les avis de service et, le cas échéant, les pièces auxquelles ces avis sont joints, ou les bandes de transmission des « sans écrire », et le dossier en fin d'enquête est transmis à l'Administration centrale (1).

Les taxes applicables aux avis de l'espèce considérés comme télégrammes privés peuvent être mises à la charge de l'agent fautif.

84. — Communication au public. — Les indications fournies par les avis de service ne sont communiquées au public que dans les cas prévus par le règlement (non-remise ou réexpédition postale d'un télégramme, interruption de la voie choisie, etc.). On n'adresse au public que les renseignements qui doivent réglementairement lui être fournis.

---

(1) Le procès-verbal est adressé au 4e bureau de l'Exploitation électrique, lorsque le télégramme signalé se rapporte à une correspondance télégraphique du régime intérieur et au 2e bureau de la même Direction, s'il s'agit d'une correspondance télégraphique du régime international ; au 1er, 2e ou 5e bureau (selon le cas), de l'Exploitation postale, lorsque ce télégramme a trait à une correspondance postale ; au 3e bureau de la Comptabilité, lorsqu'il s'agit d'un mandat.

Toutes les communications au public sont rédigées sur une feuille convenable, dans une forme correcte, et signées par le receveur ou son délégué. L'emploi des formules utilisées pour la rédaction ou la réception des télégrammes est interdit.

Ces communications sont portées par les facteurs des télégraphes dans l'étendue de la zone de distribution gratuite ; en dehors de cette zone et pourvu, toutefois, que le domicile indiqué par l'expéditeur soit situé dans les limites des pays soumis au régime intérieur, elles sont transmises par la voie postale, sous le contreseing du receveur.

CHAPITRE VIII

Avis de service taxés.

85. — Définition et objet. — Les avis de service taxés sont des communications échangées de bureau à bureau, à la demande d'un expéditeur ou d'un destinataire, après justification de leur qualité ou de leur identité.

Ils ont pour objet :

a) *Dans le service télégraphique*, d'annuler, de rectifier ou de compléter un télégramme transmis ou en cours de transmission ;

De demander ou de fournir des renseignements sur le dépôt ou la remise d'un télégramme, ainsi que sur le libellé qui a été soumis à la taxe, ou sur le nom et l'adresse de l'expéditeur, si ces renseignements ont été portés par ce dernier sur l'original de départ ;

De donner l'ordre de faire suivre des télégrammes par la voie télégraphique (art. 108) ;

De demander la réexpédition des mandats télégraphiques (art. 223).

b) *Dans le service postal (relations intérieures, y compris l'Algérie et la Tunisie)*, de provoquer la régularisation des mandats, dans les cas où l'envoi des demandes de l'espèce n'est pas prévu à titre gratuit ;

De demander le retrait ou la modification de l'adresse d'un objet de correspondance postale ou d'un mandat-carte, lorsque ces demandes sont faites par les expéditeurs dans les conditions indiquées par l'art. 232, § B (Première partie) ;

De demander la réexpédition d'un objet de correspondance postale, lorsque cette demande émane directement de l'expéditeur ;

De demander un accusé de réception d'un objet chargé ou recommandé, postérieurement à son dépôt ;

D'aviser un bureau du dépôt d'une procuration ;

De demander à un bureau s'il a en instance des objets postaux à une adresse désignée, lorsque la demande émane du destinataire de ces objets.

Cette demande affecte la forme suivante :
« = RP = Avez-vous instance... *(nature des objets)* adressés... *(désignation du destinataire)*. »

c) *Dans le service de la Caisse nationale d'épargne*, de demander ou d'autoriser des remboursements de fonds d'épargne dans les conditions indiquées aux art. 565 et suivants (Première partie).

Le texte des avis de service taxés concernant les demandes de remboursement doit être précédé de la mention = RP =. En cas d'omission, les centres de dépôt provoquent toutes les rectifications utiles par avis de service et ne donnent cours à ces transmissions qu'après régularisation. Lorsqu'elles sont adressées à Paris, les demandes sont dirigées sur le bureau n° 89 (rue Saint-Romain). Celles à destination d'une ville, siège d'une succursale, sont remises au caissier de la succursale.

Les avis de service taxés relatifs à un télégramme précédemment expédié ou reçu peuvent être émis pendant le délai fixé pour la conservation des archives, soit six mois dans le régime intérieur, et huit mois dans le régime international.

86. — Communications de service non échangées sous forme d'avis de service taxés. — Il n'est tenu aucun compte des télégrammes qui, au lieu d'être échangés de bureau à bureau, sous forme d'avis de service taxés, sont adressés directement à un receveur ou gérant par un expéditeur ou un destinataire pour l'un des motifs énumérés ci-dessus. L'expéditeur d'un tel télégramme est informé, au moment du dépôt, des dispositions qui précèdent et, dans le cas où il maintient le dépôt, l'agent du guichet mentionne sur l'original l'avis donné.

Dans les limites du régime intérieur seulement, la transmission des télégrammes de cette nature est accompagnée de la mention « expéditeur avisé ». Les centres de dépôt doivent signaler, le cas échéant, par avis de service, l'absence de cette mention et donner cours aux télégrammes, après avoir ajouté, en préambule, l'annotation suivante : « Inobservation 197 T signalée ».

Sauf les cas prévus à l'article 232 (Première partie), ces télégrammes sont transmis, par l'agent auquel ils sont adressés, au service compétent (1) de l'Administration centrale, par l'intermédiaire du directeur départemental, accompagnés d'un procès-verbal n° 685.

87. — Rédaction. — Les avis de service taxés à échanger par la voie télégraphique sont rédigés sur formule jaune n° 700 par les agents préposés aux guichets, d'après les renseignements fournis par les demandeurs. Les indications relatives à la taxe sont soigneusement portées sur ces formules, qui sont, autant que possible, contresignées par les intéressés ou par leurs mandataires, après justification, s'il y a lieu, de leur qualité et de leur identité.

Lorsqu'il s'agit de faire répéter des mots du texte, il est inutile de le spécifier. Dans le cas contraire, si, par exemple, on demande la répétition d'une partie de l'adresse, il faut indiquer que ces mots sont dans l'adresse.

Les mots à répéter ou à rectifier dans un télégramme sont désignés par le rang effectif qu'ils occupent dans le texte de ce télégramme, abstraction faite des règles de la taxation. Le numéro, lorsque le télégramme primitif n'en porte pas, est remplacé par le quantième du mois et l'heure du dépôt.

Selon le désir exprimé par les intéressés, ces avis sont adressés soit au bureau de départ ou d'arrivée des télégrammes qu'ils concernent, soit à un bureau de transit. Ils doivent fournir, sous une forme succincte, les renseignements de nature à faciliter la recherche des correspondances auxquelles ils se rapportent.

Ils ne comportent pas d'adresse. Leur préambule est rédigé comme celui des télégrammes privés, mais il est précédé de l'indice « ST ».

Ceux qui sont émis, à la demande du destinataire, pour obtenir la répétition d'une transmission supposée erronée, impliquent toujours une réponse télégraphique, sans qu'il y ait lieu de faire figurer l'indication éventuelle = RP = ou = RP x =. Dans les autres cas où une réponse télégraphique est demandée, cette indication éventuelle doit être employée.

Exemples. — Les exemples suivants indiquent la forme à donner aux avis de service taxés dans les cas les plus fréquents.

A. — L'expéditeur veut compléter une adresse déclarée insuffisante ou rectifier l'adresse :

(1) Le procès-verbal est adressé au 4e bureau de l'Exploitation électrique, lorsque le télégramme signalé se rapporte à une correspondance télégraphique du régime intérieur, et au 2e bureau de la même Direction, s'il s'agit d'une correspondance télégraphique du régime international ; au 3e bureau de la Comptabilité, s'il s'agit d'un mandat ; au 1er bureau de la Direction de la Caisse nationale d'épargne, s'il s'agit d'une demande de remboursement.

ST. Londres de Paris 83301 (numéro de dépôt de l'avis de service taxé) 5 (nombre de mots) 4/5 10 h. 15 m. = 54201 douze Campbell (numéro, date du télégramme primitif, nom du destinataire du télégramme en cause), remettez (ou lisez)... (indiquer la rectification).

B. — L'expéditeur veut rectifier un mot du texte primitif transmis ou compléter le texte.

ST. Londres de Paris 83301 (numéro de dépôt de l'avis de service taxé) 8 (nombre de mots) 5/2 2 h. 30 s. = 235 treize Kriechbaum (numéro, date, nom du destinataire du télégramme primitif), remplacer troisième 20 par 2000.

C. — Le destinataire demande la répétition partielle ou totale du texte reçu.

ST. Marseille de Paris 83301 (numéro de l'avis de service taxé) 7 (nombre de mots) 8/3 4 h. 35 s. = 439 vingt-six Lowel (numéro, date et nom du destinataire du télégramme primitif). Répétez premier, quatrième, neuvième (mots du texte du télégramme primitif),

ou :

Répétez mot (ou *x* mots) après...

ou encore :

Répéter texte.

D. — L'expéditeur veut faire annuler son télégramme et demande une réponse télégraphique.

ST. Berlin de Paris 83301 (numéro de l'avis taxé) 5 (nombre de mots) 16/3 4 h. 35 s. = RP*x* = 285 seize Grundewald (numéro, date et nom du destinataire du télégramme primitif), annulez.

E. — L'expéditeur ou le destinataire désire avoir des renseignements au sujet du télégramme expédié ou reçu :

ST. Lyon de Paris 83301 (numéro de l'avis de service taxé), 6 (nombre de mots) 12/2 5 h. 10 s. = RP = 34502 treize. Durand (numéro, date et nom du destinataire du télégramme en cause), confirmez remise.

ST. Londres de Paris 83301 (numéro de l'avis de service taxé), 7 (nombre de mots) 26/2 4 h. 35 s. = RP*x* = 750 vingt-six Robinson (numéro, date et nom du destinataire du télégramme en cause), donnez nom expéditeur.

88. — Application de la taxe. Enregistrement. — Les avis de service taxés télégraphiques sont soumis à la même taxe que les télégrammes privés ordinaires et inscrits, comme ces derniers, au journal A[1].

L'expéditeur d'un avis de service taxé télégraphique demandant la répétition de mots supposés erronés doit obligatoirement verser le prix de la réponse télégraphique. La taxe de cette réponse est calculée d'après le nombre de mots à répéter, augmenté d'une unité pour le nom du destinataire.

89. — Avis de service taxés à échanger par la voie postale. — Les avis de service taxés à échanger par la voie postale sont rédigés dans la même forme que ceux transmis par la voie télégraphique. Ils sont échangés entre bureaux télégraphiques comme lettres ordinaires, dans le régime intérieur, et comme lettres recommandées, dans le régime international.

Ils sont soumis à une taxe d'affranchissement de 0 fr. 10 dans le régime intérieur, de 0 fr. 35 dans les relations avec les colonies françaises, de 0 fr. 50 dans celles avec les pays faisant partie de l'Union postale et de 0 fr. 75 pour les autres pays.

Dans le cas où l'avis de service taxé comporte une réponse, laquelle doit être acheminée par la voie postale, les taxes indiquées à l'alinéa précédent sont doublées.

La taxe est perçue au départ et inscrite au journal A[1].

L'avis de service est inséré dans une enveloppe, sur laquelle le préposé inscrit en caractères apparents la mention « Avis de service taxé ». Dans le régime intérieur, cette enveloppe est revêtue du contre-seing du receveur ou de son délégué. Dans le régime international, elle est soumise à la recommandation et revêtue des figurines d'affranchissement nécessaires, dont le comptable se dégrève par une inscription à l'état nº 1373 et en annotant en conséquence la colonne des observations. L'enveloppe est alors acheminée, par la voie postale, sur le bureau télégraphique chargé de donner suite à l'avis de service qu'elle contient.

90. — Transmission. — Les avis de service taxés télégraphiques prennent rang, pour la transmission, avec les autres avis de service. Ils sont, autant que possible, dirigés par la voie qu'ont suivie les télégrammes auxquels ils se rapportent.

91. — Réception ; suite donnée à un avis de service. — Les avis de service taxés télégraphiques sont, en général, réexpédiés jusqu'à la destination indiquée dans le préambule. Toutefois, un bureau qui peut donner suite à un avis de service — relatif à une annulation ou à une rectification — qui ne lui est pas adressé, procède à cette annulation ou à cette rectification et ne retransmet pas l'avis. Ce bureau de transit avise de la suite donnée le bureau expéditeur par la voie télégraphique, si l'avis de service comportait une réponse payée, et par la voie postale, dans le cas contraire.

Les avis de service taxés télégraphiques ou postaux sont annexés, s'il y a lieu, aux originaux ou copies des télégrammes qu'ils concernent et remis, comme les autres avis de service, au receveur ou à son délégué qui, seuls, ont qualité pour y donner la suite nécessaire et, le cas échéant, pour rédiger, ou tout au moins viser les réponses à ces avis.

92. — Envoi des réponses. — La réponse télégraphique à un avis de service taxé, demandant la répétition d'un passage supposé erroné, est renvoyée au bureau d'origine de l'avis, qui la communique à l'intéressé. Il en est de même de la réponse télégraphique à un avis de service taxé des autres catégories, lorsque le prix de cette réponse a été acquitté d'avance. Toutefois, les réponses aux avis de service concernant les opérations postales ou celles de la Caisse nationale d'épargne ne sont pas communiquées par les soins du service télégraphique, qui doit se borner à les notifier au service postal.

Sauf en ce qui concerne les avis de service taxés télégraphiques relatifs à la répétition de mots supposés erronés, lorsqu'un avis de service taxé ne porte pas la mention = RP = ou =RP *x* = et qu'il nécessite une réponse (demande d'annulation de télégramme, etc.), ou s'il s'agit d'une réponse à un avis de service taxé transmis par la voie postale, celle-ci est adressée par poste au bureau d'origine de l'avis, qui la communique à l'intéressé.

Dans le régime intérieur, la réponse est envoyée sous le contreseing du receveur et, dans le régime international, sous enveloppe affranchie comme lettre ordinaire, et comme lettre recommandée, s'il s'agit de la réponse à un avis de service postal dont la réponse a été acquittée. Les frais d'affranchissement sont inscrits à l'état nº 1373 et justifiés par une note dans la colonne d'observations.

Les réponses aux avis de service taxés sont elles-mêmes des avis de service taxés et affectent une forme analogue à celle des demandes.

Ainsi, la réponse à l'avis donné comme exemple à l'article 87, sous la lettre C., sera libellée de la manière suivante :

ST. Paris de Marseille 32702 (numéro de la réponse) 4 (nombre de mots), 8/3 4 h. 55 s. = Lowel (nom du destinataire du télégramme rectifié) Alligator, scrutiny, common (les trois mots dont la répétition a été demandée).

Lorsque les mots dont la répétition a été demandée sont écrits d'une manière douteuse sur l'original du télégramme, le bureau d'origine ajoute, dans le préambule de l'avis de service taxé réponse, la mention : « écriture douteuse ». L'original joint à un procès-verbal nº 685 est transmis par le bureau d'origine à l'Administration centrale (Exploitation électrique), par l'intermédiaire du directeur départemental.

La réponse télégraphique à un avis de service taxé est enregistrée au journal A^1 avec les indications suivantes :

Réponse à ST nº..... de..... (bureau d'origine) du..... (date du ST).

Cette réponse prend le numéro de la case du journal A^1 dans laquelle elle est inscrite.

93. — Avis de service taxé concernant un télégramme parvenu au bureau d'origine par la voie téléphonique. — Lorsqu'un avis de service taxé demandant la répétition d'un passage supposé erroné concerne un télégramme transmis au bureau d'origine par la voie téléphonique à partir d'un poste d'intérêt privé ou d'un poste d'abonnement, ce bureau demande, au préalable, à l'expéditeur la répétition des mots en litige.

Si un ou plusieurs des mots ainsi reproduits diffèrent des mots figurant sur la copie du bureau d'origine, celui-ci donne la répétition demandée, en tenant compte des corrections effectuées, mais il fait suivre le texte de l'avis de service taxé de la mention « CTP » (conserver taxe payée), accompagnée de l'indication en toutes lettres du nombre des mots rectifiés par l'expéditeur. Exemples : « CTP un», « CTP deux », etc.

94. — Remboursement des taxes des avis de service. — Les taxes des avis de service rectificatifs (télégraphiques ou postaux) relatifs à la répétition de mots écrits d'une manière douteuse sur l'original du télégramme ne sont pas remboursées.

Il en est de même de la taxe applicable aux mots rectifiés par l'expéditeur, dans le cas où un avis de service taxé porte la mention « CTP... ».

Les taxes des avis de service rectificatifs dont l'envoi a été occasionné par une erreur de service dûment constatée sont remboursées aux expéditeurs. Les erreurs de l'espèce sont signalées au directeur départemental, qui autorise le remboursement des taxes de ces avis de service dans la forme indiquée au chapitre XXX (Détaxes et remboursements).

Quand il s'agit *d'avis de service taxés télégraphiques relatifs à la répétition d'un passage supposé erroné*, ces remboursements portent :

1° Sur l'intégralité de la taxe perçue pour l'avis de service et la réponse, si la répétition demandée a démontré que toutes les erreurs sont imputables au service, ou, en cas d'altération d'une partie seulement des mots dont la répétition a été demandée, si, dans le régime intérieur et dans certaines relations européennes, les taxes de la demande et de la réponse n'excèdent pas le minimum de perception.

Exemples :

a) Télégramme de Berlin pour Paris, altéré.

Demande, 7 mots	1 fr. 05	
RP, 4 mots	0 90	(1)
A rembourser	1 fr. 95	

b) Télégramme de Marseille pour Paris, altéré.

Demande, 9 mots	0 fr. 50	(1)
RP, 16 mots	0 80	
A rembourser	1 fr. 30	

c) Télégramme de Luxembourg pour Paris, altéré. La répétition démontre qu'une partie seulement des mots a été altérée.

Demande, 8 mots	0 fr. 80	(1)
RP, 5 mots	0 80	(1)
A rembourser	1 60	

2° Sur la totalité de la perception, déduction faite de la taxe, dans la demande et dans la réponse, ou, le cas échéant, dans la réponse seulement, des mots répétés tels qu'ils avaient été transmis en premier lieu.

En ce qui concerne le régime intérieur et certains pays européens pour lesquels il y a un minimum de perception, les taxes des mots non altérés ne sont à retenir qu'autant que les taxes de l'avis de service et de la réponse excèdent le minimum de perception.

Exemples :

d) Télégramme de New-York pour Paris (le destinataire a demandé la répétition de 3 mots et cette répétition démontre que 2 mots ont été altérés).

---

(1) Application du minimum de perception.

Taxes perçues :	Demande, 8 mots	10 fr. 00
	RP, 4 mots.	5 00
	Total perçu.	15 00
A retenir.	dans la demande, 1 mot à 1 fr. 25 dans la réponse, 1 mot à 1 fr. 25	2 50
	A rembourser.	12 fr. 50

e) Télégramme de Marseille pour Paris (la répétition démontre que 3 mots n'ont pas été altérés).

Demande, 9 mots.	0 fr. 50 (1)
RP, 16 mots.	0 80
Total perçu.	1 30
Dans la demande, rien à retenir (minimum) .... Dans la réponse, retenir la taxe de 3 mots, 0 fr. 15 c..	0 15
A rembourser.	1 fr. 15

f) Télégramme de Berlin pour Paris (la répétition démontre que 2 mots n'ont pas été altérés).

Demande, 9 mots.	1 fr. 35
RP, 4 mots	0 90 (1)
Total perçu.	2 fr. 25
Dans la demande, déduction faite du minimum de perception, retenir l'excédent, jusqu'à concurrence de 2 mots.... 0 fr. 30 c. Dans la réponse, rien à retenir (minimum)...................	0 fr. 30
A rembourser.	1 fr. 95

Lorsqu'il s'agit d'*avis de service taxés échangés par la voie postale*, la taxe d'affranchissement de la demande et, le cas échéant, celle de la réponse sont intégralement remboursées.

(1) Application du minimum de perception.

CHAPITRE IX

Télégrammes avec accusé de réception.

95. — **Définition.** — L'expéditeur d'un télégramme peut demander à être avisé de la date et de l'heure de remise de sa dépêche, soit par la voie télégraphique, soit par la voie postale, à l'adresse qu'il indique au bas de la minute.

Pour les radiotélégrammes avec « accusé de réception » destinés à un navire en mer, l'expéditeur est informé de la date et de l'heure auxquelles son télégramme a été transmis au navire par la station côtière.

96. — **Accusé de réception télégraphique.** — Cette formalité est demandée par l'indication éventuelle « Accusé réception » ou = PC = inscrite avant l'adresse. La taxe supplémentaire est égale à celle d'un télégramme ordinaire de 10 mots, dans le régime intérieur (voir également, pour l'accusé de réception « avec priorité »,art. 156), et de 5 mots, dans le régime international, pour la même destination et par la même voie.

L'expéditeur de tout télégramme à destination d'un pays qui admet les télégrammes urgents dans ses relations télégraphiques avec la France (voir le tableau de l'art. 51) peut demander la priorité de transmission et de remise à destination pour l'accusé de réception. A cet effet, il inscrit, avant l'adresse de son télégramme, l'indication éventuelle « Accusé réception urgent », ou = PCD = et acquitte une taxe supplémentaire égale à celle d'un télégramme urgent de 5 mots pour la même destination et par la même voie.

Dès le retour du facteur du télégraphe ou de l'exprès chargé de la remise d'un télégramme avec accusé de réception, le receveur ou son suppléant rédige l'accusé de réception, qui est inscrit au journal A^1 avec les indications suivantes : CR (*ou CRD*) à N°... de (*bureau d'origine*) du (*date du télégramme*), et prend le numéro de la case dans laquelle il est inscrit.

L'accusé de réception est annoncé par l'un des indices CR, CRS, CRD, CRU, suivant qu'il s'agit soit d'un accusé de réception à un télégramme ordinaire ou à un télégramme officiel ou d'Etat, soit d'un accusé de réception « urgent » ou « avec priorité ». Il affecte la forme suivante :

CR. Paris de Marseille, N°... nombre de mots, date et heure de dépôt = 25403 Durand (*numéro du télégramme, nom du destinataire*) remis 25 10,35 m. (*date, heure et minutes*).

S'il émane d'une station côtière de télégraphie sans fil, il est libellé comme il suit :

CR. Marseille d'Ouessant TSF N°... nombre de mots, date et heure de dépôt = 41601 Durand (*numéro du télégramme, nom du destinataire*) transmis 25 10,35 m. (*date, heure et minutes*).

Pour la transmission, l'accusé de réception prend rang parmi les télégrammes privés. Toutefois, les accusés de réception se rapportant à des télégrammes officiels ou d'Etat et les accusés de réception « urgents » ou « avec priorité » sont acheminés dans les conditions de priorité fixées pour ces catégories de télégrammes.

97. — Accusé de réception postal. — L'accusé de réception postal est demandé par l'indication éventuelle PCP ou « Accusé réception postal ». La taxe simple du télégramme est majorée seulement de 10 cent. (rég. intérieur) et 50 c. (rég. international), pour l'affranchissement de l'avis postal de remise.

Dès le retour du facteur du télégraphe ou de l'exprès chargé de la remise du télégramme avec accusé de réception postal, le receveur ou son suppléant rédige un accusé de réception dans la forme suivante :

« Le télégramme de (lieu d'origine) n°... du (date), adressé à (adresse complète), remis le... à (heure de remise).

Le Receveur du bureau d..... »

Puis il l'insère dans une enveloppe adressée, sous son contreseing, au receveur du bureau d'origine. Dans le service international, l'accusé de réception postal est soumis à la recommandation postale.

98. — Télégrammes avec accusé de réception remis par le service postal. — Lorsqu'un bureau mixte (ou exclusivement télégraphique, mais dans le périmètre de distribution gratuite duquel se trouve un bureau de poste) reçoit un télégramme avec accusé de réception, adressé poste restante ou devant être distribué par les facteurs locaux ou ruraux de la localité, il remet au service postal le télégramme auquel est joint un reçu n° 708. Ce dernier, portant la signature du destinataire et l'heure de la remise, est restitué ensuite au service télégraphique chargé de rédiger l'accusé de réception.

Quand, au contraire, le service postal ne fonctionne pas dans le lieu d'arrivée, ou si le télégramme doit être réexpédié par poste sur un autre bureau, l'heure de remise portée sur l'accusé de réception est celle à laquelle le télégramme a été jeté à la boîte ou remis au service postal.

Dans le régime international, lorsque le télégramme est adressé poste restante ou doit être remis par le service postal, le texte de l'accusé de réception est rédigé comme suit : « 90 Martin (*numéro du télégramme, nom du destinataire*) remis poste. »

99. — Non-remise d'un télégramme avec accusé de réception. — Un télégramme avec accusé de réception postal ou télégraphique qui n'a pu être remis donne lieu à l'émission d'un avis télégraphique de non-remise dans les conditions ordinaires. L'accusé de réception n'est envoyé que si la remise du télégramme devient ultérieurement possible. A l'expiration du délai de six semaines, si le télégramme n'a pu être remis, la taxe de l'accusé de réception est remboursée à l'expéditeur.

100. — Retard dans l'envoi de l'accusé de réception. — Lorsque le bureau d'origine d'un télégramme avec PC, non adressé télégraphe restant ou poste restante, dans une localité pourvue d'un bureau mixte ou d'un bureau de poste situé dans le périmètre de distribution gratuite d'un bureau télégraphique, n'a pas reçu l'accusé de réception dans un laps de temps jugé suffisant, il le réclame au bureau destinataire par avis de service, à moins que ledit télégramme n'ait fait l'objet d'un avis de non-remise. Cette réclamation est adressée par la voie postale, lorsque le télégramme comporte un accusé de réception postal.

101. — Non-concordance de l'accusé de réception et du télégramme primitif. — Dès la réception de l'accusé de réception télégraphique ou postal, le receveur ou son suppléant rapproche l'adresse portée sur l'accusé de réception de l'adresse écrite sur la minute. En cas de non-concordance, même s'il y a eu remise, il expédie immédiatement un avis de service rectificatif et attend, avant de faire une notification quelconque à l'expéditeur, un nouvel accusé de réception qui, dans ce cas, est toujours envoyé par la voie télégraphique.

102. — Notification de l'accusé de réception à l'expéditeur. — Lorsque la concordance est établie, si l'expéditeur a son domicile dans la circonscription de distribution gratuite du bureau, le receveur lui envoie immédiatement, par un facteur des télégraphes, une note reproduisant les indications de l'accusé de réception. Si l'expéditeur est domicilié hors de la circonscription de distribution gratuite du bureau de départ, l'accusé de réception lui est notifié par la voie postale sous le contreseing du receveur.

Si l'expéditeur d'un télégramme avec accusé de réception télégraphique ne réside pas dans la circonscription du bureau de départ, celui-ci réexpédie gratuitement l'accusé de réception, mais dans les limites du régime intérieur seulement, par la voie électrique ou pneumatique, sur le bureau qui dessert le domicile indiqué sur l'original et qui en effectue la remise dans les conditions indiquées à l'alinéa précédent. Dans ce cas, le bureau réexpéditeur rédige l'accusé de réception dans la forme suivante :

CR réexpédié (*bureau qui dessert le domicile de l'expéditeur*) de (*bureau qui a émis l'accusé de réception*) (nombre de mots, date et heure de dépôt) = n°... de (*nom du bureau d'origine du télégramme*) expédié par (*nom et adresse de l'expéditeur*), adressé à (*adresse textuelle du télégramme*) remis le (*date*) à (*heure et minutes*).

103. — Cas de réexpédition d'un télégramme avec PC. — Lorsque, dans les relations internationales, un accusé de réception concernant un télégramme qui a été réexpédié parvient au bureau d'origine de ce télégramme, ce bureau recouvre, le cas échéant, sur l'expéditeur, dans les conditions indiquées à l'article 312, au moment de la remise du CR, la différence entre la taxe perçue primitivement pour l'accusé de réception et la taxe due en raison du parcours réellement effectué par celui-ci.

Il n'est pas effectué de remboursement, lorsque cette taxe est inférieure à celle qui a été perçue.

CHAPITRE X

Télégrammes avec collationnement.

104. — Définition. Taxe. — Le collationnement consiste dans la répétition intégrale du télégramme de bureau à bureau.

L'expéditeur l'obtient en inscrivant sur la minute de son télégramme l'indication éventuelle taxée « Collationnement » ou = TC = et en acquittant une taxe supplémentaire égale au quart de la taxe d'un télégramme ordinaire du même nombre de mots, pour la même destination et par la même voie que le télégramme à expédier.

Si l'expéditeur demande le collationnement d'un télégramme urgent, la surtaxe correspondante ne porte, bien entendu, que sur la taxe simple de ce télégramme.

105. — Opération du collationnement. — La répétition des télégrammes avec collationnement est donnée, à tous les appareils, par le bureau qui a reçu, immédiatement après la transmission de la série ou du télégramme, si celui-ci est transmis isolément.

Le collationnement d'un télégramme officiel rédigé en langage secret, ou d'un télégramme d'Etat rédigé totalement ou partiellement en langage secret, qui est également donné par le bureau réceptionnaire, doit, toutefois, être transmis aussitôt après la réception de ce télégramme.

En cas de non-concordance entre le collationnement donné et la copie qui est entre les mains de l'agent transmetteur, la rectification doit être provoquée et effectuée immédiatement.

CHAPITRE XI

Télégrammes à faire suivre ou à réexpédier.

106. — Télégrammes à faire suivre télégraphiquement, sur la demande de l'expéditeur. — Un télégramme est réexpédié à des adresses ou à des destinations successives, lorsque l'expéditeur inscrit sur la minute l'indication éventuelle taxée « Faire suivre » ou = FS =. L'agent taxateur doit aviser l'expéditeur qu'en inscrivant cette indication il s'engage à payer les taxes de réexpédition qui resteraient dues par suite de cette opération. Cet agent peut même exiger un versement d'arrhes.

La taxe à percevoir, au départ, en dehors du versement d'arrhes, pour les télégrammes à faire suivre, est simplement la taxe afférente au premier parcours, l'adresse complète entrant dans le nombre des mots.

Les taxes applicables aux réexpéditions successives sont perçues sur le destinataire ; elles sont calculées en tenant compte du nombre de mots transmis lors de chaque réexpédition. Toutefois, l'expéditeur d'un télégramme à faire suivre peut, en versant des arrhes, au moment du dépôt de son télégramme, couvrir les frais de réexpédition dans les limites du régime intérieur ; l'indication éventuelle correspondante est : « Faire suivre arrhes » ou =FSA=. Dans les relations internationales, un bureau qui réexpédie à l'étranger un télégramme portant l'indication éventuelle « Faire suivre arrhes » ou =FSA = ne maintient que l'indication « Faire suivre » ou = FS =. En outre, il ajoute dans le préambule la seule mention en usage dans les relations internationales : « Percevoir... » ; mais la taxe à indiquer comme étant à percevoir est celle qui s'applique au parcours entre le bureau français qui réexpédie et le bureau étranger auquel le télégramme est adressé.

Lorsqu'un télégramme porte l'indication « Faire suivre » ou = FS =, accompagnée d'adresses successives, le télégramme est transmis à chacune des destinations indiquées, jusqu'à la dernière, s'il y a lieu ; mais, après chaque réexpédition, on ne conserve des adresses primitives que les noms des destinations par lesquelles le télégramme a déjà transité, les indications de remise à domicile étant successivement supprimées.

Exemple : l'adresse d'un télégramme rédigée, au départ, de la façon suivante :
« =FS= Dubois, 15, rue Paradis, Marseille = Hôtel Cloche, Lyon = Chez Millod, ingénieur Genève. »

sera, à partir de Marseille, libellée ainsi :

« =FS= de Marseille = Dubois, hôtel Cloche, Lyon = Chez Millod, ingénieur Genève. »

et à partir de Lyon, sous cette forme :

« =FS= de Marseille, Lyon = Dubois, chez Millod, ingénieur Genève. »

Si le télégramme porte l'indication « Faire suivre » ou = FS =, sans autre mention, le bureau de destination, après l'avoir, sauf avis contraire du destinataire, présenté à l'adresse indiquée, le réexpédie immédiatement, s'il y a lieu, à la nouvelle adresse qui lui est désignée au domicile du destinataire. Cette nouvelle adresse est inscrite dans l'adresse du télégramme à la suite de la précédente, et l'on opère comme il vient d'être dit.

Exemple : l'adresse d'un télégramme, rédigée, au départ, de la façon suivante :
« =FS= Monier, 10, Avenue Gambetta, Toulouse », lequel, à partir de Toulouse, devrait être réexpédié à Lille, devra être libellée ainsi :
« =FS= de Toulouse = Monier, hôtel Européen, Lille ».
Si, à partir de Lille, le télégramme doit être réexpédié à Londres, la nouvelle adresse sera libellée sous la forme :
« =FS= de Toulouse, Lille = Monier, Cecil hotel, Londres ».

107. — Calcul des taxes à percevoir sur le destinataire et transmission.— A partir du premier bureau indiqué dans l'adresse, les taxes à percevoir sur le destinataire pour les parcours ultérieurs doivent, à chaque réexpédition, être cumulées et mentionnées d'office dans le préambule. Cette mention est formulée comme suit : « Percevoir... (somme en francs et centimes) ».

Si les réexpéditions ont lieu dans les limites du régime intérieur, la taxe complémentaire à percevoir sur le destinataire est calculée, pour chaque réexpédition, suivant le tarif intérieur. Si la réexpédition a lieu hors de ces limites, la taxe complémentaire à inscrire dans le préambule, comme devant être perçue sur le destinataire, est calculée d'après le tarif applicable aux correspondances échangées entre la France et l'Etat auquel le télégramme est réexpédié.

Les télégrammes à faire suivre ou à réexpédier sont transmis aux bureaux de destination successifs dans les conditions fixées à l'article 106. L'adresse, telle qu'elle parvient au bureau, est reproduite sur la copie envoyée au destinataire. Dans le préambule, le nom du lieu d'origine primitif est toujours conservé, mais chaque bureau ne reproduit, comme lieu de destination, que celui qui dessert le premier domicile auquel le télégramme doit encore être expédié. Le nombre de mots est rectifié à chaque réexpédition.

108. — Télégramme à réexpédier télégraphiquement sur l'ordre du destinataire. — Un télégramme est réexpédié à des destinations successives, lorsque le destinataire ou son représentant l'a demandé expressément par écrit ou par avis de service taxé, en spécifiant le mode de réexpédition. La personne qui donne l'ordre de réexpédier est avisée, au moment du dépôt de sa demande, qu'elle s'engage, par ce fait, à acquitter les taxes de réexpédition qui ne pourraient être recouvrées sur le destinataire.

Il est procédé conformément aux dispositions des articles précédents ; mais, au lieu de porter avant l'adresse l'indication éventuelle = FS =, on inscrit la suivante : « Réexpédié de... (nom du ou des bureaux réexpéditeurs) ».

La personne qui fait réexpédier un télégramme a la faculté d'acquitter elle-même la taxe de réexpédition, pourvu qu'il s'agisse de ne diriger le télégramme que sur une seule localité, sans indication de transmissions éventuelles ultérieures. La mention « Taxe perçue » est inscrite en préambule, au lieu de celle « Percevoir... »

Dans le service international, la réexpédition peut se faire d'urgence ; le bureau qui opère la réexpédition dans ces conditions ajoute avant l'adresse l'indication « Urgent » ou = D =. Elle peut également, dans les relations franco-algériennes et franco-tunisiennes, se faire par priorité sur les câbles : dans ce cas, la mention « Priorité » est ajoutée avant l'adresse.

109. — Réexpédition par la voie postale. — Si, au domicile du destinataire d'un télégramme ne portant pas l'indication éventuelle « Faire suivre » ou = FS =, on indique la nouvelle adresse de ce destinataire, sans donner l'ordre de faire suivre par la voie télégraphique, le télégramme, contresigné par le receveur, est dirigé par la voie postale sur le nouveau domicile du destinataire, si toutefois ce domicile est situé dans un pays soumis au régime intérieur. Si le télégramme est à réexpédier à l'étranger, il est revêtu d'une figurine d'affranchissement dont le comptable se dégrève par une inscription à l'état nº 1373.

Dans le cas où un bureau réexpédie par la voie postale un télégramme primitivement adressé « Poste restante » sous la forme abrégée = GP =, il remplace préalablement cette mention par les mots « Poste restante ».

Le bureau qui effectue la réexpédition d'un télégramme par poste en avise le bureau d'origine par un avis de service ainsi conçu : « 118 15, Bernard, 12, rue Carnot (numéro, date et adresse du télégramme), parti, réexpédié postalement. » Toutefois, il n'est pas établi d'avis de service concernant la réexpédition d'un télégramme primitivement adressé « poste restante ».

Exceptionnellement, si le nouveau domicile est situé dans la même ville ou dans la même circonscription de distribution gratuite que celui indiqué sur le télégramme, la remise est effectuée sans frais au nouveau domicile par le service télégraphique.

Ces diverses dispositions sont également applicables toutes les fois que le destinataire a demandé la réexpédition de sa correspondance, sans spécifier l'emploi de la voie télégraphique.

110. — Non-recouvrement de la taxe de réexpédition d'un télégramme. — Lorsqu'un télégramme *réexpédié en vertu d'un ordre donné par le destinataire ou en son nom* ne peut être remis, le dernier bureau d'arrivée envoie l'avis réglementaire de non-remise. Cet avis affecte la forme suivante :

« 315 12 Benoit (numéro, date du télégramme, nom du destinataire) réexpédié à... (nouvelle adresse) inconnu, refusé, etc. (motif de la non-remise) percevoir... (montant de la taxe non-recouvrée) ».

Il est adressé d'abord au bureau qui a fait la dernière réexpédition et ainsi de suite, de bureau à bureau, afin que les personnes qui ont donné l'ordre de réexpédier soient mises en demeure de payer les taxes dont elles sont respectivement responsables. Il est enfin transmis au bureau d'origine du télégramme pour être communiqué à l'expéditeur ; mais cette dernière communication a toujours lieu gratuitement, quand bien même le recouvrement des taxes de réexpédition n'aurait pu être effectué.

Lorsqu'il s'agit d'un télégramme à faire suivre ordinaire, c'est-à-dire *lorsque l'ordre de réexpédition émane de l'expéditeur*, si ce télégramme ne peut être remis, l'avis de non-remise, qui doit mentionner les taxes à recouvrer, est adressé directement au bureau d'origine. Celui-ci opère le recouvrement des taxes sur l'expéditeur. Toutefois, quand il est à supposer que la non-remise provient d'une erreur de transmission, cet avis de service doit transiter par le dernier bureau de réexpédition, pour que celui-ci puisse, le cas échéant, opérer les rectifications nécessaires.

111. — Cas particuliers. — A. — Les télégrammes avec *réponse payée* qui sont à *réexpédier* par le bureau de destination sont traités comme suit :

1° Lorsque la réexpédition a lieu entre deux bureaux de la France, de la Corse, de la principauté de Monaco, des Vallées d'Andorre, de l'Algérie et de la Tunisie, le bon établi par le bureau de destination est annulé et rattaché à la souche, mais l'indication relative à la réponse payée est maintenue en tête de l'adresse.

2° Lorsque le télégramme doit être réexpédié par priorité sur les câbles franco-algériens ou franco-tunisien ; c'est-à-dire toutes les fois que, du fait de la réexpédition d'un télégramme avec réponse payée dans les limites du service intérieur, la valeur du bon à délivrer au destinataire ne correspondrait plus à la somme versée au départ, le bon est annulé et le bureau réexpéditeur transmet en préambule la mention «RPfr.... (valeur du bon primitif) à délivrer. » Le bureau qui remet le télégramme au destinataire y annexe un bon de la valeur indiquée.

3° Lorsque le télégramme doit être réexpédié entre un bureau du régime intérieur et un bureau étranger, le bon est annulé et le bureau réexpéditeur remplace l'indication éventuelle par l'indice RP suivi de la mention de la valeur du bon versée au départ. Exemple : = RP fr. 1,50 =. Cette indication ne compte que pour un mot.

4° Lorsque le télégramme est à réexpédier par poste :

a) à l'intérieur, le bon est annexé au télégramme, et celui-ci est soumis à la formalité de la recommandation postale. Toutefois, si le temps matériel fait défaut pour accomplir cette opération, le télégramme est placé immédiatement sous la feuille d'avis, et une note jointe à cette dernière fait connaître qu'il doit être recommandé d'office par le bureau qui ouvre la dépêche. Le reçu qui l'accompagne est rendu au service télégraphique, après avoir été signé par le destinataire.

b) à l'étranger, le bon est annexé au télégramme, et celui-ci est envoyé à destination comme lettre recommandée, après apposition, par le bureau télégraphique d'arrivée, des figurines nécessaires à l'affranchissement et à la recommandation postale. Le receveur se détaxe des figurines employées par une inscription à l'état n° 1373 ,auquel il annexe le récépissé extrait du registre n° 510.

B. — Lorsqu'un télégramme à faire suivre ou à réexpédier comporte une indication éventuelle relative au *collationnement*, la taxe applicable au collationnement, lors de chaque réexpédition, est cumulée avec la taxe principale due pour la réexpédition.

C. — Si un télégramme à faire suivre comporte une indication éventuelle relative à l'*accusé de réception*, le bureau qui effectue la remise établit un accusé de réception dans la forme suivante :

CR. Bruxelles de Courbevoie = 123 12 Arnaud Berlin, réexpédié Courbevoie,remis 13 10 h. 20 m. »

Dans les limites du service intérieur, si la réexpédition entraîne une modification de la taxe afférente à l'accusé de réception, le montant de la taxe à percevoir indiqué dans le préambule est calculé en tenant compte de cette modification.

Dans le cas d'un accusé de réception visant un télégramme réexpédié en dehors des limites du régime européen, le bureau réexpéditeur établit un accusé de réception donnant avis de la réexpédition du télégramme.

D. — Les télégrammes adressés aux *militaires déplacés* en corps ou en détachements et aux *marins de l'Etat*, dans les mêmes conditions, ou à bord d'un bâtiment qui a changé de station, sont réexpédiés télégraphiquement et sans frais, dans les limites du régime intérieur seulement, si, en raison de sa date peu éloignée, le déplacement du corps de troupe ou du bâtiment peut être considéré comme un cas de force majeure dont l'expéditeur n'a pu être avisé en temps utile.

E. — Dans les limites du service intérieur, lorsqu'un télégramme est à réexpédier à une localité située en dehors du périmètre de distribution gratuite du bureau d'arrivée, la personne qui donne l'ordre de réexpédier peut demander que ce télégramme soit remis à domicile par exprès, contre perception sur le destinataire de la taxe correspondante. Le télégramme reçoit alors, en tête de l'adresse, l'une des indications éventuelles taxées : « Exprès payé zéro » ou = XP*o* =.

La mention introduite en préambule : « Percevoir.... », ne comprend pas la taxe afférente au mode de remise. Celle-ci est déterminée par le bureau d'arrivée, qui l'ajoute ensuite au montant de la somme à recouvrer indiquée par le bureau réexpéditeur.

112. — Liquidation des arrhes versées. — Elle est effectuée d'après les renseignements fournis par une feuille modèle M n° 537, établie par le bureau qui a effectué la remise ou qui a réexpédié sur un pays étranger, et transmise dans les conditions fixées au chapitre XXXIII, section III.

CHAPITRE XII

Télégrammes multiples.

113. — Définition. — Un télégramme multiple est un télégramme adressé soit à plusieurs destinataires dans une même localité, soit à un même destinataire mais à plusieurs domiciles dans une même localité, soit enfin à un ou plusieurs destinataires dans des localités différentes desservies par un même bureau télégraphique.

Les télégrammes multiples ne sont pas acceptés pour tous les pays (voir le tableau de l'art. 51).

L'expéditeur d'un télégramme multiple doit inscrire, avant l'adresse, l'indication « *x adresses* » ou = TM = qui entre dans le nombre des mots taxés.

114. — Rédaction de l'adresse. — Chaque adresse d'un télégramme multiple doit être rédigée conformément aux règles générales. Toutefois, le nom du bureau télégraphique de destination ne figure qu'une seule fois et après toutes les adresses.

Les diverses adresses d'un télégramme multiple doivent être séparées au moyen d'un double trait (=) dont la transmission est obligatoire.

Les indications éventuelles que peut comporter un télégramme multiple sont placées devant chacune des adresses qu'elles concernent. Cependant, si l'indication éventuelle s'applique nécessairement à l'ensemble du télégramme, comme TC, D, Priorité, il suffit d'inscrire une seule fois cette indication avant toutes les adresses et la taxe correspondante n'est perçue qu'une fois.

Exemples : Les adresses suivantes sont incorrectes :

1° Duval	XP3 Buvilly .... Poste Tourmont	Poligny.
2° Bonnard, Bourse.................................... Urgent. Dubernet Bd. du Nord.....................		Bruxelles.

Rédigées sous la forme suivante elles seraient admises :

1° = 2 adresses = XP3 = Duval Buvilly, = Poste = Duval Tourmont Poligny.

2° = TM2 = Urgent = Bonnard Bourse =
Dubernet, Bd. du Nord, Bruxelles.

L'adresse suivante est correcte :

= TM3 = TC = RP = Barrier, rue Mercière, 12 =
= PC = RP = Lévy, hôtel Collet =
= RP = Laurent,place des Terreaux, 9, Lyon.

115. — Taxes applicables. — Les télégrammes multiples sont passibles :

1° D'une taxe calculée sur le nombre total des mots à transmettre comme s'il s'agissait d'un télégramme unique.

2° D'un droit de copie de 0 fr. 50 (1 franc pour les télégrammes urgents) par chaque série de 100 mots,répété autant de fois qu'il y a d'adresses moins une. Pour l'évaluation de ce droit, la longueur de chaque copie est calculée d'après le libellé qui doit être remis à chaque destinataire ;

3° Des taxes accessoires éventuelles calculées comme s'il s'agissait d'un télégramme ordinaire.

116. — Copies à établir à l'arrivée. — Le bureau de destination d'un télégramme multiple établit immédiatement, pour chacun des destinataires, une copie ne comportant que l'adresse qui lui est propre, sauf dans le cas où l'expéditeur a manifesté un désir contraire, en inscrivant l'indication éventuelle taxée : « Communiquer toutes adresses ». Toutes ces copies sont, autant que possible, mises en distribution simultanément.

Lorsque l'adresse d'un télégramme du régime intérieur n'est pas précise, comme par exemple : « Durand, voir principaux hôtels Orange », ou « Allard 2 ou 22 rue de Rivoli Paris » et ne permet pas à l'agent taxateur de savoir combien il y aura de copies à établir à l'arrivée, cet agent perçoit des arrhes sur l'expéditeur, et celui-ci écrit sur la minute de son télégramme l'indication éventuelle : « Multiple arrhes » ou = TMA = qui est taxée.

A l'arrivée du télégramme portant cette mention, le bureau destinataire établit le nombre de copies justifiée par l'adresse (1), en portant sur chacune d'elles l'adresse telle qu'elle est parvenue. Une feuille M, indiquant le nombre des copies et, le cas échéant, les copies de plus de 100 mots, est transmise au bureau d'origine.

---

(1) Si le télégramme doit, d'après l'adresse, être présenté dans deux maisons très voisines, il n'y a pas lieu d'établir deux copies, à moins qu'une copie ne paraisse devoir être laissée dans chaque maison.

CHAPITRE XIII

Télégrammes de presse.

SECTION I

Régime intérieur.

117. — Définition. — Dans le régime intérieur, on entend par télégrammes de presse les télégrammes adressés aux journaux ou publications périodiques, et destinés à être publiés par ces journaux. Ces télégrammes bénéficient d'une réduction de 50 pour 100 sur le tarif télégraphique normal. Toutefois, le minimum de perception leur est applicable.

118. — Admission au tarif réduit. — Pour que les télégrammes de presse bénéficient de cette réduction de taxe, leur dépôt doit être accompagné de la production d'une carte spéciale délivrée dans les conditions indiquées ci-après.

L'agent taxateur inscrit, sur la minute du télégramme, le numéro de la carte qui lui est présentée, le lieu de sa délivrance, et, au cas où la signature serait omise, le nom de l'expéditeur.

Le titulaire de la carte n'est pas tenu de se présenter personnellement au bureau, pour y effectuer le dépôt (1) de son télégramme. La production de la carte de correspondant à l'appui du dépôt suffit d'une manière générale. En cas de doute, le receveur met le télégramme en transmission, mais peut demander au correspondant de se présenter au bureau pour fournir les justifications nécessaires.

Les cartes de presse sont délivrées, sur la demande des directeurs de journaux, par l'Administration centrale, si ces journaux ont le siège de leur publication à Paris, et par les directeurs des départements où ils sont publiés, si ce siège est dans les départements. Toutefois, les cartes demandées par les agences de publicité sont délivrées exclusivement par l'Administration centrale.

Toute carte est rigoureusement personnelle et doit être retirée par les soins du directeur du journal et renvoyée à l'Administration, aussitôt que le titulaire cesse de faire partie de la rédaction du journal.

Tous les bureaux acceptent, au départ, les télégrammes de presse, à l'exception des bureaux-gares, des postes sépmaphoriques et des bureaux d'écluses ou de barrages. Les bureaux municipauxdesservis par appareil téléphonique n'acceptent que les télégrammes de presse en français, en langage clair et dont le texte n'excède pas cinquante mots.

119. — Rédaction. — Les télégrammes de presse sont rédigés en langage clair et en français, ou dans la langue dans laquelle le journal est publié. Ils ne peuvent être

---

(1) Les règles générales, relatives aux télégrammes *en compte* et aux télégrammes *téléphonés*, sont également applicables aux télégrammes de presse.

adressés qu'au journal désigné sur la carte de correspondant et ne contenir que des informations destinées à être publiées, à l'exclusion de toute communication ayant un caractère personnel. S'ils sont signés, la signature doit être la même que le nom inscrit sur la carte.

Ils ne comportent aucune indication éventuelle autre que celles relatives aux télégrammes multiples et aux télégrammes « avec reçu ».

120. — Télégrammes de presse contenant des passages non destinés à la publicité. — Si un télégramme de presse paraît renfermer un ou plusieurs passages non destinés à la publicité, tels que renseignements ayant un caractère essentiellement privé (*j'arriverai ce soir, envoyez argent par poste, etc.*) ou intéressant la rédaction du journal (*datez télégramme de* 5 *heures* ; *ouvrez parenthèse, etc...*), les mots formant ces passages sont comptés pour double et séparés du reste du texte par des tirets dont la transmission est obligatoire. L'indication en préambule du nombre de mots se fait alors sous forme d'une fraction dont le numérateur représente le nombre de mots taxés et le dénominateur le nombre de mots réels.

Si l'expéditeur affirme, par une note écrite sur la minute du télégramme, que tout le texte est destiné à être publié, le télégramme est accepté et taxé à tarif réduit, mais l'original est, après transmission, annexé à un procès-verbal nº 685 et envoyé à l'Administration centrale (Direction de l'Exploitation électrique, 1er bureau) par l'intermédiaire du directeur départemental.

121. — Télégrammes de presse. — La taxe applicable aux copies à établir à l'arrivée est la même que celle applicable aux télégrammes privés ordinaires.

Si, au nombre des journaux ou agences de publicité, auxquels est adressé un télégramme de presse multiple, il s'en trouve un ou plusieurs avec lesquels l'expéditeur n'est pas autorisé à correspondre au tarif réduit, ce télégramme est taxé d'après les règles applicables aux télégrammes multiples ordinaires (art. 115).

122. — Transmission. — La transmission des télégrammes de presse est soumise aux règles ordinaires de la correspondance télégraphique. Toutefois, l'indice Z, non taxé, est inscrit sur la minute et transmis au commencement du préambule. Il est porté sur les divers états et procès-verbaux, en regard des télégrammes qu'il concerne.

Les originaux des télégrammes de presse, ainsi que leurs copies de passage, sont, chaque jour, enliassés séparément.

123. — Interdictions diverses. — Il est interdit aux journaux ou publications destinataires de vendre, distribuer ou communiquer aux particuliers, cafés, cercles, bourse, etc., le contenu des télégrammes de presse taxés à tarif réduit avant insertion dans le journal destinataire. Toute infraction à ces dispositions est signalée à l'Administration centrale (Direction de l'Exploitation électrique) par l'intermédiaire du directeur départemental.

SECTION II

Régime européen.

124. — Admission au tarif réduit. — Les télégrammes de presse à tarif réduit ne sont acceptés que pour les destinations mentionnées au Tarif télégraphique (voir le tableau de l'art. 51). Les conditions d'acceptation diffèrent suivant les pays de destination. Ils sont taxés conformément aux indications portées audit Tarif. Le minimum de taxe perçu dans certaines relations pour les télégrammes ordinaires leur est également applicable.

Sauf dans les relations avec l'Espagne, le Luxembourg et le Portugal, l'adresse des télégrammes de presse doit être précédée de l'indication taxée « Presse ».

L'adresse doit être conforme aux indications portées sur la carte d'admission. L'usage d'adresses abrégées et enregistrées est autorisé, si mention est faite, sur la carte, de ces adresses.

Le texte des télégrammes de presse est rédigé en langage clair, dans la langue du pays d'origine ou de destination (toutefois, dans les relations avec le Portugal, les télégrammes de presse peuvent être aussi rédigés en espagnol). L'emploi simultané du français, de l'espagnol et du portugais dans un même télégramme est admis. Les télégrammes de presse franco-luxembourgeois peuvent être rédigés en français ou en allemand ou dans un mélange de ces deux langues.

Pour bénéficier du tarif réduit, les télégrammes de presse ne doivent contenir aucun passage ayant le caractère de correspondance privée, ni aucune annonce ou communication dont l'insertion est faite à titre onéreux. Si ces conditions ne sont pas remplies, les télégrammes sont taxés au tarif ordinaire. Toutefois, dans les relations avec la Grande-Bretagne, les passages, annonces ou communications, visés à l'alinéa précédent et insérés dans les télégrammes de presse, sont taxés au tarif normal. On procède, dans ce cas, comme il est dit art. 120, 1er alin.

Les cours de bourse et de marchés peuvent être admis. L'agent taxateur doit, en ca de doute, s'assurer auprès de l'expéditeur, qui est tenu d'en justifier, si les groupes de chiffres figurant dans le télégramme représentent bien des cours de bourse. Dans les relations franco-anglaises, chaque cours de bourse ou de marché doit être précédé ou suivi d'un mot explicatif.

Le dépôt des télégrammes de presse doit être accompagné d'une carte d'admission au tarif réduit délivrée par l'Administration (Exploitation électrique — 2e bureau) et semblable à celles en usage dans le régime intérieur. L'agent taxateur inscrit sur la minute le numéro de la carte de presse qui lui est présentée.

Sauf dans les relations avec l'Espagne, le Luxembourg et le Portugal, les télégrammes de presse ne sont acceptés que pendant les heures admises pour leur transmission.

125. — Transmission. — La transmission des télégrammes de presse est soumise aux règles ordinaires de la correspondance télégraphique. Toutefois, l'indice Z, non taxé, est inscrit sur la minute et transmis au commencement du préambule. Cet indice est porté sur les divers états et procès-verbaux en regard des télégrammes qu'il concerne.

Les télégrammes de presse sont transmis seulement de 6 heures du soir à 9 heures du matin, d'après leur ordre de dépôt ou de réception et concurremment avec les dépêches privées. Les télégrammes taxés pendant cette période et qui n'ont pu être transmis à 9 heures du matin sont acheminés, après cette heure, dans les mêmes conditions.

Dans les relations avec l'Espagne, le Luxembourg et le Portugal, tout télégramme de presse déposé entre 9 heures du matin et 6 heures du soir et n'excédant pas 50 mots, est, comme les télégrammes ordinaires, transmis à son rang d'après l'ordre d'arrivée au bureau ; mais les télégrammes de presse plus longs, ainsi que ceux de 50 mots et au-dessous, qui seraient déposés soit ensemble, soit à moins de 30 minutes d'intervalle par un même expéditeur pour un même destinataire, sont retardés jusqu'à complet écoulement de la correspondance taxée à tarif plein.

126. — Prescriptions diverses. — Il est interdit aux journaux ou publications destinataires de vendre, de distribuer ou de communiquer le contenu des télégrammes de presse taxés à tarif réduit aux particuliers, cafés, cercles, bourses, etc., ainsi que de s'en servir d'une manière directe ou indirecte pour tout autre objet que celui de l'insertion dans le journal destinataire. Il est également interdit aux agences de communiquer à des tiers, avant d'être publiés dans un journal, les télégrammes de presse taxés à tarif réduit qui leur sont adressés.

Toute irrégularité, tout abus et toute infraction à l'article précédent, est signalé à l'Administration centrale (Exploitation électrique, 2e Bureau) par l'intermédiaire du directeur départemental.

Les dispositions relatives aux télégrammes de presse intérieurs sont applicables aux télégrammes de presse du régime européen, en ce qu'elles n'ont rien de contraire aux règles stipulées pour ces derniers.

SECTION III

Régime extra-européen.

127. — Télégrammes de presse échangés avec l'Amérique du Nord, l'Amérique centrale, les Antilles et l'Amérique du Sud, par les voies du Nord. — Ces télégrammes doivent remplir les conditions suivantes :

1° Etre adressés à un journal ou à une agence de publicité par un correspondant porteur d'une carte semblable à celle qui est délivrée pour la correspondance de presse du régime européen ;
2° Etre rédigés en langage clair et sans aucune abréviation ;
3° Ne contenir que des nouvelles, cours de bourse, de marchés, ou renseignements exclusivement destinés à être publiés.

Si l'une de ces conditions n'est pas remplie, les télégrammes sont taxés à plein tarif.

128. — Télégrammes de presse échangés avec l'Afrique (sauf l'Algérie, la Tunisie et le Maroc), l'Asie, l'Océanie et l'Amérique du Sud, par les voies du Sud. — Ces télégrammes doivent remplir les conditions suivantes :

1° Etre adressés à un journal ou à une agence de publicité autorisée par les Cies de câbles intéressées à recevoir des correspondances de l'espèce par un correspondant porteur d'une carte semblable à celle qui est délivrée pour la correspondance de presse du régime européen ;
2° Etre rédigés en français et en langage clair ;
3° Ne donner aucun cours de marchés ou de bourse ;
4° Ne contenir que des nouvelles ou des renseignements destinés à être publiés.

Si l'une des conditions n'est pas remplie, les télégrammes sont taxés d'après le tarif ordinaire.

129. — Transmission. — Les télégrammes de presse du régime extra-européen sont soumis, d'une manière générale, à tous les règlements télégraphiques applicables aux télégrammes ordinaires. Néanmoins, ils ne sont transmis, mais sur les lignes étrangères seulement, qu'après l'écoulement de la correspondance officielle et de la correspondance privée taxée à plein tarif.

Ces télégrammes de presse sont transmis avec l'indice Z non taxé et placé au commencement du préambule, et sont inscrits dans les comptes avec le même indice.

130. — Dispositions diverses. — Les dispositions relatives aux télégrammes de presse intérieurs et européens sont applicables à ceux du régime extra-européen, en ce qu'elles n'ont rien de contraire aux règles fixées pour ces derniers.

CHAPITRE XIV

Télégrammes avec réponse payée.

133. — Indications éventuelles ; taxe à percevoir. — Tout expéditeur peut affranchir la réponse qu'il demande à son correspondant en inscrivant, sur la minute de son télégramme, l'une des indications éventuelles taxées : « Réponse payée » ou = RP =, « Réponse payée *x* » ou = RP *x* =, « Réponse payée urgente *x* mots » ou = RPD *x* =.

En outre, dans les relations franco-algériennes et franco-tunisiennes, les indications éventuelles : « Réponse payée priorité » ou = RPU =, et « Réponse payée priorité *x* » ou = RPU *x* = sont également admises.

Les réponses payées urgentes ne sont acceptées que pour les pays qui admettent les télégrammes urgents dans leur correspondance télégraphique avec la France.

La taxe à percevoir pour la réponse est celle d'un télégramme établi d'après les indications relatives à cette réponse et adressé au bureau d'origine du télégramme-demande par la même voie que ce dernier.

134. — Nombre de mots de la réponse. — Dans le régime intérieur, si l'expéditeur n'indique pas le nombre de mots de la réponse, celle-ci est taxée comme devant avoir 10 mots.

Dans le service international, la mention « Réponse payée » ou = RP = doit toujours être complétée par le nombre de mots payés pour la réponse.

Dans tous les régimes, aucun maximum n'est fixé pour le nombre de mots de la réponse. Par contre, le minimum du nombre des mots d'une réponse est deux.

Toutefois, dans le régime intérieur et dans les relations avec les pays pour lesquels il y a un minimum de perception, on ne peut percevoir pour la réponse une somme inférieure à ce minimum.

135. — Télégramme avec réponse payée originaire d'une gare ou d'un sémaphore à frais fixes. — Lorsque l'expéditeur d'un télégramme déposé dans un bureau-gare ou dans un sémaphore à frais fixes d'exprès désire acquitter le montant de la réponse, l'agent taxateur doit lui demander s'il a l'intention de payer également ces frais d'exprès pour la réponse. Le cas échéant, l'indication éventuelle inscrite avant l'adresse doit faire ressortir, par l'énoncé du nombre des mots payés pour la réponse, la somme exacte versée par l'expéditeur, dans la forme : « Réponse payée 20 mots », = RP 26 =, = RP 32 =, etc., suivant que le bureau de départ est inscrit à la Nomenclature avec l'indice 1 kil., 2 kil., 3 kil., etc.

136. — Etablissement des bons de réponse. — Dès la réception d'un télégramme avec réponse payée, le bureau d'arrivée remplit, sur le carnet des bons pour réponse payée n° 677, toutes les indications de la souche et du bon.

La somme à inscrire sur le bon est égale au coût d'un télégramme taxé d'après les indications relatives à la réponse (RP, RP *x*, RPD *x*, etc...) et adressé, par la même voie que le télégramme-demande, au bureau d'origine de ce dernier, sous la réserve spécifiée à la fin de l'article précédent. La valeur du bon est écrite en toutes lettres. Cependant si la somme comprend des francs et des centimes, ceux-ci peuvent être écrits en chiffres.

L'agent de service signe la souche et le bon. Il appose le timbre à date du bureau sur l'une et l'autre de ces pièces, s'assure de la concordance du bon avec la souche et détache l'un de l'autre.

Le bon ne comporte ni surcharge, ni grattage, ni rature. Si l'on fait erreur en établissant un bon, on doit l'annuler par deux barres croisées et le rattacher à la souche, en l'annotant convenablement. On établit ensuite un nouveau bon.

137. — Envoi du bon au destinataire. — Le bon est joint extérieurement à la copie d'arrivée. Celle-ci, ainsi que le reçu qui l'accompagne, portent en termes très apparents la mention : « Avec un bon de (somme en toutes lettres) pour la réponse ».

138. — Refus d'un télégramme avec un bon ou du bon seulement. — Si le destinataire refuse le télégramme ou seulement le bon, le facteur l'invite à mentionner son refus sur le reçu.

En cas de refus du télégramme, l'avis de non-remise réglementaire est transmis dès la rentrée du facteur.

Quant au bon de réponse, il est, dans tous les cas, conservé par le bureau destinataire jusqu'à l'expiration du délai de 42 jours. Passé ce délai, il est transmis au directeur du département, qui provoque d'office le remboursement, s'il s'agit d'un bon relatif à un télégramme intérieur, ou à l'Administration centrale (Exploitation électrique, 2e bureau), s'il s'agit d'un bon relatif à un télégramme international.

139. — Non-remise d'un télégramme avec réponse payée. — Lorsqu'un télégramme avec réponse payée ne peut être remis à l'arrivée, le cas de refus excepté, l'avis de non-remise réglementaire est transmis. Si, malgré les recherches, ce télégramme ne peut être remis, le bon reste attaché au télégramme.

Dans le service intérieur, le bon est, à l'expiration des délais de validité, adressé au directeur départemental d'origine, qui autorise d'office le remboursement.

Dans le service international, à l'expiration des délais de validité, le bon et le télégramme s'y rapportant, avec le ou les avis de service qui ont été échangés, sont annexés à un procès-verbal nº 685, et le dossier ainsi formé est acheminé jusqu'au bureau d'échange qui le transmet à l'Administration centrale (Exploitation électrique, 2e Bureau), après y avoir mentionné les conditions d'inscription dans les comptes internationaux.

140. — Utilisation des bons. — Les bons ne peuvent être utilisés que par le bénéficiaire ou son mandataire et pendant le délai de quarante-deux jours qui suit la date de leur délivrance. Ils servent à acquitter, jusqu'à concurrence du montant total des divers bons présentés à la fois, les taxes principales et accessoires d'un télégramme ou de plusieurs télégrammes déposés simultanément par un expéditeur pour des destinations quelconques.

a) **Bons irréguliers.** — Un bon n'est accepté que s'il est régulièrement établi. Si un bon irrégulier est présenté au guichet pour l'affranchissement d'un télégramme, il est retenu contre reçu par l'agent taxateur. La personne qui l'a présenté est informée que le télégramme ne peut être expédié que si elle paye la taxe, mais que le montant du bon lui sera ultérieurement remboursé lorsque la validité de celui-ci aura été constatée.

Si le bon est relatif à un télégramme du régime international, il est joint à un procès-verbal nº 685 qui est transmis, en fin d'enquête, à l'Administration centrale (Exploitation électrique, 2e Bureau).

Dans le service intérieur, après avoir procédé conformément aux articles 331 et suivants, il n'y a lieu de surseoir au remboursement que s'il s'agit de graves irrégularités ou si l'intervention de l'Administration est reconnue nécessaire. Le dossier est alors transmis à l'Administration centrale (Exploitation électrique, 4e Bureau).

b) **Payement de la différence entre la taxe des télégrammes et la valeur des bons.** — Si la valeur du ou des bons est inférieure à la taxe du ou des télégrammes déposés, le complément de taxe est immédiatement perçu sur l'expéditeur du ou des télégrammes. Toutefois, dans le régime intérieur, si un seul bon est présenté pour acquitter la taxe d'un seul télégramme et si ce télégramme-réponse est adressé à l'expéditeur du télégramme-demande, le complément de taxe peut être perçu sur ce dernier, à la demande de l'expéditeur de la réponse. Dans ce cas, le montant de la taxe à recouvrer sur l'expéditeur du télégramme-demande est signalé au moyen de l'indication éventuelle = PCV 0,00 = (par ex. : = PCV 0,25 =), placée avant l'adresse et taxée pour un mot.

c) **Remboursement de l'excédent des bons sur la taxe des télégrammes.** — Si la valeur du bon excède la taxe du télégramme qu'il sert à affranchir, la différence en est remboursée à l'expéditeur, sur sa demande ou sur celle du destinataire, si cette différence est au moins égale à la somme de cinquante centimes, pour un bon relatif à un télégramme intérieur et de un franc, pour un bon émis à l'occasion d'un télégramme international, et si la demande en est faite avant l'expiration du délai de trois mois à partir de la date d'émission du bon.

Dans le service intérieur, ce remboursement est effectué dans les conditions indiquées à l'article 321.

Lorsqu'il s'agit d'un bon relatif à un télégramme international, le bon, la demande du destinataire, si elle a été formulée par écrit, et l'original du télégramme-réponse ou la copie d'arrivée, si la demande émane de l'expéditeur du télégramme-demande, sont transmis à l'Administration centrale (Exploitation électrique, 2e bureau).

141. — Remboursement intégral des bons non utilisés. — Les bons non utilisés peuvent être remboursés, si la demande de remboursement est faite par le bénéficiaire au profit de l'expéditeur, dans le délai de trois mois qui suit la date de délivrance du bon. La demande de remboursement peut être faite dans les mêmes délais par l'expéditeur, s'il est en possession du bon.

Lorsque, dans le délai de trois mois, un expéditeur présente au remboursement, au guichet du bureau d'origine du télégramme, un bon de réponse payée intérieur, ce remboursement est effectué d'office dans les conditions indiquées à l'article 320.

Dans tous les autres cas, les bons intérieurs ou internationaux, présentés au remboursement, sont immédiatement revêtus, à la main, de la date du jour de la présentation. S'il s'agit d'un bon intérieur, il est ensuite transmis au directeur départemental qui l'adresse à son collègue du bureau d'origine (art. 321).

Dans le cas d'un bon émis à l'occasion d'un télégramme international, si le dépôt du bon est effectué au bureau d'origine, celui-ci l'annexe à un procès-verbal n° 685 avec la minute du télégramme, ou le transmet, joint à ce procès-verbal, au Directeur départemental, pour l'annexion de la minute, si celle-ci n'est plus en sa possession. Le dossier est ensuite acheminé jusqu'au bureau d'échange qui le transmet à l'Administration centrale (Exploitation électrique, 2e Bureau), après y avoir mentionné les conditions d'inscription dans les comptes internationaux. Si le dépôt est effectué dans un bureau autre que celui d'origine, le bon annexé au procès-verbal n° 685 est transmis au receveur du bureau d'origine ou au directeur du département d'origine, selon le cas, et il est procédé ensuite, comme il vient d'être indiqué. S'il s'agit d'un bon émis à l'occasion d'un télégramme international d'arrivée, le bon est annexé à un procès-verbal n° 685 par le bureau où il est déposé, et le dossier est acheminé jusqu'au bureau d'échange, qui le transmet à l'Administration centrale (Exploitation électrique, 2e Bureau), après y avoir mentionné les conditions d'inscription dans les comptes internationaux.

142. — Conservation des bons utilisés et des bons remboursés. — Le bon utilisé est frappé du timbre à date du bureau. Il doit toujours (sous réserve des dispositions de l'article 140 § *c*), être attaché au journal A^1, à la page où sont décrits le ou les télégrammes qu'il affranchit.

Tous les bons intérieurs remboursés sont annexés, comme justification, à l'état nº 1380 des remboursements.

CHAPITRE XV

Télégrammes sémaphoriques.

143. — Définition. — Les télégrammes sémaphoriques sont ceux qui sont échangés entre les sémaphores et les navires en mer, et qui empruntent la voie électrique sur une partie de leur parcours. Ils sont acceptés pour tous les bureaux qui sont suivis de l'indication « Sem » dans la Nomenclature intérieure, et de la lettre « S » dans la Nomenclature internationale.

144. — Rédaction. — Ils doivent être rédigés soit en langage clair et dans la langue du pays de destination, soit en signaux du Code international (1). Le nombre des lettres de chaque groupe ne doit pas excéder quatre.

L'emploi des chiffres arabes est autorisé dans la correspondance échangée entre les bâtiments de guerre français et les sémaphores situés en territoire français.

L'adresse des télégrammes sémaphoriques à destination des navires en mer mentionne le nom ou le numéro officiel du bâtiment et sa nationalité.

145. — Taxes. — La taxe des télégrammes sémaphoriques se compose : 1° de la taxe télégraphique principale et, s'il y a lieu, des taxes accessoires correspondant aux indications éventuelles ; 2° d'une taxe, dite taxe maritime (service intérieur : 0 fr. 05 par mot, avec minimum de 0 fr. 50 ; service international : 1 franc par télégramme.)

La taxe totale des télégrammes de l'espèce adressés aux navires en mer est perçue sur l'expéditeur. Pour les télégrammes provenant des bâtiments, cette taxe est perçue sur le destinataire. La mention non taxée « Percevoir... (somme en chiffres)» est portée dans le préambule par le guetteur du sémaphore, qui inscrit, en outre, ce télégramme au journal A[1], en remplaçant l'indication de la taxe par les mots «Dépêche de mer ».

146. — Transmission. — Tout télégramme sémaphorique porte, à la fin du préambule, la mention non taxée « sémaphorique ». Ceux provenant des navires en mer sont transmis à destination dans le langage représentant les signaux du Code international, lorsque le navire l'a demandé. Dans le cas contraire, le télégramme est traduit par le guetteur et transmis à destination dans la langue du pays où est situé le sémaphore.

L'adresse et, s'il y a lieu, la signature sont toujours transmises en langage ordinaire par la voie électrique.

Le sémaphore est considéré comme bureau d'origine, lorsque le télégramme émane d'un bâtiment en mer.

147. — Délai de conservation. — Les télégrammes sémaphoriques sont conservés trente jours (jour de dépôt non compris) par le sémaphore, qui doit les transmettre à un navire, lorsque celui-ci passera en vue.

Toutefois, dans le service international, l'expéditeur d'un télégramme à destination d'un navire en mer peut préciser le nombre de jours pendant lesquels ce télé-

---

(1) Ces signaux sont représentés dans l'écriture par les 26 lettres de l'alphabet.

gramme peut être présenté au navire destinataire par le sémaphore. Dans ce cas, il inscrit avant l'adresse l'indication = x jours = spécifiant ce nombre de jours, y compris celui du dépôt du télégramme. Les télégrammes sémaphoriques qui n'ont pu être signalés dans les délais ci-dessus au bâtiment destinataire sont adressés au directeur départemental pour être détruits.

Dans le cas où le bâtiment auquel le télégramme doit être transmis n'est point passé en vue du sémaphore dans le délai indiqué par l'expéditeur, ou, à défaut d'une telle indication, le 29e jour au matin, le sémaphore en informe par avis de service le bureau d'origine, qui prévient l'expéditeur. Celui-ci, en envoyant par l'intermédiaire du bureau télégraphique un avis de service taxé télégraphique ou postal au sémaphore, peut faire conserver son télégramme pendant une nouvelle période de trente jours, et ainsi de suite.

Si l'expéditeur n'a pas répondu à la fin du 30e jour qui suit la date du dépôt, le télégramme est mis au rebut et traité comme il est dit plus haut.

CHAPITRE XVI

Radiotélégrammes.

148. — Définition. — Les radiotélégrammes sont des communications échangées, au moyen de la télégraphie sans fil, entre les stations côtières (1) et les navires en mer.

149. — Rédaction. — Tout radiotélégramme doit porter avant l'adresse, l'indication éventuelle taxée « Radiotélégramme », qui est ajoutée d'office par la station côtière avant l'adresse de tout télégramme reçu d'un navire en mer.

L'adresse des radiotélégrammes à destination des navires en mer doit mentionner, outre les indications ordinaires, le nom ou le numéro officiel du bâtiment destinataire et sa nationalité.

Le texte des radiotélégrammes est rédigé selon les règles énoncées au chapitre II pour les télégrammes ordinaires, en tant que ces règles ne sont pas contraires à celles du présent chapitre.

150. — Taxes. — La taxe des radiotélégrammes se compose :

1° De la taxe télégraphique principale et, le cas échéant, des taxes accessoires correspondant aux indications éventuelles ;

2° D'une taxe dite « taxe côtière », afférente à la transmission maritime entre la station côtière et le navire en mer et fixée uniformément à 0 fr. 75 par mot sans minimum.

La taxe totale des radiotélégrammes adressés aux navires en mer est perçue sur l'expéditeur. Pour les télégrammes provenant des bâtiments en mer, cette taxe est perçue sur le destinataire. La mention non taxée « Percevoir... (somme en chiffres) » est portée dans le préambule par la station de télégraphie sans fil, qui inscrit, en outre, ce télégramme au journal A^1, en remplaçant l'indication de la taxe par les mots « Dépêche de mer ».

151. — Transmission. — La transmission des radiotélégrammes est soumise aux règles ordinaires de la correspondance télégraphique. Ils sont réexpédiés par les stations côtières tels qu'ils ont été reçus par elles.

Les télégrammes relatifs à des demandes de secours émanant des navires en mer ont la priorité sur les autres correspondances, sauf sur les télégrammes officiels d'extrême urgence intéressant la sécurité de l'Etat ou l'ordre public.

---

(1) Actuellement, il existe deux stations radiotélégraphiques, celle d'Ouessant et celle de Porquerolles, ouvertes au service de la télégraphie privée. Deux autres sont en construction aux Saintes-Maries de la Mer (B.-du-Rh.) et à Fort-de-l'Eau (dép. d'Alger). Elles n'acceptent, dans les échanges avec les navires en mer, que les correspondances originaires ou à destination du régime intérieur.

La longueur d'onde de la station d'Ouessant est de 220 mètres ; celle de la station de Porquerolles, de 260 mètres.

Il est difficile de préciser la portée de ces stations qui dépend des appareils du poste correspondant. Des communications régulières sont échangées à une distance de 150 à 250 kilomètres. Des portées plus grandes peuvent être atteintes lorsque les circonstances sont favorables.

Lorsque le télégramme émane d'un bâtiment en mer, la station côtière indique son nom comme lieu d'origine.

152. — Télégrammes spéciaux admis. — Les seuls télégrammes spéciaux admis qui peuvent être acceptés dans les échanges avec les navires en mer sont les suivants :

a) Les télégrammes avec priorité ;

b) Les télégrammes avec collationnement ;

c) Les télégrammes avec accusé de réception télégraphique ou postal, mais seulement pour la correspondance à destination des navires en mer. L'accusé de réception indique la date et l'heure auxquelles le télégramme a été transmis au navire en mer. La taxe côtière n'intervient pas dans le calcul du prix de l'accusé de réception.

d) En ce qui concerne seulement les télégrammes originaires des navires en mer : les télégrammes à faire suivre dans les limites du régime intérieur, à remettre par exprès ou par poste, les télégrammes adressés poste restante ou télégraphe restant, les télégrammes à remettre ouverts ou en mains propres, les télégrammes à distribuer seulement pendant les heures de jour et les télégrammes avec reçu.

153. — Délai de conservation. — Les télégrammes destinés à des navires en mer sont conservés trente jours (jour de dépôt non compris) par la station côtière. Toutefois, l'expéditeur d'un radiotélégramme à destination d'un navire en mer peut préciser le nombre de jours pendant lesquels la station côtière doit conserver ce télégramme. Dans ce cas, il inscrit avant l'adresse, immédiatement après la mention « Radiotélégramme », l'indication taxée « *x* jours », spécifiant ce nombre de jours, y compris celui du dépôt du télégramme.

Lorsqu'un radiotélégramme n'a pu être transmis dans le délai indiqué par l'expéditeur ou, à défaut d'une telle indication, le 29e jour au matin, la station côtière en informe, par avis de service, le bureau d'origine, qui prévient l'expéditeur.

Ce dernier a la faculté de demander, par avis de service taxé, télégraphique ou postal, adressé à la station côtière, que celle-ci conserve le télégramme pendant une nouvelle période de trente jours et ainsi de suite.

154. — Cas de remboursement de la taxe côtière. — Tout radiotélégramme qui, pour une cause quelconque, n'a pu être transmis par la station côtière au navire auquel il est destiné, est adressé, par cette station, à l'expiration des délais visés à l'article précédent, annexé à un procès-verbal n° 685, au Directeur du département d'origine, qui provoque le remboursement d'office de la taxe côtière à l'expéditeur.

CHAPITRE XVII

Télégrammes transmis avec priorité.

155. — **Définition ; tarif.** — L'expéditeur d'un télégramme échangé entre la France continentale, la Corse, la principauté de Monaco et les Vallées d'Andorre, d'une part, et l'Algérie ou la Tunisie, d'autre part, peut obtenir que ce télégramme soit transmis avec priorité sur les câbles reliant la France à l'Algérie et à la Tunisie. Les télégrammes acheminés dans ces conditions sont dits *télégrammes avec priorité* et désignés par l'indication éventuelle « priorité ». L'indice « U » doit être inscrit et transmis en tête du préambule.

L'expéditeur d'un télégramme avec priorité doit acquitter une taxe de 10 centimes par mot, avec minimum de perception de 1 franc par télégramme. Les télégrammes de presse, pour jouir du bénéfice de la priorité, acquittent une taxe de 5 centimes par mot avec minimum de perception de 1 franc.

Tous les télégrammes internationaux, alors même qu'ils n'auraient pas été taxés comme « urgents », jouissent de la priorité sur les câbles franco-algériens et franco-tunisien.

156. — **Réponses payées et accusés de réception avec priorité.** — L'expéditeur qui désire payer d'avance le montant d'une réponse avec priorité doit inscrire avant l'adresse l'une des indications « Réponse payée priorité », (ou = RPU =) « ou bien « Réponse payée priorité *x* » (ou = RPU *x* =).

Les accusés de réception peuvent être taxés également au tarif de priorité ; l'indication éventuelle à inscrire avant l'adresse est = PCU = ou « accusé réception priorité » (1).

CHAPITRE XVIII

Télégrammes urgents.

157. — **Définition, tarif et traitement.** — Dans les relations avec certains pays étrangers, l'expéditeur d'un télégramme privé obtient la priorité de transmission et de remise en inscrivant, en tête de l'adresse, l'indication éventuelle taxée « urgent » ou = D = et en payant le triple de la taxe applicable à un télégramme simple de même longueur pour le même parcours.

Le receveur prend toutes les mesures nécessaires pour que la priorité à laquelle ont droit les télégrammes urgents leur soit effectivement assurée pour la transmission et la remise (2).

Les télégrammes urgents ne sont pas admis dans le régime intérieur. Ils sont acceptés pour certaines destinations désignées au Tarif télégraphique (voir le tableau de l'art. 51).

---

(1) L'accusé de réception priorité est annoncé par la mention « C R U » placée en tête du préambule.

(2) Cette priorité n'est assurée que lorsque le télégramme n'emprunte pas la voie postale.

CHAPITRE XIX

Télégrammes à remettre en mains propres.

158. — Définition ; traitement. — L'expéditeur d'un télégramme peut demander que celui-ci soit remis au destinataire lui-même, ce qu'il fait connaître en inscrivant avant l'adresse l'indication éventuelle taxée : « Mains propres » (dans le régime intérieur), « Remettre en mains propres » (dans le régime international), ou = MP = (dans les deux régimes) et en faisant précéder, au besoin, le nom du destinataire de l'un des mots « Monsieur, Madame ou Mademoiselle ».

Les télégrammes de l'espèce sont admis dans le régime intérieur et dans les relations avec certains pays indiqués au Tarif télégraphique (Voir le tableau de l'art. 51).

Le facteur chargé de livrer un télégramme à remettre en mains propres ne délivre ce télégramme qu'au domicile indiqué par l'adresse, à une personne qui, répondant, d'ailleurs, aux indications de la suscription, déclare être le destinataire et signe du nom porté sur l'adresse le reçu nº 708.

CHAPITRE XX

Télégrammes à remettre ouverts.

159. — Traitement. — Les télégrammes à remettre ouverts sont acceptés dans le régime intérieur et dans les relations avec certains pays désignés au Tarif télégraphique (Voir le tableau de l'art. 51).

Départ. — L'expéditeur qui désire que son télégramme soit remis ouvert au destinataire fait connaître son intention en inscrivant avant l'adresse l'indication éventuelle taxée « Remettre ouvert » ou = RO =.

Arrivée. — Le mot « ouvert » est ajouté sur l'adresse de la copie d'arrivée soit à la main, soit au moyen d'un timbre, d'une façon très apparente. Les télégrammes d'arrivée qui portent l'indication « Remettre ouvert » ou = RO = sont distribués aux destinataires dans les mêmes conditions que les télégrammes ordinaires, seulement les plis ou enveloppes ne sont pas cachetés.

CHAPITRE XXI

Télégrammes à distribuer seulement pendant les heures de jour.

160. — Définition. Remise. — L'expéditeur d'un télégramme à destination d'un bureau de nuit ou de demi-nuit peut demander que ce télégramme ne soit remis au destinataire que pendant les heures de jour. Dans ce cas, il inscrit, en tête de l'adresse, l'indication éventuelle taxée « Jour » ou = J =.

Les télégrammes qui parviennent au bureau d'arrivée avec cette indication ne sont mis en distribution que pendant les heures d'ouverture du service de jour complet, c'est-à-dire entre 7 heures du matin, en été, (ou 8 heures, en hiver), et 9 heures du soir.

CHAPITRE XXII

Télégrammes à remettre contre reçu.

161. — Définition. Traitement. — Dans les limites du régime intérieur, l'expéditeur d'un télégramme peut demander que ce télégramme ne soit délivré au destinataire que contre reçu. Il inscrit, dans ce cas, en tête de l'adresse, l'indication éventuelle taxée « Avec reçu » ou = AR =.

A l'arrivée, le télégramme est mis en distribution, accompagné d'un reçu n° 708.

Dans le cas de réexpédition à l'étranger d'un télégramme portant l'indication éventuelle « Avec reçu » ou = AR =, le bureau réexpéditeur supprime d'office cette indication et modifie en conséquence le nombre des mots.

CHAPITRE XXIII

Télégrammes à remettre par exprès.

SECTION I

Régime intérieur.

162. — Définition. — L'exprès s'entend de tout mode de remise plus rapide que la poste.

La remise par exprès est effectuée sur la demande de l'expéditeur ou du destinataire, lorsque le télégramme est adressé à un domicile non situé dans le périmètre de distribution gratuite du bureau d'arrivée.

L'expéditeur qui veut que son télégramme soit porté par exprès à partir du bureau télégraphique d'arrivée inscrit sur la minute l'indication éventuelle « Exprès payé *x* » ou = XP *x* = (*x* représentant le nombre de kilomètres).

163. — Tarif. — La taxe à percevoir pour le port par exprès est fixée à 0 fr. 50 pour le premier kilomètre et à 0 fr. 30 pour chacun des kilomètres suivants, toute fraction de kilomètre comptant comme un kilomètre entier. Elle est perçue au départ.

La distance pour l'application de la taxe se compte, pour les habitations agglomérées, du bureau d'arrivée au centre de l'agglomération, et, pour les habitations isolées, du bureau d'arrivée au lieu même de destination. Les distances sont, en général, indiquées par le dictionnaire des Postes et des Télégraphes.

Si la distance à parcourir par l'exprès n'est pas fournie au bureau de départ par les documents en sa possession, l'agent taxateur perçoit des arrhes. Il appartient à cet agent d'apprécier, selon les circonstances, quelle doit être l'importance de la perception. Le nombre de kilomètres correspondant à la somme perçue est indiqué, conformément aux dispositions de l'article 162. Le dépôt ainsi effectué est liquidé ultérieurement. Si l'expéditeur, en vue de la prompte liquidation des arrhes qu'il a versées, demande que la distance parcourue par l'exprès soit notifiée par télégraphe au bureau d'origine, il paye, à cet effet, une taxe supplémentaire de dix mots et inscrit sur sa minute l'indication éventuelle taxée «Exprès payé télégraphe *x* » ou = XPT *x* = (*x* représentant le nombre de kilomètres correspondant à la taxe perçue pour l'exprès). Le bureau d'arrivée émet, dans le plus bref délai possible, un avis de service dans les conditions indiquées à l'art. 172.

164. — Cas particuliers. — a) **Le bureau qui doit envoyer l'exprès est inconnu au départ.** — Lorsque ni le bureau d'origine, faute d'indication au Dictionnaire, ni l'expéditeur, ne connaissent le nom du bureau télégraphique le plus rapproché de la localité de destination, on se borne à écrire dans l'adresse, à la suite du lieu de destination, le nom du bureau chef-lieu de l'arrondissement ou du département auquel appartient la localité destinataire. L'indication des arrhes perçues est portée conformément aux dispositions de l'article précédent (dernier alinéa).

b) **Le bureau chargé d'envoyer l'exprès n'est pas le plus voisin du lieu de destination.** — Si, pour des raisons personnelles, ou parce qu'il demande l'emploi d'un exprès en dehors des heures de vacation d'un bureau à service limité, l'expéditeur désigne, pour envoyer cet exprès, un bureau autre que celui qui dessert normalement la localité destinataire, il fait suivre l'indication « Exprès payé *x* ou = XP *x* = du nom du bureau de son choix, tout en le répétant à la fin de l'adresse. Le bureau d'origine qui, en ce cas, ne connaît généralement pas la distance, perçoit des arrhes, c'est-à-dire la taxe d'exprès pour un certain nombre de kilomètres.

Exemple : « = XP 8 Sèvres = Durand, cultivateur, Vélizy, Sèvres. »

Une feuille M (art. 339) est toujours établie par le bureau d'arrivée.

c) **Bureaux inscrits à la Nomenclature intérieure avec une indication de distance ou de frais d'exprès.** — Lorsque, en regard du nom d'un bureau télégraphique, figure, à la Nomenclature intérieure des bureaux, une indication de distance kilométrique ou de frais d'exprès concernant soit l'agglomération principale, soit divers écarts désignés, ces renseignements permettent à l'agent taxateur de percevoir le montant de la taxe relative à l'exprès. Le nombre de kilomètres correspondant à cette taxe est mentionné dans l'indication éventuelle, conformément aux dispositions des articles 162 et 163.

Exemple : « Exprès payé 2 *ou* = XP 2 = Bertrand Concoules. »

d) **Télégrammes à mettre à la poste par une gare, un sémaphore, etc.** — Lorsqu'un télégramme est destiné à un écart desservi télégraphiquement par un bureau (gare, sémaphore, etc.) inscrit à la Nomenclature avec une indication de distance kilométrique, et si l'expéditeur désire que ce télégramme soit porté au bureau postal de la localité, pour être, de là, acheminé postalement, l'indication éventuelle correspondante est = XP *x* poste =, taxée pour 2 mots.

Exemple : « = XP 1 poste = Bernard, Chappes, Chavenon ».

Si l'expéditeur ne veut pas payer de frais d'exprès et désire que son télégramme soit remis au service postal en gare, l'indication éventuelle « Poste » est simplement portée en tête du télégramme.

165. — Carnet des distances. — Chaque directeur départemental et chaque receveur d'un bureau centre de dépôt départemental tient un carnet spécial des distances séparant les divers lieux de destination des bureaux télégraphiques du département qui les desservent.

Chaque bureau centre de dépôt tient un carnet des distances qui séparent les divers bureaux secondaires qui lui sont rattachés des lieux de destination desservis par ces bureaux secondaires.

Chaque bureau tient un carnet indiquant les distances qui le séparent des lieux de destination desservis par lui.

Ces carnets sont exactement mis à jour en tenant compte des ouvertures successives de bureaux télégraphiques.

Les indications de distance fournies par ces divers carnets doivent toujours être en concordance avec les renseignements donnés par le Dictionnaire. Les désaccords sont signalés par les receveurs aux directeurs, qui provoquent les mesures utiles pour rétablir la concordance.

166. — Contrôle des bureaux pour la direction à donner aux télégrammes à remettre par exprès. — Lorsqu'un bureau principal reçoit un télégramme dont la remise par exprès doit être effectuée par ses soins ou par ceux d'un des bureaux secondaires qu'il dessert, il examine à l'aide des documents en sa possession quel est en réalité le bureau le mieux en situation de faire effectuer le port par exprès.

Il substitue, le cas échéant, le nom de ce bureau à celui qui figurait dans l'adresse et rectifie en conséquence, s'il y a lieu, la direction du télégramme, sauf l'exception prévue à l'article 164 § *b*). Mais, dans aucun cas, il ne modifie l'indication éventuelle relative à l'exprès, portée par le bureau taxateur.

Le receveur d'un bureau qui reçoit un télégramme à remettre par exprès par ses soins examine si son bureau est placé dans les meilleures conditions possibles pour en assurer la remise par exprès.

Lorsqu'il existe, à sa connaissance, un autre bureau, soumis au régime intérieur, plus rapproché du lieu de destination, il prévient, par avis de service, le centre de dépôt correspondant qui rectifie ou maintient la direction.

Néanmoins, on doit se conformer aux indications de l'adresse toutes les fois que l'expéditeur a manifesté le désir que l'exprès parte d'un bureau déterminé (art. 164, § *b*).

167. — Conditions d'envoi par exprès. — Sauf le cas de force majeure, l'envoi par exprès a lieu toutes les fois que ce mode de remise a été demandé par l'expéditeur ou par le destinataire. Le transport est effectué par un messager chargé spécialement de porter le télégramme à destination, quel que soit d'ailleurs le moyen employé pour faire le trajet.

Dans le choix de l'exprès, on se préoccupe, avant tout, des conditions de nature à garantir une remise prompte et fidèle.

Les messagers sont choisis par le receveur sous sa responsabilité. Les facteurs du télégraphe ne doivent pas être chargés, pendant leurs heures de vacation, de la remise des télégrammes à porter par exprès ; les porteurs municipaux ne peuvent prendre part à ce service qu'autant qu'ils peuvent être remplacés, pendant leur absence, pour la distribution dans le lieu d'arrivée.

Un courrier d'entreprise peut, s'il doit revenir au bureau dans la journée, être chargé de remettre un télégramme à porter par exprès, lorsque le domicile du destinataire se trouve sur son itinéraire.

Il en sera de même d'un facteur rural partant pour une distribution postale. Mais ce sous-agent, même si son itinéraire normal doit lui permettre de se rendre directement au domicile du destinataire sans nuire au service postal, ne doit pas être considéré comme un exprès ; le télégramme à porter dans ces conditions est revêtu du contreseing du receveur ou de son délégué. L'emploi de ce facteur doit être préféré à l'envoi d'un messager spécial, si le télégramme ne doit pas être retardé ; la remise étant alors purement postale, on rembourse intégralement à l'expéditeur les arrhes ou les frais d'exprès qu'il a versés. Une feuille M est établie pour les télégrammes remis de cette façon.

Les télégrammes portés par exprès sont toujours accompagnés d'un reçu n° 708 à faire signer par le destinataire.

168. — Remise par exprès sur la demande du destinataire. — Un destinataire, en formulant une demande écrite, obtient que les télégrammes qu'il attend lui soient portés par exprès, alors même qu'ils parviendraient au bureau d'arrivée avec l'indication d'un autre mode de remise. Les frais correspondants sont perçus sur le destinataire, toutes les fois qu'ils n'ont pas été acquittés par l'expéditeur ; mais, en cas de non-recouvrement sur le destinataire, ils ne sont pas recouvrés sur l'expéditeur.

169. — Indemnités à allouer aux porteurs. — Les frais d'exprès sont payés (pour l'aller seulement) au messager qui a effectué la course, au taux maximum de 0 fr. 50 pour le premier kilomètre et de 0 fr. 30 pour chaque kilomètre suivant, ou à un taux inférieur, si c'est chose possible.

Dans les bureaux électro-sémaphoriques, le port par exprès est confié, en général, au guetteur en second. Le port des télégrammes officiels est effectué sans indemnité dans un rayon de deux kilomètres autour du sémaphore. Au-delà de cette distance, ou lorsqu'il s'agit d'un télégramme privé, il est alloué au guetteur une indemnité kilométrique de 0 fr. 30.

Lorsque le port par exprès est effectué par un courrier d'entreprise dans les conditions indiquées à l'article 167, l'indemnité kilométrique à allouer est de 0 fr. 30.

L'indemnité à allouer au porteur est prélevée sur la caisse, au retour de ce messager. Le receveur s'en dégrève par une inscription à l'état nº 1373 (frais d'exprès et de poste), sur lequel donne décharge la partie prenante.

SECTION II

Service international.

170. — Pays admettant la remise par exprès. — L'envoi par exprès ne peut être demandé que pour les Etats qui ont organisé, pour la remise des télégrammes, un mode de transport plus rapide que la poste (Voir le Tableau de l'art. 51).

171. — Indications éventuelles à inscrire. — Le payement des frais d'exprès a lieu, au choix de l'expéditeur, au départ ou à l'arrivée.

Si l'expéditeur ne paye pas d'avance les frais d'exprès, l'indication éventuelle à inscrire par lui sur la minute est « Exprès ». Il est avisé qu'en cas de non-recouvrement sur le destinataire des frais d'exprès engagés à l'arrivée, il peut être tenu de les rembourser.

Lorsque l'expéditeur désire affranchir ce transport et s'il est à même d'indiquer la taxe à percevoir de ce chef par le bureau de départ, le télégramme doit porter, avant l'adresse, l'indication taxée : « Exprès payé fr.... » *ou* = XP fr... =. Si la somme versée est insuffisante, le complément en est réclamé au destinataire ; si elle est trop élevée, la différence n'est pas remboursée.

L'expéditeur qui ne connaît pas le montant des frais de transport peut exonérer le destinataire du payement d'une taxe quelconque, soit en payant la taxe d'un télégramme de cinq mots pour la même destination et par la même voie, soit en payant une taxe de 25 centimes. Il dépose, à titre d'arrhes, une somme à déterminer par le bureau d'origine en vue d'une liquidation ultérieure. Le télégramme porte alors l'une des indications Exprès payé télégraphe » ou = XPT =, ou bien « Exprès payé lettre» ou = XPP =. Cette indication est inscrite avant l'adresse et soumise à la taxe.

172. — Notification des frais d'exprès. — Le bureau qui reçoit un télégramme avec l'indication « Exprès payé télégraphe » ou =XPT= indique au bureau d'origine, par un avis de service taxé « ST », la taxe à percevoir pour le transport.

Cet avis affecte la forme suivante : « ST. Rome de Chaville 70 (numéro de l'avis de service taxé) 5 (nombre des mots) = 284 (numéro du télégramme), 16 (date du télégramme indiquée seulement par le quantième du mois). Exprès 2 fr. 30. »

Ces renseignements sont donnés par lettre affranchie non recommandée, dans le cas où l'indication éventuelle est : « Exprès payé lettre » ou = XPP =. Au reçu de ces renseignements, le bureau d'origine procède à la liquidation des arrhes.

173. — Cas où l'office d'arrivée a prévu les frais de transport à payer. — Quand l'Office d'arrivée a prévu et notifié le montant des frais de transport à payer, ces frais sont obligatoirement perçus sur l'expéditeur. Dans ce cas, le télégramme doit porter avant l'adresse l'indication taxée : « Exprès payé » ou = XP = et il n'y a pas lieu, pour le bureau d'arrivée, de notifier les frais d'exprès.

Toutefois, les frais d'exprès indiqués à la Nomenclature internationale, en regard de certains bureaux de l'Italie, du Luxembourg et des Pays-Bas, peuvent être laissés à la charge du destinataire ou acquittés par l'expéditeur. Suivant le cas, l'adresse doit être précédée de la mention *« Exprès »*, ou de la mention *« Exprès payé fr... »* ou *= XP fr... =*

174. — Remise des télégrammes avec l'indication éventuelle « Exprès ». — Le bureau d'arrivée, qui reçoit un télégramme international portant l'indication éventuelle « Exprès », perçoit les frais d'exprès sur le destinataire.

Lorsque, par suite d'adresse inexacte ou insuffisante, d'absence ou de refus du destinataire, les frais d'exprès n'ont pas été acquittés à l'arrivée, le montant de ces frais est indiqué dans l'avis de non-remise, afin que l'expéditeur puisse être requis de les rembourser. En outre, le non-recouvrement est signalé à l'Administration par l'intermédiaire du directeur départemental.

175. — Dispositions diverses. — Les télégrammes internationaux à remettre par exprès sont également soumis aux dispositions des articles 163 et 166 à 169.

CHAPITRE XXIV

Télégrammes à remettre par poste.

176. — Télégrammes à acheminer par la voie postale. — Lorsque l'expéditeur désire que le bureau télégraphique d'arrivée achemine son télégramme par la voie postale, soit comme lettre ordinaire, soit comme lettre recommandée, il inscrit, avant l'adresse, l'une des indications éventuelles taxées, soit « Poste », soit « Poste recommandée » ou = PR = et fait suivre le nom du lieu réel de destination de celui du bureau télégraphique d'arrivée.

Exemples : « Poste, Durieux, La Cavalade, Orange » ;
« = PR = Kermet, Lochrist, Hennebont. »

177. — Taxes à percevoir sur l'expéditeur d'un télégramme à acheminer par la voie postale à *l'intérieur* du pays de destination télégraphique. — Les télégrammes à acheminer comme lettres ordinaires dans les limites du régime intérieur défini à l'article 5, ou à l'intérieur du pays de destination télégraphique, sont expédiés sans frais.

Ceux à acheminer comme lettres recommandées acquittent la taxe de recommandation postale (0 fr. 25).

178. — Taxes à percevoir sur l'expéditeur d'un télégramme à acheminer par poste *au-delà* du pays de destination télégraphique. — Les télégrammes qui doivent être acheminés par la voie postale hors des limites du régime intérieur ou du pays de destination télégraphique acquittent les taxes ci-après :

a) S'ils sont envoyés comme lettres ordinaires :

1° Sur une colonie française, 0 fr. 10 ;

2° Sur un pays étranger, 0 fr. 25 ;

b) S'ils sont envoyés comme lettres recommandées :

1° Sur une colonie française, 0 fr. 35 ;

2° Sur un pays étranger, 0 fr. 50.

179. — Affranchissement des télégrammes à acheminer par poste *au-delà* du pays de destination télégraphique. — Les bureaux français qui ont à acheminer des télégrammes par poste sur une colonie française ou à l'étranger doivent apposer, sur la suscription de ces télégrammes, les figurines nécessaires à leur affranchissement postal, conformément aux indications du tableau ci-dessous :

PAYS DE DESTINATION	TÉLÉGRAMMES CIRCULANT comme lettres ordinaires	TÉLÉGRAMMES CIRCULANT comme lettres recommandées
	fr. c.	fr. c.
Colonies françaises	0 10	0 35
Pays compris dans l'Union postale ou assimilés ...	0 25	0 50
Autres pays	0 50	0 75

180. — Télégrammes à mettre à la poste en gare. — Lorsque l'expéditeur, ne voulant pas payer les frais d'exprès dont il est question à l'article 164 § *d*, désire que son télégramme soit mis à la poste en gare, il inscrit, en tête de l'adresse, l'indication éventuelle « Poste ». A l'arrivée, le télégramme est, soit jeté à la boîte, soit remis au courrier convoyeur, ou au bureau ambulant, après avoir reçu l'empreinte du timbre humide de la gare, suivie de la signature du chef de gare.

181. — Cas où la poste doit être employée pour la remise à domicile. — Le bureau télégraphique d'arrivée emploie la poste :

1° Lorsque l'expéditeur a inscrit les indications éventuelles correspondantes, sauf erreur évidente de sa part, ou n'a inscrit, avant l'adresse, aucune indication éventuelle correspondant au mode de transport à employer ;
2° Lorsque le destinataire a demandé expressément le mode de remise par la poste ;
3° Lorsque l'envoi par exprès, bien que demandé, n'est pas possible ;
4° Lorsque la remise par un autre moyen exigerait une perception sur un destinataire qui aurait refusé antérieurement d'acquitter les frais d'exprès à l'arrivée ;
5° Lorsque l'emploi de la poste doit sûrement accélérer la remise du télégramme.

Dans tous les cas, l'emploi de la poste est obligatoire pour le bureau d'arrivée lorsqu'il ne dispose pas d'un moyen plus rapide.

Quand un bureau secondaire n'est pas le mieux placé pour opérer la remise, par la poste, d'un télégramme, il en avise son centre de dépôt (1). Celui-ci réexpédie le télégramme, sur le bureau chargé de le faire parvenir.

182. — Télégrammes dont l'adresse ne permet pas de se rendre compte du mode de remise choisi par l'expéditeur. — Si le libellé de l'adresse d'un télégramme intérieur a pu ne pas faire ressortir, pour l'agent taxateur, la situation du lieu d'arrivée en dehors de la circonscription de distribution gratuite, le bureau d'arrivée doit, sauf le cas où le destinataire aurait donné l'ordre écrit d'employer l'exprès, adresser au bureau d'origine un avis de service indiquant la distance à parcourir et demandant le mode de transport à employer. Si ce renseignement a déjà été demandé en cours de transmission, il n'est pas réclamé de nouveau.

183. — Télégramme international à acheminer au-delà des limites du régime intérieur et ne portant aucune indication relative à la remise postale. — Dans le cas où un télégramme originaire de l'étranger est à acheminer au delà des limites du régime intérieur et ne porte avant l'adresse ni l'indication « Poste », ni l'indication « Poste recommandée » ou = PR =, le bureau télégraphique d'arrivée remet ce télégramme, sans l'affranchir, au service postal, le port étant à la charge du destinataire.

184. — Mode d'expédition des télégrammes par poste. — *a*) Les télégrammes de toute nature qui sont envoyés à destination par voie postale, comme *lettres ordinaires*, sont remis sans reçu au service postal, après avoir été revêtus par le bureau d'arrivée du contreseing du receveur ou de son délégué.

b) Lorsqu'un télégramme à soumettre à la formalité de la *recommandation postale* est à destination d'une localité comprise dans les limites du *régime intérieur* postal, le receveur du bureau d'arrivée, après l'avoir revêtu de son contreseing, le présente au guichet postal qui le recommande d'office.

c) Si ce télégramme doit être envoyé à *l'étranger* ou dans une *colonie française*, le bureau télégraphique d'arrivée, après apposition des figurines nécessaires à l'affranchissement et à la recommandation postale, le présente au guichet postal qui en donne reçu par le bulletin détaché du registre des chargements. Le receveur se détaxe des figurines employées par une inscription à l'état n° 1373, auquel il annexe le récépissé extrait du registre n° 510.

---

(1) Sont applicables aux télégrammes par poste les dispositions relatives au contrôle des bureaux centres de dépôt ou d'arrivée sur les télégrammes par exprès (art. 166).

d) Lorsqu'un télégramme à expédier sous recommandation d'office ou comme lettre recommandée ne peut être soumis immédiatement à la formalité de la recommandation, tout en pouvant profiter d'un départ postal, il est mis d'abord à la poste, revêtu du contreseing du receveur, s'il est à destination de l'intérieur, et, après affranchissement préalable et inscription à l'état nº 1373, s'il doit être envoyé à l'étranger. Une ampliation est adressée le plus tôt possible, sous recommandation d'office ou par lettre recommandée, suivant le cas.

185. — Inscription dans les écritures des frais d'affranchissement ou de recommandation. — Les frais d'affranchissement ou de recommandation sont payés sur les fonds de la caisse du receveur et enregistrés à l'état nº 1373. Ils sont admis sur la déclaration du comptable et justifiés, en ce qui concerne les télégrammes soumis à la recommandation postale, par les bulletins de dépôt qui sont annexés à l'état nº 1373.

CHAPITRE XXV

Télégrammes adressés télégraphe restant *ou* poste restante.

186. — Indications éventuelles. — Sur la demande de l'expéditeur, son télégramme peut être remis au destinataire, soit au guichet du service télégraphique, soit au guichet du service postal.

S'il désire que la remise ait lieu au guichet télégraphique, l'expéditeur inscrit l'indication éventuelle « Télégraphe restant » ou = TR =, quelle que soit la nature du bureau de destination. S'il désigne comme lieu de remise le guichet postal, il inscrit l'indication éventuelle « Poste restante » ou = GP =, ou « Poste restante recommandée » ou = GPR =.

187. — Télégrammes à remettre « poste restante recommandée », « poste restante », ou à déposer dans une boîte d'abonnement. — Le bureau télégraphique d'arrivée qui reçoit un télégramme avec l'indication éventuelle « Poste restante recommandée » ou = GPR = soumet ce télégramme au contreseing du receveur ou de son délégué, puis le remet immédiatement au service postal.

Les télégrammes adressés « Poste restante » ou = GP = ou portant une adresse indiquant qu'ils doivent être déposés dans une boîte d'abonnement sont également soumis au contreseing du receveur ou de son délégué, puis remis immédiatement au service postal, qui les classe dans le casier de la poste restante ou dans la boîte de l'abonné.

Les télégrammes adressés « Poste restante » sont traités comme lettres et, en cas de non-réclamation, ils sont versés aux rebuts postaux.

188. — Télégrammes à remettre « télégraphe restant ». — Les télégrammes qui parviennent au bureau d'arrivée avec l'indication « Télégraphe restant » ou = TR = doivent être conservés au guichet du télégraphe pour être remis au destinataire ou à son représentant, après justification, s'il y a lieu, de leur qualité et de leur identité.

Dans les bureaux où le service postal fonctionne dans le même local que le service télégraphique, les télégrammes adressés « Télégraphe restant » font l'objet d'une fiche qui est classée avec les objets adressés « Poste restante ». De même, les télégrammes adressés « Poste restante » font l'objet d'une fiche de rappel au casier du Télégraphe restant. Si les vacations du service télégraphique ont une durée plus étendue que celles du service postal, les télégrammes adressés « Poste restante » sont, après la fermeture des guichets postaux, délivrés aux destinataires par l'agent préposé au guichet du télégraphe. Cette remise s'effectue dans les mêmes conditions que celle des télégrammes adressés « Télégraphe restant ».

Les télégrammes adressés « Télégraphe restant » et non réclamés au bout de six semaines sont traités comme il est dit au dernier article du chapitre XXXII.

CHAPITRE XXVI

Télégrammes-mandats.

SECTION I

Dépôt et rédaction.

189. — Bureaux ouverts à ce service. — Les bureaux télégraphiques autorisés à émetttre et à recevoir des télégrammes-mandats sont indiqués à la Nomenclature intérieure par le signe ✉, s'il s'agit d'une recette des postes de plein exercice et par le signe [>100<] pour un établissement de facteur-receveur, une recette auxiliaire rurale ou une distribution auxiliaire. Sont également ouverts à ce service les bureaux étrangers (1) indiqués sur les listes spéciales dressées par les différents Offices et tenues au courant par les bureaux qui en sont pourvus.

190. — Maximum. — Dans le service intérieur (y compris la Tunisie), le montant maximum des mandats est de 5.000 francs, pour les bureaux dont le nom est inscrit à la Nomenclature avec le signe ✉ (bureaux de plein exercice), et de 100 fr. pour les bureaux dont la dénomination est suivie du signe [>100<] (établissements secondaires susdésignés).

Ce maximum est, dans les rapports avec :

L'Autriche-Hongrie	de	1.050 fr. 14	La Norvège	de	1.015 fr. 20
La Bulgarie	de	500 fr. 00	Les Pays-Bas	de	1.008 fr. 00
La Grande-Bretagne	de	1.008 fr. 00	La Suède................	de	1.015 fr. 20
Le Japon	de	1.036 fr. 00			

Et de 1000 francs dans les relations avec les autres pays qui admettent l'échange des télégrammes-mandats.

Si un expéditeur désire envoyer une somme supérieure, au moyen de plusieurs mandats, il est informé que le maximum autorisé a été établi d'après les ressources dont, en général, disposent la plupart des bureaux de poste et que dépasser ce maximum serait s'exposer à retarder le payement des mandats ; s'il persiste, il est fait droit à sa demande à ses risques et périls. Le bulletin nº 1411 est alors annoté dans la forme indiquée à l'art. 27.

191. — Bulletin 1411. — Après s'être assuré que le bureau destinataire est ouvert au service des télégrammes-mandats, l'agent du guichet invite l'expéditeur à remplir un bulletin nº 1411. Si l'expéditeur refuse ou ne sait pas écrire, l'agent rédige directement le mandat, en prenant tous les renseignements pour bien orthographier les noms du déposant et du bénéficiaire, et mentionne sur la souche du mandat le motif du non-établissement du bulletin nº 1411.

Nom de l'expéditeur. — L'expéditeur qui veut remplacer son nom par des initiales ou par un nom de convention non enregistré au bureau de départ est tenu de déclarer par écrit, sur le bulletin 1411, au moment du dépôt, qu'il renonce à toute réclamation relative à ce mandat et même au remboursement. Il est toujours loisible à un expé-

(1) Voir tableau de l'art. 51.

diteur de faire suivre son nom de sa qualité et même de son adresse ; ces renseignements sont soumis à la taxe télégraphique, s'ils doivent être transmis.

Dans le régime international, l'expéditeur ne peut, en aucun cas, remplacer son nom par des initiales, par une abréviation ou une adresse conventionnelle.

Nom du destinataire. — Le nom du destinataire ne peut pas être remplacé par des initiales, mais il peut l'être par une adresse de convention, dans le régime intérieur (y compris la Tunisie), si cette adresse est enregistrée au bureau d'arrivée. Le bénéficiaire peut encore être désigné par une raison sociale ou par une fonction nettement spécifiée.

Si le destinataire est un militaire ou un marin, le bulletin n° 1411 énonce son grade, ainsi que le corps, le régiment, le bataillon, la compagnie ou le bâtiment auxquels il appartient.

192. — Communication à l'adresse du destinataire. — Le déposant est admis à faire suivre le télégramme-mandat d'une communication particulière à l'adresse du bénéficiaire. Cette communication doit être écrite par l'expéditeur lui-même sur le bulletin n° 1411, dans la partie à ce réservée.

193. — Indications éventuelles. — Les mandats télégraphiques peuvent comporter les indications relatives à l'urgence, à la priorité, au collationnement, à la réponse payée, à l'accusé de réception, au mode de remise et à la réexpédition télégraphique dans le service international, si elles sont admises pour les télégrammes ordinaires adressés à la même destination.

Les mandats du régime intérieur empruntant la voie postale doivent, suivant le cas, comporter l'une des indications « Poste recommandée », ou = PR =, « Poste restante recommandée », ou = GPR =.

194. — Avis postal de payement. — L'expéditeur peut se faire notifier par la voie postale le payement du mandat, en inscrivant immédiatement après le nom du bureau de poste destinataire les mots « Avis de payement » qui sont compris dans le texte taxé et donnent lieu, en outre, à une perception supplémentaire de 0 fr. 10.

195. — Avis télégraphique de payement. — Lorsqu'un télégramme-mandat porte, immédiatement après le nom du bureau de poste destinataire, la mention taxée « Télégraphier payement », il est perçu le prix d'un accusé de réception télégraphique. Cette mention n'est admise que dans le service intérieur (y compris la Tunisie).

196. — Etablissement du mandat. — Les télégrammes-mandats sont extraits des registres n°s 1403 ou 1403 *bis*, suivant qu'ils sont à destination de l'intérieur (*y compris* la Tunisie) ou de l'étranger. Ils sont remplis sur le vu du bulletin n° 1411, qui doit rester annexé à la souche. Le cas échéant, la communication particulière à l'adresse du bénéficiaire est transcrite par l'agent rédacteur dans la partie réservée à cet effet sur la formule du mandat, qui est ensuite datée et signée lisiblement par cet agent, puis frappée du timbre à date du bureau.

Le montant du mandat est exprimé dans la monnaie du pays de destination. Toutefois, le montant des mandats pour l'Autriche-Hongrie, la Belgique, l'Egypte, l'Italie, le Luxembourg, le Portugal, le Royaume-Uni de Grande-Bretagne et d'Irlande et la Suisse, est exprimé en monnaie française.

Dans la rédaction des télégrammes-mandats, les seules abréviations admises sont les suivantes :

N° pour numéro ;
1er ou 1re ; 2e ou 2me, etc., pour exprimer des nombres ordinaux ;
Les abréviations qui se trouvent dans les raisons sociales ;
Une initiale pour remplacer un prénom ;
Régt, Bon, Cie, etc., pour régiment, bataillon, compagnie, etc. ;
7bre, 8bre, 9bre, Xbre, pour septembre, octobre, novembre, décembre.

Il est formellement interdit de raturer, surcharger ou gratter aucune des pièces des registres nos 1403 ou 1403 *bis*. Quand une erreur est commise, le talon, le corps du mandat et la déclaration de versement sont annulés par deux barres transversales et rattachés au registre.

N° 1403. REGISTRE A SOUCHE DES MANDATS TÉLÉGRAPHIQUES.

POSTES ET TÉLÉGRAPHES.

MANDAT TÉLÉGRAPHIQUE

197. — Libellé du mandat. Compte des mots. — Tout télégramme-mandat comprend le texte taxé suivant :

Indications éventuelles (s'il y a lieu).

Mandat (numéro postal d'émission). (Ce numéro doit être suivi du lieu d'émission, lorsque le mandat est émis par un bureau de poste non situé dans une localité dotée d'un service télégraphique. De même, si le mandat est originaire d'une localité pourvue de plusieurs bureaux de poste, ou si le bureau qui l'a émis n'est pas chargé du service télégraphique, le nº postal d'émission doit être suivi du nom précis du bureau de poste d'origine).

Postes (nom du bureau de poste destinataire. Dans les rapports avec l'Allemagne, l'Autriche, la Belgique, la Grande-Bretagne et l'Irlande, l'Italie, la Norvège et la Suisse, il suffit d'indiquer le lieu de destination. (Inscrire ici, s'il y a lieu, la mention : « Avis de payement » ou « Télégraphier payement »).

Nom de l'expéditeur (suivi, le cas échéant, de son adresse ou de sa qualité).

Montant de la somme transmise ; dans le service intérieur, cette somme, précédée du mot « **Paye.** », est exprimée en chiffres, une virgule séparant les francs des centimes, puis en toutes lettres. Dans le régime international la partie de la somme formée par les unités monétaires (francs, marks, florins, etc...) est exprimée en chiffres et en toutes lettres ; les fractions d'unité monétaire (centimes, pfennigs, kreutzers, etc... sont exprimées en chiffres seulement. Exemple : 106 (centsix marks 25 pfennigs).

Les mots *francs* et *centimes* et les expressions correspondantes dans les monnaies étrangères doivent toujours être écrits en toutes lettres dans l'énoncé de la somme en lettres.

Désignation exacte du destinataire, précédée du mot « **Pour** » dans le service intérieur seulement. (Le destinataire est désigné soit par son nom précédé ou non de *Monsieur*, s'il s'agit d'un destinataire masculin, mais précédé obligatoirement de *Madame* ou *Mademoiselle*, dans le cas d'un bénéficiaire du sexe féminin, même lorsque ce nom est accompagné d'un prénom, sauf le cas où cette indication fait double emploi avec celle d'une qualité, d'un titre, d'une fonction ou d'une profession permettant de déterminer clairement la personnalité de l'ayant droit ; soit par une raison sociale ou une fonction ; soit, dans le service intérieur, par une adresse de convention enregistrée. Le cas échéant, cette désignation est complétée par l'adresse, la profession, etc., etc...).

Tous les mots compris dans la partie encadrée d'un filet rectangulaire sont soumis à la taxe.

Dans le régime international, le nom du bureau de poste destinataire et les mots constituant l'adresse du bénéficiaire comptent comme s'ils figuraient dans l'adresse d'un télégramme.

Toutefois, on doit biffer les indications suivantes imprimées sur les formules d'un tirage antérieur :

1° La lettre *M* qui suit le mot *pour*, quand il n'y a pas lieu d'employer la désignation Monsieur, Madame ou Mademoiselle ;

2° La lettre *à* ;

3° Le mot *n°* ;

4° Le mot *rue* quand il est remplacé par une expression équivalente (place, boulevard, etc.), ou quand, son emploi n'étant pas indispensable pour la clarté de l'adresse, l'expéditeur l'a biffé sur le bulletin n° 1411 (1).

5° Les mots *paye* et *pour* (dans le régime international seulement).

Les nombres en lettres servant à exprimer le montant de la somme versée doivent être groupés en une seule expression.

Exemples :

a) « Mandat 88 Postes Lyon. Bertrand paye 300 troiscents francs pour Monsieur Périer 35 République. »

b) = RP = XP*x* = Mandat 59 Postes Magny-en-Vexin. Avis payement, Morel paye 25 75 vingtcinq francs soixantequinze centimes pour Monsieur Hubert, aubergiste Nucourt. »

198. — **Taxes.** — La somme à verser pour l'envoi d'un télégramme-mandat se compose,

Dans le service *intérieur* :

1° Du montant du mandat ;

2° Du droit postal qui est de :

5 cent. par 5 francs ou fraction de 5 fr. jusqu'à 20 francs.
25 cent. de 20 fr. 01 à 50 fr.
50 cent. de 50 fr. 01 à 100 fr.
75 cent. de 100 fr. 01 à 300 fr.
1 franc de 300 fr. 01 à 500 fr.
Au-dessus de 500 fr., 1 fr. pour les premiers 500 fr. et, pour le surplus, 25 cent. par 500 fr. ou fraction de 500 fr.

3° De la taxe télégraphique ordinaire, portant sur le texte du mandat et, le cas échéant, sur la correspondance adressée au bénéficiaire ;

4° Des frais accessoires afférents aux indications éventuelles et à la notification télégraphique du payement.

Aucune taxe supplémentaire n'est perçue pour la recommandation postale, qui est obligatoire lorsque l'avis D doit être remis par poste ;

(1) Le nom du bureau destinataire ne doit pas être reproduit à la suite de l'adresse du bénéficiaire.

5° Du coût du timbre-poste (0 fr. 10) qui doit être apposé sur l'avis d'émission n° 1413, si l'expéditeur demande à être informé par la poste du payement de son mandat.

Dans le service *international* :

1° Du montant du mandat ;

2° Du droit postal qui est de 25 cent. par 50 fr. ou fraction de 50 fr. (Dans les relations franco-anglaises, ce droit est de 10 centimes par 10 francs ou fraction de 10 francs) ;

3° De la taxe télégraphique ordinaire portant sur le texte du mandat et, le cas échéant, sur la correspondance adressée au bénéficiaire ;

4° Des frais accessoires afférents aux indications éventuelles (y compris, s'il y a lieu, la taxe de la recommandation postale) ;

5° Du prix du timbre-poste (0 fr. 10) qui doit être apposé sur l'avis d'émission n° 1413, si l'expéditeur demande à être avisé par la poste du payement de son mandat.

Le montant du mandat doit être versé avant l'établissement de ce mandat.

L'expéditeur peut, à son gré, acquitter le droit postal en sus de la somme à transmettre ou le faire prélever sur cette somme.

Les taxes télégraphiques sont toujours payées à part.

199. — Inscription des taxes. Préambule. — Le montant du mandat et le droit postal sont seuls enregistrés à la souche du registre n° 1403 ou 1403 *bis* et sur la déclaration du versement.

Il est fait recette des taxes télégraphiques principales et accessoires au journal A^1. Le détail de ces taxes est rappelé au bas du mandat-minute.

Un récépissé extrait du journal à souche A^{IV} et portant le détail des taxes télégraphiques perçues est délivré à l'expéditeur de tout télégramme-mandat qui en fait la demande et paye la taxe de 10 centimes correspondante.

Immédiatement après la perception de la taxe télégraphique et la remise à l'envoyeur de la déclaration de versement, le mandat est enregistré au journal A^1, puis mis en transmission, après avoir reçu en tête le préambule à transmettre.

Les télégrammes-mandats à destination du Royaume-Uni de Grande-Bretagne et d'Irlande étant obligatoirement transmis au bureau central télégraphique de Londres, quelle que soit la résidence des bénéficiaires, « Londres » est porté comme lieu de destination dans le préambule de ces télégrammes.

200. — Avis d'émission. — Pour chaque télégramme-mandat émis, il est établi un avis d'émission n° 1413, qui, ainsi que le mandat, est signé lisiblement par l'agent rédacteur, puis frappé du timbre à date ; le receveur ou son suppléant atteste la parfaite exactitude des indications portées sur cet avis, en apposant sa signature au-dessous de celle de l'agent.

Les avis d'émission n° 1413 sont envoyés aux bureaux payeurs par le plus prochain courrier.

Lorsqu'ils émanent d'une recette auxiliaire urbaine ou d'une distribution auxiliaire, ils sont transmis par l'intermédiaire du bureau d'attache de ces établissements. Ceux se rapportant à des télégrammes-mandats à destination du Royaume-Uni de Grande-Bretagne et d'Irlande sont adressés, sous enveloppe n° 1418, par les bureaux français, au « Chief Money Order office » à Londres. Pour les villes qui ont plusieurs bureaux de poste et de télégraphe, toutes les enveloppes sont adressées au bureau central du télégraphe de la ville de destination, qui les dirige sur les bureaux chargés du payement des mandats visés par ces avis.

Lorsque la valeur d'un mandat télégraphique du service intérieur est supérieure à 2.000 francs, le receveur du bureau d'origine envoie, par le plus prochain courrier, au directeur de son département, un avis spécial de versement, établi sur une formule nº 1438.

201. — Annulation d'un télégramme-mandat. — Tant qu'un mandat télégraphique n'a pas été payé au destinataire, il peut être annulé par l'expéditeur.

a) **Annulation avant transmission.** — Lorsque la demande d'annulation est formulée *avant la mise en transmission*, la déclaration de versement est acquittée par l'envoyeur, puis jointe au mandat-minute sur lequel on porte la mention : « Remboursement avant transmission », mention qui figure également sur la souche des registres nºs 1403 ou 1403 *bis*.

Le montant du mandat est remboursé à l'expéditeur, mais le droit postal est acquis au Trésor. Les taxes afférentes aux indications éventuelles et à la notification du payement sont remboursées à l'envoyeur contre émargement à l'état nº 1380. Il en est de même de la taxe télégraphique du mandat, sous déduction d'une somme de 0 fr. 25.

b) **Annulation après transmission.** — Dès qu'un télégramme-mandat *a été mis en transmission*, il ne peut plus être annulé que par avis de service taxé adressé au bureau payeur.

Les avis de l'espèce, émanant des gérants de recettes auxiliaires rurales ou de distributions auxiliaires sont adressées par eux à leur bureau d'attache, qui s'assure de leur régularité et les dirige sur le bureau payeur. Dans les relations franco-anglaises, toute réclamation ayant pour but d'arrêter le payement d'un titre déjà transmis doit être adressée à l'Administration centrale (Comptabilité, 3e bureau).

Le bureau payeur, au reçu de l'avis de service, envoie le titre, sous recommandation d'office et à l'appui d'une formule nº 1437, au bureau d'émission qui procède au remboursement dans la forme réglementaire. Si, à la réception de l'avis de service, le mandat est déjà payé, le bureau d'arrivée avise l'Administration centrale (Direction de la Comptabilité), qui prévient l'expéditeur, à moins que celui-ci n'ait payé une réponse télégraphique, auquel cas le bureau d'arrivée l'informe par télégraphe de la suite donnée à sa demande.

L'expéditeur a droit au remboursement des taxes télégraphiques dans les conditions indiquées à l'art. 33.

c) **Annulation après transmission pour erreur de service.** — Toutes les fois qu'un bureau reçoit de son correspondant un avis de service prescrivant d'annuler un télégramme-mandat, en cours de transmission ou déjà transmis, il considère ce télégramme-mandat comme nul et non-avenu. Si la transcription au registre nº 1410 a été faite, la formule C et l'avis D sont barrés en croix et rattachés à la souche correspondante. Cette annulation est signalée à l'Administration (Direction de la Comptabilité) par procès-verbal nº 685.

202. — Télégramme-mandat accepté à tort. — Lorsqu'un télégramme-mandat a été accepté pour un bureau non ouvert au service des télégrammes de l'espèce, le receveur du bureau d'origine, aussitôt l'erreur reconnue, rembourse d'office à l'expéditeur l'*intégralité* des sommes perçues. L'expéditeur donne acquit, au verso de la déclaration de versement, pour le montant du mandat et du droit postal, et à l'état nº 1380, pour les taxes télégraphiques.

Le receveur verse lui-même dans sa caisse le montant du droit postal et adresse à l'Administration centrale (Direction de la Comptabilité), sur formule nº 1437, une demande de dégrèvement. Cette demande est accompagnée du mandat-minute, de l'avis d'émission nº 1413 et, s'il y a lieu, des avis de service qui ont été échangés à l'occasion du télégramme indûment accepté.

Les gérants des recettes auxiliaires rurales ou de distributions auxiliaires transmettent cette demande par l'intermédiaire de leur bureau d'attache.

SECTION II

Transmission et Réception

203. — Dispositions générales. — La transmission des télégrammes-mandats s'effectue conformément au libellé des formules nos 1403 et 1403 *bis*.

Le mot « mandat » est transmis en tête du préambule.

Les indications éventuelles, ainsi que tous les noms et tous les nombres, sont collationnés de bureau à bureau. Lorsque le télégramme-mandat est reçu à un appareil imprimant, le collationnement est collé au bas de la copie de transit ou d'arrivée.

Dans les bureaux chargés d'un service de transit, les télégrammes-mandats sont reçus, en transit et à l'arrivée, sur feuilles vertes no 704, et sur formules bleues no 701, dans les autres bureaux. Les indications relatives à la transmission ou à la réception sont portées avec soin sur la formule du mandat et sur les copies de passage. Elles sont suivies de la signature très lisible de l'agent transmetteur ou réceptionnaire (1). Dans les villes pourvues de plusieurs bureaux, le bureau télégraphique central transmet le télégramme-mandat au bureau télégraphique chargé de la remise de l'avis D au destinataire.

La mise en transmission d'un télégramme-mandat ne portant pas la signature très lisible de l'agent qui l'a établi ou reçu et le visa du receveur ou de son délégué est interdite.

Aussitôt après sa réception, toute copie de passage ou d'arrivée d'un télégramme-mandat est l'objet d'un examen attentif de la part du receveur ou de son suppléant. Ce contrôle porte principalement sur la régularité de la forme, l'exactitude du nombre de mots, l'identité de l'agent réceptionnaire et l'inscription au procès-verbal. Il est constaté par l'apposition, sur la copie, de la signature lisible de l'agent vérificateur.

204. — Perte d'un télégramme-mandat. Ampliation. — Tout bureau ayant connaissance de la perte d'un télégramme-mandat en informe le bureau expéditeur par avis de service. Autant que possible, on fait suivre à cet avis de service le même itinéraire que celui qu'aurait dû prendre le mandat ; les bureaux intermédiaires peuvent ainsi faire des recherches dont ils sont tenus de porter les résultats à la connaissance de l'Administration (Direction de l'Exploitation électrique) par un procès-verbal no 685, qui est transmis au directeur départemental.

Lorsque, par suite de perte, ou pour toute autre cause, un mandat est transmis par ampliation, ce fait est signalé par une mention de service introduite dans le préambule sous la forme suivante :

Ampliation du mandat no.... de.... pour.... déjà transmis à (nom du bureau) le (date) à... (heure) par le fil no....

205. — Classement des originaux et copies de passage. — Les originaux des télégrammes-mandats sont classés à leur place dans la liasse des télégrammes de départ déposés le même jour. Les copies de passage sont classées à part et forment des liasses

---

(1) Lorsque les télégrammes sont échangés par série entre deux bureaux, l'accusé de réception fait spécialement mention des télégrammes-mandats.

quotidiennes distinctes. Les avis de service relatifs à un télégramme-mandat, sont, dans chaque bureau, annexés au télégramme qu'ils concernent.

SECTION III

Remise et payement.

206. — Transcription au registre 1410 ou 1410 *bis*. — Aussitôt après sa réception sur formule 701 ou 704, le télégramme-mandat est transcrit sur le premier folio libre du registre n° 1410 (mandat émis par un bureau français) ou du registre n° 1410 *bis* (mandat émis par un bureau étranger, y compris la Tunisie) (1). En effectuant cette transcription, l'agent responsable substitue, s'il y a lieu, le véritable nom et la véritable adresse du destinataire au nom de convention ou à l'adresse abrégée indiquée sur le télégramme-mandat.

Chaque feuille du registre n° 1410 ou du n° 1410 *bis* comprend trois parties : 1° le talon ; 2° le mandat (qui est envoyé au bureau de poste chargé d'effectuer le payement) ; 3° l'avis D (qui est remis au destinataire pour l'informer qu'un mandat à lui destiné est en dépôt au bureau de poste).

En détachant le mandat du registre, on forme, au moyen des chiffres latéraux, une combinaison représentant le montant du titre ; les autres chiffres restent adhérents à la souche. Si le mandat comprend des centimes, ils sont ajoutés à la main après le dernier nombre latéral.

Lorsqu'un mandat originaire de Tunisie excède 1000 francs, les chiffres latéraux sont laissés en totalité adhérents à la souche (form. 1410 *bis*) et remplacés dans le mandat établi sur le n° 1410 *bis* par l'énonciation, en toutes lettres, en marge de la formule, de la somme portée dans le corps du titre.

Il est formellement interdit de raturer, de surcharger ou de gratter aucune des pièces qui constituent les registres n°s 1410 et 1410 *bis*. Quand une erreur d'écriture est commise, le talon, le corps du mandat et l'avis D sont annulés par deux barres transversales et rattachés au registre. On opère de même lorsque la combinaison formée au moyen des chiffres latéraux ne concorde pas avec le montant du mandat : un nouveau mandat est établi sur le folio suivant.

207. — Communication adressée au destinataire. — Lorsque le télégramme-mandat contient une communication particulière à l'adresse du bénéficiaire, cette communication est reproduite intégralement sur une formule bleue n° 701 qui est annexée à l'avis D. Le texte de la communication est précédé de la mention suivante : Avis faisant suite au télégramme-mandat n°... du (date), de (nom du bureau d'origine). En outre les mots : « Ci-joint une communication particulière » sont inscrits d'une manière apparente sur l'avis D.

208. — Contrôle au bureau d'arrivée. — Toutes les pièces se rapportant aux télégrammes-mandats sont vérifiées et visées par le receveur ou son délégué.

Toutes les fois que des mandats d'un chiffre élevé ou une série de mandats sont envoyés à bref délai à un destinataire dont la notoriété ne paraît pas

(1) Toutefois, les mandats télégraphiques originaires de la Tunisie et adressés à des établissements de facteurs-receveurs sont, à titre exceptionnel, transcrits par ces derniers sur des formules extraites du registre à souche n° 1410 ; ces mandats sont signalés par la mention en caractères très apparents : « Mandat tunisien ».

MODÈLE C

NOTA. Le présent mandat ne sera valable qu'autant que les chiffres latéraux représentant la somme à payer y seront adhérents. Il ne sera payable que pendant les cinq jours qui suivront la date d'émission.

N° 1. — MANDAT TÉLÉGRAPHIQUE

DÉPARTEMENT D'ORIGINE	BUREAU D'ORIGINE	N° DU TÉLÉGRAMME	DATE DU TÉLÉGRAMME

MANDAT ___ — POSTES

M ___

Payé ___

pour M ___

à ___ n° ___ rue ___

CERTIFIÉ conforme au télégramme n° ___

A ___ le ___ 18__

Le Receveur,

Payé à ___

Le ___ 18__

POUR ACQUIT (1)

POSTES ET TÉLÉGRAPHES: 2,000 — 1,000 — 700 — 500 — 400 — 200 — 100 — 50 — 20 — 10 — 8 — 5 — 4 — 2 — 1

N° 1. Bureau d'origine : ___ N° (1) ___ Date (2) ___ Nom de l'expéditeur : ___ Nom du destinataire : ___ Montant du mandat (En chiffres)

MODÈLE D

N° 1. Verser au verso de la présente formule l'indication des pièces d'identité produites pour obtenir le payement d'un mandat télégraphique.

POSTES ET TÉLÉGRAPHES

Bureau de (1) ___

Le (2) ___ 18__

M. ___ est invité à se présenter au bureau de poste de ___ pour y toucher la somme de ___ montant d'un mandat télégraphique expédié à son profit de ___ par M. ___

Le payement de cette somme n'aura lieu que sur la production du présent avis et sur la justification de l'identité du destinataire.

Le payement ne pourra être réclamé passé le délai de cinq jours, à partir de la date du présent avis.

Par exception, ce délai est porté à dix jours pour les mandats télégraphiques émis au profit des militaires de tous grades faisant partie du corps d'armée de l'Algérie.

NOTA. Lorsque le télégramme-mandat est suivi d'une communication particulière adressée par le déposant au bénéficiaire, cette communication est transcrite sur une formule blanc de télégramme d'arrivée qui est annexée à l'avis modèle D et incluse dans la même enveloppe.

Dans ce cas, le texte de la communication au bénéficiaire est précédé de la mention : Avis faisant suite au télégramme-mandat n° ... du ... (date) ... de (bureau d'origine).

(1) Bureau qui remet l'avis. (2) Date de l'envoi de l'avis.

Nomenclature du matériel, n° 582. — N° 1410. (Ancien 150. — Tarif.) (Septembre 1895. — Env 149.)

suffisante, le receveur du bureau d'arrivée demande, par avis de service, à son collègue du bureau d'origine, avant l'envoi de l'avis D au destinataire, si le dépôt des fonds a bien été effectué. Il opère de même s'il y a lieu de suspecter la régularité des opérations au départ (1).

Ces avis de service sont chiffrés par le bureau principal qui les émet, ou par le premier bureau principal par lequel ils transitent, s'ils sont émis par un bureau secondaire. S'ils ne sont pas destinés à un bureau principal, le dernier bureau principal par lequel ils transitent les traduit en langage clair. Autant que possible, la transmission de ces avis de service s'effectue par une voie autre que celle suivie par les mandats.

209. — Remise du mandat au bureau de poste ; envoi de l'avis D au destinataire. — Dès que le mandat est établi, il est remis au service postal contre signature d'un reçu n° 708 rappelant le numéro du mandat et portant la date et

(1) Les gérants des recettes auxiliaires rurales et des distributions auxiliaires avisent télégraphiquement de ces faits leur bureau d'attache, qui prévient le bureau d'origine.

l'heure de la remise ; ce reçu est signé par l'agent qui prend livraison du mandat. En même temps, l'avis D est envoyé au destinataire : il est inséré dans une enveloppe nº 711 qui doit porter, outre l'adresse, les mentions « Mandat » et « Remettre en mains propres » écrites d'une façon très apparente. Un reçu nº 708 accompagne cette enveloppe.

L'avis D est délivré au destinataire ou à son mandataire régulier dans les mêmes conditions qu'un télégramme à remettre en mains propres. Cependant, lorsque le mandat est adressé à un militaire, et que celui-ci ne se trouve pas à la caserne au moment où le facteur s'y présente, le pli contenant l'avis D est remis contre reçu à l'adjudant de semaine.

210. — **Avis D à distribuer par la poste.** — L'avis D, lorsqu'il doit être remis par le service postal, est toujours soumis à la formalité de la recommandation d'office, quelle que soit l'origine du mandat, et même lorsque, étant originaire de l'étranger, il porterait l'indication éventuelle « poste » ou « poste restante ».

211. — **Remise de l'avis D au guichet.** — Toutes les fois que, pour une cause quelconque, il y a lieu de remettre l'avis D au guichet, le receveur, s'il ne connaît pas le destinataire, exige que celui-ci justifie de son identité.

212. — **Changement de domicile du bénéficiaire dans une ville pourvue de plusieurs bureaux.** — Si, dans une ville pourvue de plusieurs bureaux, le destinataire d'un télégramme-mandat a changé de domicile, le télégramme-mandat est réexpédié par la voie postale sur le bureau qui dessert le nouveau domicile, dans les conditions indiquées à l'article 223.

213. — **Avis D non remis.** — Si l'avis D n'a pu être remis pour une cause quelconque (adresse insuffisante ou inexacte, bénéficiaire désigné par un nom de convention ou une adresse abrégée non encore enregistrés, destinataire parti sans laisser d'adresse, avis D refusé, etc...), le bureau d'arrivée envoie au bureau d'origine un avis de non-remise, qui, le cas échéant, est, après avoir été rapproché de la souche et du bulletin nº 1411, communiqué à l'expéditeur. Celui-ci est autorisé à rectifier ou à compléter l'adresse par un avis de service taxé, qui peut être émis durant tout le cours de la période de validité du mandat. Les avis de non-remise se rapportant à des mandats originaires de la Grande-Bretagne et de l'Irlande sont adressés par les bureaux français au bureau central télégraphique de Londres. Toute demande ayant pour but de changer le nom et l'adresse du bénéficiaire d'un télégramme-mandat franco-anglais doit être transmise à l'Administration centrale (Comptabilité, 3e bureau).

Lorsqu'un avis de service rectificatif ou complétif de l'adresse parvient au bureau télégraphique destinataire, ce bureau en communique une copie au bureau de poste payeur pour être annexée au mandat.

Les avis D refusés ou dont les destinataires sont partis sans laisser d'adresse, ainsi que ceux se rapportant à des mandats télégraphiques originaires de la Grande-Bretagne et de l'Irlande, dont les destinataires sont partis à l'étranger, sont remis au service postal chargé d'en opérer le renvoi au bureau d'origine, à l'appui du titre du mandat (Instruction générale, articles 1360 et 1368 (rég. intérieur) et 1512 *bis* (rég. international).

Si le destinataire a été déclaré inconnu, la remise a lieu au bout du temps jugé suffisant pour obtenir la rectification de l'adresse par la voie télégraphique.

La remise au service postal des avis D des mandats adressés télégraphe restant a lieu à l'expiration des délais de validité des mandats qu'ils concernent.

214. — **Payement des mandats télégraphiques.** — Les mandats télégraphiques

ne sont payés que sur présentation de l'avis D (1) et, lorsque le bénéficiaire n'est pas connu du bureau payeur, après justification de son identité.

215. — Régularisation par voie télégraphique. — Les irrégularités qui s'opposent au payement d'un mandat télégraphique peuvent, sous réserve de l'observation des prescriptions de l'article 213, être rectifiées, sur la demande du destinataire, au moyen d'un avis de service taxé (ST). A la réception de l'avis de service réponse, on opère comme il est dit à l'article précité (2e alinéa).

216. — Avis télégraphique de payement. — Si le mandat porte la mention « télégraphier payement », le service postal établit, dès le payement, un avis de service ne comprenant pas plus de dix mots, qu'il fait parvenir sans retard au service télégraphique chargé d'en effectuer la transmission (2).

Autant que possible, cet avis prend la forme suivante : « ST. Bordeaux de Paris (numéro, nombre de mots, dépôt) mandat 533, payé le 2/6 à Robert, *ou* payé le 4/9 à Berthier fondé de pouvoirs *ou* payé de 5/1 à vaguemestre. » Il est communiqué sans retard à l'expéditeur du télégramme-mandat.

Lorsqu'un mandat portant la mention « télégraphier payement » n'a pas été payé dans le délai de cinq jours, le bureau postal d'arrivée rédige, en dix mots au plus, un avis de service taxé adressé au bureau expéditeur et indiquant la cause du non-payement (3).

Cet avis est libellé ainsi : ST. Rouen de Marseille (numéro, nombre de mots, dépôt) mandat 533 non payé, destinataire parti, absent, pas arrivé, décédé, ne s'est pas présenté, etc.

217. — Avis postal de payement. — Lorsque le nom du bureau de poste destinataire est suivi des mots « Avis de payement », un avis postal de payement, est adressé par le service postal au bureau d'origine. Dans le service intérieur, cet avis est expédié sous recommandation d'office.

Si le bureau payeur est une recette auxiliaire rurale ou une distribution auxiliaire, l'avis postal de payement est établi par le bureau d'attache dans les conditions fixées à l'article 216.

218. — Réception de l'avis d'émission au bureau payeur. — A son arrivée au bureau payeur, l'avis d'émission est épinglé au mandat qu'il concerne. Ce bureau s'assure de la conformité parfaite entre ces deux pièces ; s'il constate une divergence, il demande des renseignements au bureau d'origine, au besoin, par avis de service, si la divergence est importante. Toutefois, les gérants de recettes auxiliaires se bornent à prévenir leur bureau d'attache, par la voie postale, en lui envoyant les pièces, ou, au besoin, par la voie télégraphique. Ce dernier bureau procède comme il est dit ci-dessus.

En outre, si une cause quelconque fait craindre une malversation, l'Administration en est informée par l'intermédiaire du directeur, qui prend immédiatement les mesures nécessaires.

Dès la réception d'un mandat télégraphique intérieur d'une valeur supérieure à 2.000 francs, le receveur du bureau de destination en avise le directeur du département où est situé le bureau d'origine, au moyen d'une formule nº 1438 dûment remplie.

(1) Lorsque le destinataire d'un mandat déclare avoir égaré l'avis D, il est invité à fournir une attestation écrite.

(2) Toutefois, lorsqu'un mandat télégraphique portant cette mention a été payé par un gérant de recette auxiliaire rurale ou de distribution auxiliaire, celui-ci transmet le mandat, par le premier courrier, à son bureau d'attache, avec une note destinée à attirer l'attention du receveur de ce dernier bureau qui est chargé de la rédaction et de l'envoi de l'avis de payement.

(3) Les gérants de recettes auxiliaires rurales ou de distributions auxiliaires avisent télégraphiquement de ce fait leur bureau d'attache qui rédige l'avis de service taxé.

BIBLIOTHÈQUE NATIONALE
R.F.
IMPRIMÉS

219. — Non-réception de l'avis d'émission au bureau payeur. — Lorsqu'un avis nº 1413 n'est pas parvenu au bureau de destination dans un délai jugé suffisant suivant la distance (1), on adresse d'urgence au bureau d'origine une réclamation rédigée sur formule 1438. Le duplicata de l'avis d'émission est établi, par le bureau d'origine du mandat, au verso même de cette formule.

Si la somme est importante, la réclamation peut, mais dans le régime intérieur seulement, donner lieu à l'émission d'un avis de service.

Par exception, dans les relations franco-anglaises, la réclamation rédigée sur formule nº 1438 est adressée, sous enveloppe nº 1418, au *Chief Money order Office, à Londres.*

Lorsque les mandats sont adressés à des recettes auxiliaires rurales ou à des distributions auxiliaires, les avis d'émission non parvenus sont réclamés par le bureau d'attache dûment prévenu par le gérant.

220. — Durée de validité. — Dans le service intérieur (y compris la Tunisie), le payement des mandats télégraphiques n'a lieu que pendant les cinq jours qui suivent le jour de l'arrivée du mandat au bureau télégraphique destinataire.

Par exception, les mandats télégraphiques émis soit en France, soit en Algérie ou en Tunisie, au profit des militaires faisant partie des corps d'armée de l'Algérie et de la Tunisie, sont payables pendant les dix jours qui suivent le jour de l'arrivée du mandat au bureau télégraphique destinataire.

Dans les relations avec les pays d'Europe (à l'exception de l'Angleterre), les mandats télégraphiques sont valables jusqu'à l'expiration du premier mois qui suit celui de leur émission. Dans les relations franco-anglaises, la durée de validité des télégrammes mandats est de douze mois à partir du jour de l'émission.

Dans les relations avec les pays hors d'Europe, le délai de validité est de cinq mois, non compris le mois de l'émission. Par exception, dans les relations entre l'Egypte, d'une part, et l'Europe, l'Algérie et la Tunisie, d'autre part, la durée de validité est de deux mois, non compris le mois d'émission.

221. — Mandats périmés. — Lorsqu'un mandat télégraphique est périmé, le montant en est remboursé à l'expéditeur.

Dans le régime intérieur, le montant peut, sur la demande de l'expéditeur, être payé au destinataire dans un bureau quelconque, dans le même délai qu'un mandat-poste.

222. — Remboursement d'un mandat à l'expéditeur. — L'envoyeur d'un mandat qui n'a pas été payé au destinataire en obtient le remboursement en justifiant de sa qualité et en remettant la déclaration de versement. En cas de perte de ladite déclaration, il doit fournir une attestation écrite et signée constatant l'impossibilité de produire cette pièce.

SECTION IV

Télégrammes-mandats à réexpédier.

223. — Réexpédition des mandats télégraphiques. — Dans le service intérieur, les mandats télégraphiques peuvent être réexpédiés, mais exclusivement par la voie postale.

Dans le service international (sauf dans les relations avec la Grande-Bretagne), ils peuvent être réexpédiés soit par la voie postale, soit par la voie télégraphique.

(1) Deux jours au plus entre bureaux français, quatre ou cinq jours entre bureaux français et algériens, etc.

224. — Réexpédition des mandats télégraphiques par la voie postale. — Lorsque le service télégraphique est saisi d'une demande de réexpédition par la voie postale, il en fait part au service postal chargé d'effectuer cette réexpédition et lui remet l'avis D. Le service postal réexpédie le mandat en l'accompagnant de l'avis D et de l'avis d'émission n° 1413. Cette réexpédition est signalée à l'Administration centrale (Comptabilité — 3e bureau) au moyen d'une formule n° 1437.

Les gérants de recettes auxiliaires rurales ou de distributions auxiliaires réexpédient le mandat accompagné de l'avis D et de l'avis d'émission n° 1413, par l'intermédiaire de leur bureau d'attache, qui s'assure également de l'établissement régulier de la formule n° 17.

Les mandats télégraphiques franco-anglais ne peuvent être réexpédiés ni postalement ni télégraphiquement à l'étranger. Ils peuvent être réexpédiés dans le régime intérieur, mais exclusivement par la voie postale.

Lorsqu'un télégramme-mandat réexpédié postalement comporte un accusé de réception ou l'indication « Télégraphier payement », le nécessaire est fait par le bureau sur lequel le titre a été réexpédié, sauf exception prévue au renvoi (2) de l'art. 216. Si ce dernier n'est pas mixte, l'accusé de réception ou l'avis de payement est transmis par la poste. Il est procédé, le cas échéant, pour le remboursement de la taxe télégraphique, comme il est dit à l'article 242.

225. — Réexpédition par la voie télégraphique des mandats télégraphiques ou ordinaires, dans les relations internationales. — Sauf dans les relations franco-anglaises, la réexpédition, par télégraphe, sur un pays participant au service des mandats télégraphiques, d'un télégramme-mandat ou d'un mandat ordinaire peut être demandée par l'expéditeur ou le destinataire.

Lorsque la réexpédition télégraphique est demandée par l'expéditeur, au moment du dépôt du mandat, on ajoute l'indication éventuelle « Faire suivre » ou = FS =.

Il est donné suite à la demande de réexpédition dès la réception de l'avis confirmatif. Dans ce cas, le bureau réexpéditeur quittance le mandat et le passe en écritures comme mandat payé, puis établit un nouveau mandat télégraphique dont le montant, exprimé en monnaie du pays de la nouvelle destination, est égal au montant primitif diminué des frais postaux et télégraphiques afférents au nouveau parcours.

Ce télégramme-mandat modifié doit porter, en préambule, comme origine, le nom du bureau réexpéditeur et, comme indications de dépôt, la date et l'heure de son enregistrement au journal A^1. En outre, le nom du bureau de dépôt du mandat primitif est obligatoirement inséré dans le texte à la suite du nom de l'expéditeur.

Quant à l'avis d'émission n° 1413, établi à cette occasion, il est revêtu de la mention suivante : « Mandat de la somme de.......... réexpédié de .... établi en remplacement d'un mandat télégraphique (*ou* ordinaire) originaire de .... »

Si le télégramme-mandat primitif contient une communication particulière au destinataire, cette communication est transcrite à la suite du texte du nouveau mandat. S'il s'agit d'un mandat de poste ordinaire, la communication de l'expéditeur portée, éventuellement, sur le coupon, n'est pas réexpédiée par la voie télégraphique, à moins d'une demande expresse de celui-ci. Ce coupon est annexé à l'avis d'émission n° 1413, sur lequel on porte la mention : « Ci-joint un coupon à remettre au destinataire. »

La réexpédition par télégraphe d'un mandat télégraphique ou ordinaire est signalée à l'Administration centrale (Comptabilité. — 3e bureau) au moyen d'une formule n° 1437. »

226. — Réexpédition télégraphique exceptionnelle dans le service intérieur.— Par exception, les télégrammes-mandats émis par un bureau français en faveur des militaires déplacés en corps ou en détachement et des marins de l'Etat, dans les mêmes conditions, ou à bord d'un bâtiment qui a changé de station, peuvent être réexpédiés gratuitement par la voie télégraphique, si les détails de l'adresse sont précis et si le déplacement est récent ; mais la réexpédition ne peut se faire que dans les limites du régime intérieur (y compris la Tunisie).

Lorsqu'un gérant de recette auxiliaire rurale ou de distribution auxiliaire reçoit l'ordre de faire suivre par la voie télégraphique un mandat de l'espèce, il en informe son bureau d'attache qui lui donne des instructions.

227. — Accusé de réception d'un télégramme-mandat réexpédié. — Si le télégramme-mandat réexpédié dans les conditions indiquées à l'article précédent, comporte un accusé de réception, celui-ci est rédigé par le bureau qui effectue réellement la remise, de manière à indiquer le déplacement du destinataire, sauf exception prévue à l'article 216.

Dans le service international, l'accusé de réception est rédigé par le bureau qui effectue la remise au destinataire et adressé au bureau réexpéditeur qui le fait suivre au bureau d'origine du télégramme-mandat primitif, après avoir opéré, dans le texte, la substitution de numéro nécessaire et ajouté la mention « réexpédié à .... ».

228. — Réexpédition de l'avis 1413 dans le service intérieur. — Le bureau télégraphique réexpéditeur d'un télégramme-mandat intérieur en avise immédiatement et par écrit le service postal. Celui-ci fait suivre au bureau payeur l'avis nº 1413 dûment annoté. Le mandat est rendu au service télégraphique, qui l'épingle à la souche et écrit en travers les mots : « réexpédié à ... le ... ».

CHAPITRE XXVII

Télégrammes-lettres échangés entre la France et ses colonies.

229. — **Colonies qui admettent les télégrammes-lettres.** — Les télégrammes échangés entre la France, l'Algérie ou la Tunisie, d'une part, le Sénégal, le Soudan, la Guinée française, le Dahomey, la Côte d'Ivoire, le Congo français, l'Indo-Chine, la Nouvelle-Calédonie, l'Ile de la Réunion, Madagascar et la Guyane française, d'autre part, peuvent être transmis par télégraphe sur les lignes des pays d'origine, ensuite par paquebots-poste jusqu'au port de débarquement du pays de destination et enfin par télégraphe sur les lignes de ce dernier pays.

230. — **Libellé de l'adresse.** — L'adresse de ces télégrammes doit être formulée ainsi qu'il suit :

Poste *ou* Poste recommandée *ou* = PR = ... (*nom du bureau télégraphique chargé de mettre le télégramme à la poste*) ..... (*nom du bureau de poste auquel le télégramme doit être remis par le service des paquebots*) ..... (*indications éventuelles autorisées*) ..... (*nom et adresse du destinataire*).

Exemple : *Poste, Marseille, Majunga, Bournisien, Chef de bureau Gouvernement Tananarive.*

231. — **Indications éventuelles admises.** — Les télégrammes de l'espèce ne peuvent comporter aucune indication éventuelle donnant lieu à perception au départ. Les seules indications autorisées sont donc les suivantes : Faire suivre *ou* = FS =, Poste, Exprès, Remettre ouvert *ou* = RO =, Remettre en mains propres *ou* = MP =, Télégraphe restant *ou* = TR = et Poste restante *ou* = GP =.

232. — **Acheminement sur les bureaux d'échange.** — Les bureaux d'échange, en France et dans les colonies sur lesquels ces télégrammes doivent être obligatoirement dirigés sont indiqués au tableau placé à la fin du présent chapitre.

233. — **Taxes postale et télégraphique.** — Le compte des mots est établi d'après la règle du régime *intérieur*.

Lorsque les télégrammes-lettres sont à destination de la localité où se trouve le port de débarquement, la taxe à appliquer est de 0 fr. 05 par mot (avec minimum de perception de 0 fr. 50, comme dans le service intérieur), plus 0 fr. 10 pour le transport postal.

Si les télégrammes sont à destination d'une localité autre que celle où se trouve le port de débarquement, la taxe est de 0 fr. 10 par mot (avec minimum de perception de 1 franc), plus 0 fr. 10 pour le transport postal.

La taxe postale spéciale de recommandation doit, en outre, être perçue pour les télégrammes portant la mention *Poste recommandée* ou = *PR* =.

Il n'est rien perçu sur les destinataires pour la transmission télégraphique dans le pays d'arrivée.

234. — **Transmission télégraphique.** — Les télégrammes-lettres sont transmis sur

les lignes métropolitaines et remis aux destinataires dans les mêmes conditions que les télégrammes ordinaires.

Pour éviter toute fausse manœuvre au port d'embarquement, les bureaux d'origine transmettent, dans le préambule, le nom de ce port comme lieu de destination. Mais le nom de destination réelle est rétabli par le bureau de débarquement avant la réexpédition télégraphique.

235. — Remise au bureau postal d'embarquement. — Le service télégraphique du port d'embarquement remet le télégramme, dès sa réception, au service postal sous enveloppe affranchie 0 fr. 10 et portant d'une façon très apparente l'adresse suivante : *Bureau télégraphique de l'Etat* (*lieu de débarquement*). Les télégrammes avec mention : *Poste recommandée* ou = PR = sont traités comme des correspondances recommandées.

Le receveur se dégrève du montant de l'affranchissement postal dans la forme ordinaire.

236. — Tableau de direction des télégrammes-lettres.

NOMS DES COLONIES	BUREAUX D'ÉCHANGE EN FRANCE	BUREAUX D'ÉCHANGE DANS CES COLONIES
Sénégal	Marseille et Bordeaux (1)	Dakar.
Soudan	Id. (1)	Dakar.
Guinée française (2)	Id. (1)	Conakry.
Dahomey (2)	Id. (1)	Cotonou.
Côte-d'Ivoire (2)	Id. (1)	Béréby ou Grand-Bassam (3)
Congo français	Id. (1)	Libreville.
Indo-Chine (Tonkin, Annam, Cochinchine)	Marseille	Saïgon.
Martinique	Saint-Nazaire, Bordeaux et Calais (1)	Fort-de-France.
Nouvelle-Calédonie	Marseille	Nouméa.
Réunion	Id.	Pointe des Galets.
Madagascar	Id.	Tamatave, Majunga (1).
Guyane française	Saint-Nazaire et Calais (1).	Cayenne.

(1) Les télégrammes doivent être dirigés sur l'un ou l'autre des ports d'embarquement suivant les dates de départ des paquebots.

De même les télégrammes à destination de l'île de Madagascar sont, suivant les escales, adressés à Tamatave ou à Majunga.

Les télégrammes-lettres originaires de France ou à destination des colonies françaises de la Côte occidentale d'Afrique qui doivent être acheminés par les paquebots-poste faisant escale à Oran (ligne de Marseille à Loango) pourront profiter du courrier tant que les paquebots n'auront pas quitté le port d'Oran. Ceux de ces télégrammes qui parviendraient à Marseille après le départ des paquebots de la ligne précitée seront transmis au bureau d'Oran pour être remis au service maritime, au passage des paquebots dans ce port.

Les télégrammes-lettres pour les mêmes destinations, originaires d'Algérie ou de Tunisie, devront être dirigés électriquement sur le bureau d'Oran quand ils devront être acheminés par les paquebots de la même ligne.

Au retour des mêmes paquebots, les télégrammes-lettres à destination de la France, de l'Algérie ou de la Tunisie seront remis au bureau d'Oran, d'où ils seront acheminés électriquement sur leur destination.

(2) Le bureau de Dakar peut également servir de bureau colonial d'échange pour l'acheminement des télégrammes-lettres originaires ou à destination de la Guinée française, du Dahomey et de la Côte-d'Ivoire. Par cette voie la taxe est de 0 fr. 25 par mot, plus la taxe postale de 0 fr. 10 ou de 0 fr. 35, si la recommandation postale a été demandée par l'expéditeur.

Les dispositions non contraires des articles 230 et suivants sont applicables.

(3) Les télégrammes-lettres à destination de la Côte-d'Ivoire qui doivent être acheminés postalement à partir de Marseille ou d'Oran, doivent porter la mention « Poste Marseille Béréby » ou « Poste Oran-Béréby ». Ceux qui doivent être transmis postalement à partir de Bordeaux doivent porter la mention « Poste Bordeaux-Grand-Bassam ». Toutefois, au cas où les paquebots-poste dont le point d'attache est à Bordeaux visiteraient l'escale facultative de Béréby, les télégrammes-lettres seraient remis à ce bureau pour être ensuite transmis électriquement à l'intérieur de la Colonie.

CHAPITRE XXVIII

Accusés de réception d'objets postaux chargés ou recommandés.

237. — Demande faite au moment du dépôt de l'objet. — L'expéditeur d'un objet postal chargé ou recommandé ne devant circuler qu'à l'intérieur (Tunisie exceptée), et déposé dans un bureau mixte ou dans un bureau de poste situé dans les limites de distribution gratuite d'un bureau télégraphique, peut, au moment du dépôt, demander un accusé de réception télégraphique de cet objet, si celui-ci est à destination d'une localité pourvue soit d'un bureau mixte, soit d'un bureau de poste et d'un bureau télégraphique non fusionnés. La taxe de l'accusé de réception est de 0 fr. 50.

238. — Demande faite postérieurement au dépôt de l'objet. — Cette demande peut être faite postérieurement au dépôt de l'objet. Si elle est transmise par la voie télégraphique, elle donne lieu à l'envoi d'un avis de service taxé rédigé par le service postal dans la forme suivante et dont la taxe est de 1 franc, y compris le prix de la réponse.

« ST. Auray d'Evreux 528 9 8/11 5 h. s.
= RP = Aviser réception CHL 625 (nº d'inscription de l'objet) 5/11 (date du dépôt) Rugel hôtel Bretagne (nom et adresse du destinataire). »

239. — Inscription des taxes télégraphiques. — Les taxes télégraphiques sont, dans tous les cas, perçues par le préposé du guichet postal et inscrites au journal A[1] avec le motif de l'encaissement ; par exemple : « CR lettre valeur déclarée nº ... pour (destination) du ... (date du dépôt). »

Si le service postal et le service télégraphique ne sont pas fusionnés, le service postal fait parvenir le montant de la taxe de l'accusé de réception au service télégraphique, qui l'enregistre à son journal A[1], comme il est dit ci-dessus.

240. — Réexpédition d'une demande de CR télégraphique. — Lorsqu'un bureau reçoit une demande télégraphique d'accusé de réception d'un objet réexpédié à l'intérieur (Tunisie exceptée), le service postal rédige un nouvel avis de service taxé que l'on fait suivre sur la nouvelle destination. Ex. :

« ST. St-Brieuc d'Evreux 515 11 8/11 5 h. s.
= RP = Aviser réception CHL 625 réexpédié d'Auray 6/11 Rugel... (nom du destinataire et adresse à laquelle le chargement a été réexpédié). »

Les frais de réexpédition, calculés à raison de 0 fr. 50 par réexpédition, sont indiqués dans le préambule de l'accusé de réception et perçus sur l'expéditeur du chargement par le bureau chargé de la remise de cet accusé de réception.

Lorsque le bureau sur lequel l'objet a été réexpédié n'est pas mixte ni situé dans les limites de distribution gratuite d'un bureau télégraphique, on fait suivre par poste la demande d'accusé de réception télégraphique.

241. — Transmission et remise de l'accusé de réception. — Au bureau d'arrivée, le service postal rédige un accusé de réception faisant connaître, selon le cas, la remise de l'objet, son refus, sa réexpédition sur l'étranger, etc... Cet accusé de réception est inscrit au journal A[1], auquel on annexe l'avis n° 514 demande ou le bon de réponse payée ; il prend la forme suivante :

« CR. Paris 54 de Dijon n° 436 5 14/5 10 h. 25 m.
CHL 843 (numéro de l'objet) 13/5 (date d'origine) remis 14/5 (date de distribution) ».

L'accusé de réception télégraphique est communiqué à l'expéditeur dans les conditions ordinaires.

242. — Remboursement de la taxe. — Dans le cas où l'accusé de réception n'a pu être émis, la taxe est remboursée dans la même forme que la somme versée pour une réponse payée, l'avis 514 tenant lieu de bon de réponse. Le coût de l'avis postal (0 fr. 10) émis en remplacement du CR est, le cas échéant, retenu au moment du remboursement. A cet effet, un timbre de même valeur est appliqué sur l'avis n° 514 et oblitéré immédiatement.

CHAPITRE XXIX

Organisation générale du réseau. — Marche des télégrammes.

243. — Organisation du réseau. — L'organisation du réseau intérieur tend :

1° A rattacher à tout bureau principal les bureaux secondaires de toute catégorie groupés autour de ce bureau et situés dans le même département ;

2° A relier tous les bureaux principaux d'un même département au bureau centre de dépôt départemental ;

3° A pourvoir ce centre départemental des communications nécessaires pour lui assurer des relations directes avec les chefs-lieux des départements limitrophes, avec le bureau le plus important de la région (celui-ci étant érigé en centre de dépôt régional) et avec Paris ;

4° Enfin à relier directement entre eux les centres de dépôt régionaux.

Centres de dépôt régionaux. — Les centres de dépôt régionaux sont : Paris, Alger, Bordeaux, Brest, Caen, Clermont-Ferrand, Dijon, le Havre, Lille, Limoges, Lyon, Marseille, Montpellier, Nancy, Nantes, Nice, Rennes, Saint-Etienne, Toulouse et Tours.

Centres de dépôt départementaux. — Les bureaux situés au chef-lieu du département, sauf les bureaux succursales, fonctionnent comme centres de dépôt départementaux. Il en est de même des centres régionaux et des bureaux de Bastia, Cherbourg et Toulon.

Les communications télégraphiques sont constituées au moyen soit de lignes, aériennes ou souterraines, soit de câbles sous-marins (1).

Les réseaux étrangers sont organisés d'une façon analogue.

244. — Nomenclature des fils. — Les *fils principaux de grande communication* relient entre eux deux centres régionaux. Ils sont numérotés de 201 à 300.

Les fils *principaux de moyenne communication* relient un centre régional à un centre départemental. Ils sont numérotés de 301 à 500.

---

(1) Sont punis d'amende et d'emprisonnement les contraventions, délits et crimes relatifs aux dégradations, détériorations et ruptures de lignes télégraphiques (Décret-loi du 27 décembre 1851).

En ce qui concerne les câbles sous-marins, une convention internationale du 14 mars 1884, promulguée par un décret du 23 avril 1888, règle les conditions dans lesquelles ils sont protégés. La répression des infractions à cette convention est poursuivie conformément à la loi du 20 décembre 1884.

Les *fils principaux auxiliaires* relient un centre régional à un centre de dépôt ordinaire. Ils sont numérotés de 501 à 700.

Les *fils interdépartementaux de grande communication* relient deux centres départementaux. Ils sont numérotés de 701 à 800.

Les *fils interdépartementaux de moyenne communication* relient un centre départemental à un centre de dépôt ordinaire. Ils sont numérotés de 801 à 900.

Les *fils interdépartementaux auxiliaires* relient deux centres de dépôt ordinaires non situés dans le même département. Ils sont numérotés de 901 à 1000.

Les *fils départementaux* relient les bureaux principaux d'un même département. Ils sont numérotés suivant la série de nombres impairs spéciale à chaque département.

Les *fils auxiliaires secondaires* relient un bureau secondaire à son poste de dépôt appartenant à un département limitrophe.

Les *fils départementaux du réseau secondaire* relient un bureau secondaire à son bureau de dépôt. Ces fils reçoivent un numéro pair de la série départementale.

Les *fils sémaphoriques* relient un bureau télégraphique secondaire situé dans un sémaphore à son bureau de dépôt, ou deux sémaphores entre eux. Ils sont numérotés suivant la série des nombres à partir de 1001.

Les *fils de jonction* relient un bureau-gare à un bureau d'Etat installé dans la même localité.

Les *fils urbains* relient entre eux deux bureaux d'une même ville.

Les *fils internationaux de grande communication* relient un centre régional de France à un bureau quelconque de l'étranger. Ils sont numérotés de 1 à 100.

Les *fils internationaux de moyenne communication* relient un bureau français non centre régional à un bureau quelconque de l'étranger. Ils sont numérotés de 101 à 200.

245. — Marche des télégrammes. — Les bureaux principaux non centres régionaux ou départementaux échangent :

1° Avec les bureaux secondaires groupés autour d'eux, les correspondances à destination ou en provenance des localités desservies par ces bureaux ;

2° Avec les bureaux principaux auxquels les relient des fils auxiliaires ou départementaux, les correspondances en vue desquelles ces conducteurs ont été établis ;

3° Avec leur centre départemental toutes les autres correspondances.

Les centres départementaux échangent :

1° Avec les centres départementaux avec lesquels ils communiquent, les télégrammes originaires ou à destination de ces départements ;

2° Avec les centres régionaux avec lesquels ils communiquent, les télégrammes que ces centres leur présentent ou ceux que les centres régionaux sont en mesure de diriger rapidement sur la destination définitive.

Les centres régionaux dirigent leurs télégrammes sur les autres centres régionaux, en tenant compte des moyens d'action de toute nature dont disposent leurs correspondants.

246. — Choix de la direction à donner à un télégramme. — Tout bureau principal qui dispose de plusieurs voies pour diriger un télégramme donne la préférence à celle qui exige le moindre nombre de retransmissions. A nombre égal de retransmissions, les télégrammes sont acheminés par les centres de l'ordre le plus élevé, sauf les deux exceptions suivantes :

1° Lorsqu'un bureau principal a le choix entre son centre départemental et un centre régional, il dirige préférablement sur son centre départemental ;

2° Un télégramme ne transite par Paris que lorsqu'il doit en résulter un nombre de retransmissions moindre que par toute autre voie.

Lorsqu'un bureau principal a le choix entre plusieurs centres régionaux, il dirige de préférence sur celui dont il relève (1).

Les gares dirigent leurs télégrammes par la voie la plus rapide sur le bureau de l'Etat le plus rapproché et leur servant de poste de dépôt. Toutefois, si une gare se trouve en mesure d'acheminer plus rapidement par les fils de la Compagnie que par l'intermédiaire du bureau de l'Etat un télégramme destiné à une autre gare du même réseau, elle fait usage de cette voie.

En outre, les bureaux s'inspirent des indications portées sur les tableaux de direction des télégrammes nos 500-43 (service extérieur) et 500-59 (service international).

247. — Choix de la voie à faire suivre à un télégramme. — Tout télégramme devant emprunter les lignes étrangères est transmis par la voie indiquée par l'expéditeur ou, à défaut d'indication, par la voie normale (2). Les mentions de voies qui figurent sur les copies sont transmises obligatoirement de bureau à bureau.

Interruption de la voie indiquée. — Lorsqu'un bureau de transit reçoit un télégramme à acheminer par une voie qui est interrompue (3), il réexpédie ce télégramme par une autre voie comportant l'application d'un tarif égal, si possible, ou, s'il n'existe pas d'autre voie au même tarif, par une voie plus coûteuse.

Toutefois, un télégramme en provenance ou à destination d'un pays situé hors d'Europe n'est réexpédié par une voie plus coûteuse que si la transmission au bureau étranger à partir duquel le télégramme abandonne la voie par laquelle il a été taxé peut avoir lieu dans le délai maximum de 24 heures qui suit la notification de l'interruption.

---

(1) Un télégramme, déposé à Sainte-Cécile (Vaucluse) à destination de Miradoux (Gers) ou inversement, suivra l'itinéraire indiqué ci-dessous :

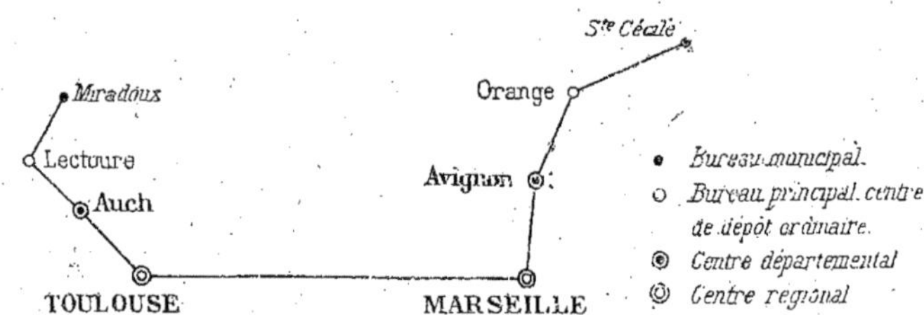

(2) Le tracé ci-dessous indique l'itinéraire suivi par un télégramme de Blida (Algérie) pour Salerne (Italie), par Alger, Marseille, Rome et Naples ;

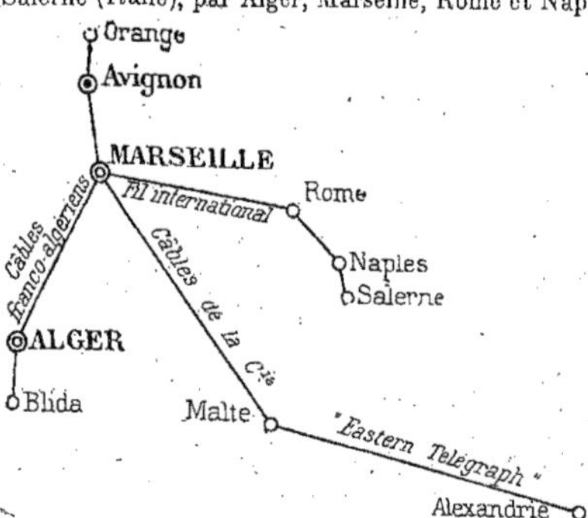

D'Orange pour Alexandrie (Egypte) par Avignon, Marseille et Malte ;

De Blida pour Alexandrie ; par Alger, Marseille et Malte ;

D'Orange pour Salerne, par Avignon, Marseille, Rome et Naples.

(3) Des tableaux placés dans la salle d'attente de chaque bureau principal indiquent :

1° Les localités reliées directement à ce bureau ; en cas d'interruption persistante des communications du bureau, un avis est affiché dans la salle d'attente ;

2° Les voies télégraphiques interrompues. Dans les villes possédant plusieurs bureaux, les tableaux des bureaux succursales sont tenus au courant au moyen des renseignements donnés par le bureau principal.

Tout télégramme dirigé par une voie plus coûteuse que celle qui a servi de base à l'application du tarif doit être revêtu de la mention « Dévié », qui est transmise à la fin du préambule, après la mention de voie, s'il en existe une.

La mention « Dévié » est reproduite sur les procès-verbaux, dans la colonne «Observations ».

Au cas où l'emploi d'une voie plus coûteuse ne peut avoir lieu, du fait que le délai de 24 heures visé ci-dessus est écoulé, le bureau de transit prévient le bureau expéditeur, par avis de service, que le télégramme est en dépôt, par suite de l'interruption de la voie indiquée. Le bureau d'origine du télégramme notifie cet avis à l'expéditeur, lui demande de faire connaître, aussitôt que possible, ses instructions pour l'acheminement du télégramme, en lui fournissant les indications utiles et se conforme aux instructions données. L'expéditeur verse, s'il y a lieu, le complément de taxe nécessité par l'emploi d'une voie plus coûteuse. Le bureau qui a signalé l'interruption est renseigné par avis de service sur la suite à donner au télégramme. Si l'expéditeur est introuvable, ou ne peut, ou ne veut donner de nouvelles instructions, le télégramme est acheminé jusqu'au bureau à partir duquel la voie indiquée est interrompue.

En aucune autre circonstance, un bureau de transit ne doit modifier ou ajouter une mention quelconque relative à la voie.

Si l'expéditeur n'a indiqué aucune voie, le télégramme est acheminé par celle des voies normales qui est la plus rapide et la plus sûre.

248. — La transmission d'un télégramme ne doit jamais être refusée. — Un bureau ne doit jamais refuser de recevoir un télégramme, quelle qu'en soit la destination. Il doit toujours y donner cours. Toutefois, en cas d'erreur évidente (sauf si le bureau transmetteur est une gare), ou lorsque la réexpédition ne serait pas possible, la fausse direction est signalée par avis de service au bureau transmetteur qui est tenu de la redresser.

Dans tous les cas, un bureau qui suppose qu'un télégramme lui a été transmis en fausse direction établit un procès-verbal nº 685 qui est envoyé, par l'intermédiaire de la direction départementale, à l'Administration centrale (Exploitation électrique, 4e bureau, s'il s'agit d'un télégramme du régime intérieur ; 2e bureau, s'il s'agit d'un télégramme du régime international).

249. — Dirigeur. — Responsabilité des centres de dépôt dans la direction des télégrammes. — Les centres de dépôt de toute catégorie, mais plus particulièrement les centres régionaux et, en second lieu, les centres départementaux, remplissent un rôle prépondérant dans toutes les opérations qui ont trait à la direction des télégrammes.

Le receveur prend toutes les mesures spéciales que comporte l'exécution de ce service, qu'il assure lui-même ou qu'il fait assurer par un agent convenablement choisi. Cet agent prend le nom de dirigeur. Il contrôle à tous les points de vue les télégrammes qui lui passent par les mains et en fait rectifier les irrégularités; notamment, il inscrit d'office la mention « limité » sur tout télégramme intérieur destiné à un bureau dont la fermeture est prochaine, ainsi que la mention « Dévié » pour les télégrammes à acheminer par une voie détournée (art. 247).

250. — Acheminement des télégrammes par la poste en cas d'interruption ou d'encombrement. — *a*) **Cas d'interruption.** — Lorsqu'il se produit une interruption dans les communications télégraphiques, le bureau à partir duquel l'interruption s'est produite, s'il ne peut effectuer la transmission par une autre voie électrique, expédie par la poste les télégrammes qui lui parviennent.

Les télégrammes sont ainsi acheminés soit sur le premier bureau qui pourra les réexpédier par la voie télégraphique, soit, s'il n'en doit résulter aucun retard, sur le bureau d'arrivée. (1)

b) **Cas d'encombrement.** — En cas d'encombrement, la poste est exceptionnellement employée pour l'acheminement des télégrammes. L'envoi par poste comprend les duplicata des originaux ou des copies de passage. Ces dernières, ainsi que les originaux, sont conservés par le bureau qui fait l'envoi.

c) **Mode d'emploi.** — Les plis contenant des télégrammes acheminés par la poste en raison de l'interruption des lignes télégraphiques, ou à cause d'un encombrement, sont remis, sous enveloppes closes et contre reçu, au service postal. Celui-ci les transmet à découvert, *hors sac*, de façon qu'ils puissent être délivrés en gare aux agents ou sous-agents du service télégraphique qui se présentent pour les recevoir, à l'arrivée des trains.

Les télégrammes qui, pour un motif quelconque, sont adressés par la poste à un bureau télégraphique, sont accompagnés d'un bordereau numéroté. En même temps, le bureau qui fait cette expédition en avertit par avis de service le bureau auquel il l'adresse, si l'état des communications télégraphiques le permet. Cet avis de service indique le nombre des télégrammes expédiés et l'heure de départ du courrier.

d) **Arrivée des plis.** — Le bureau télégraphique destinataire envoie, à l'arrivée du train, un agent ou un facteur dûment accrédité par le receveur, pour retirer du service postal les plis contenant les télégrammes. Après s'être assuré que tous les télégrammes décrits au bordereau lui sont bien parvenus, ce bureau accuse, par la poste, réception de l'envoi, en signalant, le cas échéant, les différences constatées et confirme le plus tôt possible, par le télégraphe, cet accusé de réception. Ceux de ces télégrammes qui sont à distribuer par ses soins sont, avant leur mise en distribution, revêtus d'une courte mention explicative, telle que « retardé par interruption de communications ».

Lorsqu'un envoi de télégrammes annoncé n'arrive pas, le bureau expéditeur en est averti par les voies les plus rapides et, suivant les circonstances, fait un nouvel envoi par poste ou emploie tout autre moyen.

e) **Transmission par ampliation.** — Dès que la communication est rétablie, les télégrammes sont de nouveau transmis par le télégraphe, à moins qu'il en ait été précédemment accusé réception, ou que, par suite d'encombrement exceptionnel, cette réexpédition ne doive être manifestement nuisible à l'ensemble du service.

Le bureau qui réexpédie par télégraphe des télégrammes déjà transmis par la poste, en informe le bureau auquel les télégrammes ont été adressés, par un avis de service rédigé dans la forme suivante :

« A. Tours de Nantes (date et heure de dépôt) = Télégrammes n^{os}... du bordereau n^{o}... du.. transmis télégraphiquement par ampliation. »

Lorsqu'un télégramme déjà transmis est réexpédié, la nouvelle transmission est signalée par l'introduction de la mention « ampliation » à la fin du préambule (2).

250 *bis*. — Utilisation exceptionnelle des circuits interurbains pour l'échange des télégrammes. — Lorsqu'un bureau, dont toutes les communications télégraphiques se trouvent simultanément interrompues, peut disposer d'un circuit téléphonique pour se mettre en relation électrique avec le réseau, il utilise ce circuit pour la transmission et la réception des télégrammes, dans la mesure où l'intensité du trafic

(1) Lorsqu'il s'agit de télégrammes à destination de l'intérieur, ils peuvent être renvoyés directement au destinataire, si la remise peut être ainsi avancée ; dans ce cas, une note explicative justifie l'emploi de la poste.

(2) Cette mention doit figurer d'une manière très apparente à l'intérieur de la copie d'arrivée remise au destinataire.

téléphonique le permet, c'est-à-dire que le circuit n'est affecté au service télégraphition que si aucune demande de conversation n'est en instance sur le circuit ou la section de circuit à utiliser.

Au cas où le bureau dispose de plusieurs circuits, il emploie de préférence, pour l'échange des télégrammes, celui qui est le moins chargé.

251. — Acheminement des télégrammes par la poste en cas de fermeture du bureau correspondant. — Toutes les fois qu'un télégramme est reçu par un bureau télégraphique centre de dépôt après la clôture du bureau à service plus restreint auquel il est destiné et pour lequel il est fait dépêche la nuit ou dans l'intervalle des vacations, ce centre de dépôt examine si l'acheminement de ce télégramme par la poste n'aurait pas pour conséquence de le faire parvenir plus rapidement au bureau destinataire. Dans l'affirmative, le télégramme est envoyé par la poste et, dans ce but, il est transcrit, sur une formule nº 701 qui est insérée, ouverte, dans une enveloppe bleue nº 711, sur laquelle on inscrit le nom du bureau destinataire, et dont on signale l'existence sur la feuille d'avis. Le bureau d'arrivée accuse réception du télégramme par le fil, dès l'ouverture, soit lui-même, soit, s'il n'est pas fusionné, par l'intermédiaire du bureau télégraphique de la localité.

Si l'accusé de réception n'est pas parvenu dans un délai normal, le bureau centre de dépôt transmet une ampliation du télégramme par le fil et signale le fait à la direction départementale, par procès-verbal nº 685.

Si le bureau d'arrivée constate l'absence du pli annoncé par la feuille d'avis, il en informe par le fil, dès l'ouverture, à l'aide d'un avis de service, le bureau qui a formé la dépêche. Ce bureau répète alors le télégramme par ampliation.

Le bureau de destination met le télégramme en distribution dès l'ouverture du service télégraphique, ou même le donne au facteur de la poste desservant le domicile du destinataire, si, par ce moyen, le télégramme doit parvenir plus vite entre les mains de l'intéressé.

CHAPITRE XXX

Réseau télégraphique universel

252. — Réseau télégraphique universel. — Le réseau télégraphique du globe peut être divisé en 3 grandes catégories de fils :

A. — Les fils du réseau intérieur français ;

B. — Les fils reliant directement la France à l'étranger ;

C. — Les fils des réseaux étrangers.

A.— RÉSEAU INTÉRIEUR FRANÇAIS

Les fils du réseau intérieur sont tantôt des fils aériens, tantôt des câbles souterrains ou sous-marins.

Les fils aériens et les fils souterrains sont établis presque exclusivement le long des voies ferrées ou des routes. On peut dire, d'une manière générale, que les grandes lignes de ce réseau se confondent avec les grandes voies ferrées.

Les principaux fils sous-marins du réseau intérieur sont, en dehors des câbles côtiers, ceux qui relient la Corse à la France (d'Antibes à Saint-Florent, de Toulon à Ajaccio) et l'Algérie et la Tunisie à la France (de Marseille à Alger 3 câbles, de Marseille à Oran 1 câble, de Marseille à Bône 2 câbles et de Marseille à Tunis 1 câble).

B.— FILS RELIANT DIRECTEMENT LA FRANCE A L'ÉTRANGER

Les fils indiqués ci-après mettent la France en communication *directe* avec :

L'ALLEMAGNE :

Paris = Berlin (4 fils) ;
Paris = Cologne ;
Paris = Hambourg (2 fils) ;
Paris = Francfort (2 fils) ;
Paris = Carlsruhe = Munich ;
Paris = Metz ;
Paris = Strasbourg ;
Paris = Mulhouse ;
Lyon = Strasbourg ;
Dijon = Besançon = Mulhouse ;
Havre = Hambourg ;
Nancy = Strasbourg ;
Nancy = Sareguemines = Sarrebruck ;
Nancy = Metz ;
Nancy = Thionville = Francfort ;
Sedan = Thionville = Hayange = Metz ;
Longwy = Thionville ;
Verdun = Briey = Metz ;
Paris = Mulhouse ;
Lyon = Strasbourg ;
Dijon = Besançon = Mulhouse ;
Havre = Hambourg ;
Lunéville = Sarrebourg ;
St-Dié = Ste-Marie-aux-Mines = Strasbourg ;
Epinal = Mulhouse ;
Belfort = Mulhouse.

L'AUTRICHE :

Paris = Vienne (3 fils)
Paris = Inspruck (*par Delle*).

LA BELGIQUE :

Paris = Bruxelles (3 fils) ;
Paris = Anvers ;
Paris = Ostende ;
Lille = Bruxelles ;
Lille = Gand ;
Lille = Anvers ;
Lille = Courtrai ;
Lille = Tournay ;
Havre = Anvers ;
Roubaix = Anvers = Verviers ;
Dunkerque = Furnes = Ostende ;
Tourcoing = Anvers = Verviers ;
Tourcoing = Mouscron ;
Valenciennes = Mons ;
Maubeuge = Charleroi ;
Mézières = Charleroi ;
Mézières = Givet = Dinant = Namur ;
Sedan = Bouillon = Jemelle ;
Longwy = Arlon.

LE DANEMARK :

Paris = Fredericia (câble de Fanö) (2 fils).

L'ESPAGNE :

Paris = Madrid ;
Paris = Barcelone ;
Paris = Marseille = Barcelone (Câble de la Cie « Direct Spanish ») ;
Paris = Bordeaux = Cadix ;
Bordeaux = Madrid ;
Bordeaux = Saint-Sébastien;
Bordeaux = Saragosse;
Cerbère = Port-Bou ;
Hendaye = Irun.
Marseille = Barcelone ;
Toulouse = Barcelone ;
Bayonne = St-Sébastien ;
Port-Vendres = Figueras ;
Bourg-Madame = Puicerda ;
St-Jean-Pied-de-Port = Valcarlos ;
Pau = Oloron = Jaca = Huesca ;
Fos = Lès.

LES VALLÉES D'ANDORRE :

Bourg-Madame = Soldeu = Andorre-la-Vieille.

LA GRANDE-BRETAGNE :

Câbles de Calais à Douvres (1) ; de Boulogne à Folkestone ; de Dieppe à Beachy-Head ; du Havre à Beachy-Head ; de Coutances à Jersey.

Ces câbles servent à constituer 20 communications pour les relations franco-anglaises et 5 pour les relations de l'Angleterre avec d'autres pays étrangers (2) :

Paris = Londres (*par Boulogne*) ;
Paris = Londres (*par Dieppe*) ;
Paris = Londres (*par Le Havre*) (2 fils) ;
Paris = Londres (*par Calais*) (4 fils) ;
Paris = Liverpool (*par Dieppe*) ;
Bordeaux = Londres (*par le Havre*) ;
Lille = Londres (*par Calais*) ;
Marseille = Londres (*par Boulogne*) ;
Lyon = Londres (*par Dieppe*) ;
Nice = Londres (*par Boulogne*) ;
Boulogne = Londres ;
Calais = Douvres = Londres ;
Havre = Londres (2 fils) ;
Havre = Liverpool ;
Rennes = Granville = Jersey (*par Coutances*).

L'ITALIE :

Paris = Rome (2 fils) ;
Paris = Turin ;
Paris = Florence ;
Paris = Gênes ;
Paris = Milan ;
Marseille = Rome ;
Marseille = Gênes ;
Marseille = Turin ;
Lyon = Milan ;
Lyon = Turin ;
Nice = Gênes ;
Nice = Menton = Vintimille = San-Remo ;
Chambéry = Modane = Turin ;
Bastia = Livourne (*câble de Macinaggio*) ;
Bonifacio = Santa Teresa = La Madalena (*câble de Bonifacio*).

LE LUXEMBOURG :

Longwy = Esch-sur-Alzette = Luxembourg.
Nancy = Luxembourg.

LE MAROC, par le câble d'Oran à Tanger.

LES PAYS-BAS :

Paris = Amsterdam (2 fils) ;
Paris = Rotterdam ;
Havre = Amsterdam

LE PORTUGAL, par le fil de Paris = Lisbonne.

LA SUISSE :

Paris = Berne ;
Paris = Bâle ;
Paris = Genève (2 fils) ;
Paris = Zurich ;
Lyon = Genève ;
Marseille = Genève ;
Chambéry = Annecy = Genève ;
Bellegarde = Genève ;
Annemasse = St-Julien = Genève ;
Chamonix = Bonneville = Genève ;
Evian = Thonon = Genève ;
Gex = Genève ;
Dijon = Pontarlier = Neuchâtel :
Belfort = Bâle ;
Belfort = Porrentruy ;
Besançon = Morteau = La Chaux-de-Fonds ;
Morez = Nyon ;
Divonne = Crassier ;
Chamonix = Martigny.

LES ÉTATS-UNIS, par 2 câbles directs :

De Brest à Saint-Pierre-Miquelon et de là à New-York, par *Cap-Cod* (Cie française des câbles télégraphiques) (1879).

— à Cap-Cod et, de là, à New-York (Cie française des câbles télégraphiques) (1898).

LE SÉNÉGAL, par le câble de Brest à Dakar.

---

(1) Ce câble, posé en 1851, est le plus ancien câble du monde.

(2) Londres = Zurich ; Londres = Gênes ; Londres = Milan ; Londres = Rome et Londres = Budapest.

C. — RÉSEAUX ÉTRANGERS

Les Etats auxquels la France n'est pas reliée par des fils directs communiquent avec elle par l'intermédiaire des réseaux étrangers.

Ces Etats peuvent être répartis en quatre groupes :

ÉTATS D'EUROPE ; — ASIE ET OCÉANIE ; — AMÉRIQUE ; — AFRIQUE.

Etats de l'Europe. — Les voies les plus utilisées dans les relations télégraphiques, dites voies *normales* (1), sont les suivantes :

Bosnie-Herzégovine, Monténégro, Bulgarie, Roumanie et Serbie : la voie *Suisse-Autriche*.

Suède, Norvège et Russie : la voie *Calais-Fanö*.

Turquie : la voie *Italie*.

Grèce et Malte (2) : la voie *Marseille-Bône*.

Asie et Océanie. — Sept grandes voies télégraphiques relient la France avec l'Asie et l'Extrême-Orient : cinq par l'Orient et deux par l'Occident.

Voies orientales :

Voie Malte-Suez ; — Voie Turquie-Fao ; — Voie Turquie-El-Arich ; — Voie Russie-Djoulfa ; — Voie Russie-Wladiwostock.

VOIE MALTE-SUEZ. — De Paris à Alexandrie, les télégrammes peuvent transiter :

a. Par la voie *Marseille, Bône, Malte* ;

b. Par la voie *Naples, Messine, Modica, Malte* ;

c. Par la voie *Naples, Otrante, Zante, Candie* ;

D'Alexandrie la ligne gagne le Caire, puis elle continue par Suez, Aden, Bombay (3), Madras, Penang, Singapore.

A Singapore, la ligne se bifurque :

d. La voie du Nord remonte sur le cap Saint-Jacques (Saïgon) (4), Hong-Kong (5), Amoy, Shanghaï, Nagasaki, Shimonosaki, Yokohama, Yeddo (ou Tokio), Hakodade et Saïa, pointe extrême du Japon. Cette voie est doublée jusqu'à Hong-Kong par un câble issu de Singapore et touchant à l'île Labuan, *viâ* Bornéo.

e. La voie du Sud gagne Batavia, Banjœwangi (Java) (6), Port-Darwin (près de Palmerston), puis l'Australie centrale, atteint Port-Augusta, Adélaïde, Melbourne (reliée à Low-Heads, Tasmanie), Sydney (relié à Nelson, Nouvelle-Zélande), Brisbane et Bundaberg (Queensland), d'où se détache un câble allant à Ouaco (Nouvelle-Calédonie).

VOIE TURQUIE-FAO. — De Paris à Contantinople, les télégrammes peuvent emprunter l'une des trois routes ci-après :

a. Voie *Naples, Otrante, Vallona, Salonique*.

b. Voie *Naples, Otrante, Zante, Athènes, Salonique*.

c. Voie *Berne, Wien, Budapest, Belgrade, Sofia*.

d. Voie *Berne, Wien, Gradisca, Serajevo, Salonique*.

De Constantinople, la route se continue par Scutari, Angora, Sivas, Diarbékir, Bagdad, Bassorah, Fao, Bushire, Jask, Kurrachee, Hyderabad, Bombay, où elle se confond avec la voie Malte-Suez.

VOIE TURQUIE-EL-ARICH. — Elle diffère de la précédente à partir de Diarbékir ; les stations rencontrées sont : Alep, Beyrouth, El-Arich, le Caire et Suez, où elle se soude à la voie Malte-Suez.

VOIE RUSSIE-DJOULFA. — De Paris à Varsovie, deux routes :

L'une par Fréderícia (câble de Calais à Fanö) ;

L'autre par *Berlin* (Allemagne).

De Varsovie, la voie se continue par Odessa, Simféropol, Kertsch, Tiflis, Djoulfa, Téhéran, Ispahan, Bushire, Jask, Kurrachee, Bombay, où elle rejoint les voies précédentes. De Jask, un câble se rend à Mascate.

VOIE RUSSIE-WLADIWOSTOCK. — Quatre voies conduisent à Saint-Pétersbourg ;

a. La voie *Calais, Fanö, Fredericia, Bornholm, Libau, Riga*.

b. La voie *Calais, Fanö, Fredericia, Nystad*.

c. La voie *Berlin, Varsovie, Dunabourg*.

d. La voie *Berne, Wien, Varsovie, Dunabourg*.

De Saint-Pétersbourg, la ligne se continue par Moscou, Nijni-Novgorod, Kasan, Perm, Ekaterinbourg, Omsk, Tomsk, Krasnoïarsk, Irkoutsk, Tchita, Blagowetschensk, Wladiwostock, que deux câbles relient à Nagasaki.

---

(1) On entend par *voie normale* celle dont la taxe est la moins élevée.

(2) L'île de Malte est reliée par 1 câble avec Modica, 1 câble avec Zante, 3 câbles avec Alexandrie, 1 câble avec Tripoli, 2 câbles avec Bône, 3 câbles avec Gibraltar.

(3) De Bombay, se détache une ligne qui, sous le nom de *voie Moulmein*, dessert successivement par fils aériens : Allahabad, Chandernagor, Calcutta, Chittagong, Rangoun, Moulmein, Bangkok, Pnom-penh, Saïgon, puis par câbles : Haiphong, Hanoï (ou bien Hong-Kong) et Canton, Amoy, Shanghaï, Chefoo, Takou et, par lignes terrestres, Pékin.

Un câble issu d'Amoy aboutit à Tourane (Annam).

(4) Du Cap Saint-Jacques (Saïgon) un câble se rend à Pontianak (Bornéo).

(5) Un câble issu de Hong-Kong aboutit à Manille (Philippines).

(6) De Banjœwangi, un autre câble atteint l'Australie occidentale dans la partie nord (à Rocbuck-Bay) et, longeant la côte par Perth et Albany, rejoint, à Port-Augusta, la ligne de Palmerston à Sydney. En outre, divers câbles relient entre elles les îles composant les Indes néerlandaises.

De Kiachta, près Tchita, et de Blagowetschensk, partent deux lignes terrestres chinoises se dirigeant sur Pékin.

Enfin, on peut également atteindre l'Australie par la *voie Cape-Town*, en empruntant :

1° Jusqu'à Cape-Town, l'une des voies « Brest-Dakar », « Ténériffe » ou « Madère » ;

2° De Cape-Town à Durban, les lignes terrestres ;

Et 3° de Durban à Perth (Australie Occidentale), le nouveau câble passant par les îles Maurice, Rodriguez et Cocos.

Voies Occidentales :

Deux grandes voies relient la France à l'Asie et à l'Océanie par l'Occident, en empruntant les câbles transatlantiques du Nord, puis les lignes terrestres des Etats-Unis et du Canada et enfin les câbles transpacifiques de Vancouver = Panning = Fiji = Norfolk (1) = Brisbane ou de San-Francisco = Honolulu = Midway = Guam.

De Guam se détachent trois câbles se dirigeant vers le Japon, l'île Manille et les Indes néerlandaises.

Amérique du Nord. — Six compagnies télégraphiques possèdent des câbles reliant l'Europe à l'Amérique du Nord :

1° La Compagnie *française* des Câbles télégraphiques (*Pouyer-Quertier ou P. Q.*) ;

2 câbles allant de Brest au Cap-Cod, l'un directement, l'autre en passant par Saint-Pierre et Miquelon ; câbles prolongés par un autre du Cap-Cod à New-York.

2° La Compagnie *Anglo-American* :

4 câbles de Valentia à Hearts-Content (Terre-Neuve) et de là à Duxbury.

3° La Compagnie du *Commercial câble* (Mackay-Bennett) :

5 câbles partant de Waterville (Irlande) dont 4 allant au cap Canso (Nouvelle-Ecosse), et le 5e aux Açores.

De Canso se détachent 4 câbles : l'un rejoint aux Açores le précédent ; 2 autres vont à New-York et le 4e à Rockport, près Boston.

De Waterville une communication sous-marine gagne le Havre.

4° La Compagnie du *Direct Câble* :

1 câble reliant Ballinskellig-bay, près Valentia, à Halifax (Torboy), puis à Rye-Beach, près Boston.

5° La *Western Union Cy* :

2 câbles reliant Penzance au Cap Canso, puis à Doverbay, près New-York.

6° Le *Deustch Atlantische Telegraphengesellschaft* :

2 câbles reliant Emden à New-York, en passant par les Açores.

De nombreuses lignes traversent l'Amérique du Nord. L'une d'elles relie New-York à San-Francisco par Washington, Cincinnati, Chicago, Omaha, Cheyenne, Salt-Lake-City.

Amérique centrale et Antilles. — Par les lignes qui desservent l'Amérique du Nord, on peut gagner les quatre grandes voies qui sillonnent cette région : la VOIE NEW-YORK = HAÏTI, la VOIE GALVESTON, la VOIE KEY-WEST, la VOIE DES BERMUDES et la VOIE COLON.

La VOIE NEW-YORK = HAÏTI, partant de New-York, va directement à Cap-Haïtien, puis à Puerto-Plata (Saint-Domingue), la Martinique, Paramaribo, Cayenne, Salinas et Para, Maranham, Ceara et Pernambouc (Recife), où elle rencontre les voies du Sud.

Une ligne terrestre dominicaine relie Puerto-Plata à Santo-Domingo ; de là, un câble va à l'île Curaçao et à la Guayra (Venezuela), d'où une ligne gagne Caracas. De Curaçao et de la Guayra, partent des câbles qui festonnent le littoral vénézuélien.

La VOIE GALVESTON (câbles de Galveston à Tampico, Vera Cruz et Coatzacoalcos) relie directement les Etats-Unis au Mexique. De Coatzacoalcos la ligne va à Tehuantepec, Salina-Cruz, S. José (Guatémala), la Libertad (Salvator), San-Juan-del-Sur (Nicaragua), Panama, Buenaventura (Colombie), Santa-Elena (Equateur), Payta, Callao, Chorrillos, Mollendo (Pérou), Arica, Iquique, Antofagasta, Caldera, la Serena, Valparaiso et Santiago, Conception, Valdivia et jusqu'à l'île Chiloé, desservant ainsi toute la côte ouest de l'Amérique du Sud.

Entre Salina-Cruz et Valparaiso, cette ligne est doublée par une série de câbles reliant directement Salina-Cruz à San-Juan-del-Sur, San-Juan-del-Sur à Santa-Elena, Santa Elena à Chorillos, Chorillos à Iquique et Iquique à Valparaiso.

La VOIE KEY-WEST, issue de Punta-Rassa (Floride), passe à Key-West (Canal de la Floride), la Havane, Batabano, Cienfuegos, Santiago, Holland-Bay (Jamaïque).

De Santiago un câble gagne Guantanamo, puis le Môle Saint-Nicolas (Haïti) et Cap Haïtien.

De Holland-Bay se détachent trois câbles :

a) De Holland-Bay à Colon, Panama où il se rattache à la voie Galveston ;

b) De Holland-Bay à Ponce, Sainte-Croix, Sainte-Lucie, Saint-Vincent, puis l'île Barbade, d'une part, et l'île Grenade, l'île Trinidad et Georgetown, d'autre part ;

c) De Holland-Bay à San-Juan de Porto-Rico, Saint-Thomas, Saint-Kitts, Antigua, la Guadeloupe, la Dominique et Sainte-Lucie. De la Guadeloupe, un câble se rend à la Martinique.

La VOIE BERMUDES part de Halifax (Nouvelle-Ecosse), passe aux îles Bermudes et à Turk's-Islands et rejoint la voie Key-West à Holland-Bay.

La VOIE COLON part de New-York, passe de Baracon (Cuba) et à Colon, puis rejoint à Panama la voie Galveston.

Amérique du Sud. — L'Europe est reliée à l'Amérique du Sud par un câble issu de Brest, par un autre partant de Cadix et par deux câbles issus de Lisbonne ; ils atterrissent tous à Pernambouc.

(1) De Norfolk, un câble se rend à la Nouvelle-Zélande.

Brest est relié directement aux grands centres télégraphiques français.

On peut gagner Cadix et Lisbonne par cinq voies :

a) Voie directe : *Paris = Cadix* ; *Paris = Lisbonne* ;

b) Par *Marseille = Barcelone* (câble), l'*Espagne* et le *Portugal* (lign. aér.) ;

c) Par les câbles reliant l'*Angleterre* au *Portugal*, à *Gibraltar* et à l'*Espagne* ;

d) Par *Marseille = Bône = Malte = Gibraltar.*

e) Par *Marseille = Oran = Tanger = Cadix.*

Le câble de Brest passe à Dakar et à Fernando-de-Noronha, mais la transmission est directe entre Dakar et Pernambouc.

Le câble de Cadix passe à Ténériffe et rejoint à Dakar le câble Brest = Dakar = Pernambouc.

Ceux issus de Lisbonne (1) touchent à Madère et à Saint-Vincent (Cap-Vert).

De Pernambouc, le câble se dirige, d'une part, vers le Nord, par Ceara, etc., en même temps qu'un autre câble relie directement Pernambouc à Para ; d'autre part, il longe la côte austro-américaine, par Bahia (San-Salvador), Rio de Janeiro, Santos, Desterro (île Santa-Catharina), Rio-Grande-do-Sul,Chuy,Maldonado, Montevideo, Buenos-Ayres,d'où une ligne aérienne gagne Mercédès, Mendoza et rejoint, à Santiago (Chili), les voies énoncées ci-dessus.

On atteint également l'Amérique du Sud par les voies du Nord qui desservent l'Amérique Centrale et les Antilles (voir plus haut).

Afrique. — Les câbles suivants desservent :

Le Maroc : d'Oran à Tanger et de Tanger à Cadix ; d'Alméria à Melilla ; d'Estepona, près Malaga, à Ceuta et Tanger ; de Gibraltar à Tanger.

La Tripolitaine : de Marseille à Malte et à Tripoli.

Le Sénégal : de Brest à Dakar ; de Cadix à Ténériffe et à Saint-Louis ; de Lisbonne ou de Porthcurno à Saint-Vincent et à Bathurst.

Les Colonies de l'Afrique occidentale : de Saint-Louis à Dakar, Conakry (2), Sierra-Leone (3), Accra, Lagos, Bonny, San Thomé, Saint-Paul-de-Loanda, Benguela, Mossamedès.

Lagos est relié avec Cotonou (2) d'où partent deux câbles : l'un vers Grand-Bassam (2), l'autre vers Libreville.

Les Colonies de l'Afrique australe : de Mossamedès à Cape-Town, Port-Elisabeth, Durban, (ou Port-Natal). De Porthcurno (Angleterre), un câble se dirige sur Cape-Town en passant par les îles Madère, Saint-Vincent, de l'Ascension et Sainte-Hélène.

Les Côtes de l'Afrique Orientale : de Durban à Lourenço-Marquès, Beira, Quelimane, Mozambique (4),Zanzibar (5), Aden. Entre Durban et Mozambique cette ligne est doublée par un câble direct.

Il va sans dire que l'on pourrait, en effectuant le trajet en sens inverse, gagner ces diverses stations par la voie Malte-Suez-Aden, et tourner ainsi l'Afrique de l'Est à l'Ouest.

D. — TABLEAU INDIQUANT LES DIFFÉRENCES D'HEURE

AUX DIVERS POINTS DU RÉSEAU TÉLÉGRAPHIQUE UNIVERSEL PAR RAPPORT AU MÉRIDIEN DE PARIS.

Par suite de la différence des méridiens, les heures de dépôt portées sur les copies d'arrivée des télégrammes originaires de certains pays ne coincident pas avec l'heure de Paris ; il y a donc lieu de tenir compte de cette différence pour déterminer l'heure réelle de dépôt.

Dans le tableau ci-après, le signe + indique l'*avance* sur l'heure de Paris et le signe — le *retard* :

Alexandrie (Egypte)	+1h55m	**Fort-de-France** (Martinique)	—4h14m	**Pernambouc**	—2h26m
Alger	+ 23m	**Greenwich** (Gr.-Bret.)	— 9m	**Rio-de-Janeiro**	—3h 2m
Athènes	+1h25m	**Hanoï** (Tonkin)	+6h54m	**Rome**	+ 50m
Basse-Terre (Guadeloupe)	—4h16m	**Hong-Kong** (Chine)	+7h27m	**Saïgon**	+6h57m
Belgrade	+1h13m	**La Havane**	—5h37m	**Saint-Louis** (Sénégal)	—1h19m
Berlin	+ 50m	**La Haye**	+ 9m	**Saint-Pétersbourg**	+1h51m
Berne	+ 50m	**Lima**	—5h18m	**San-Francisco**	—8h 5m
Bombay	+5h11m	**Lisbonne**	— 46m	**Shanghaï**	+7h56m
Bruxelles	+ 9m	**Londres**	— 9m	**Stockholm**	+ 51m
Bucarest	+1h35m	**Madère**	—1h17m	**Suez**	+2h 1m
Budapest	+ 50m	**Madrid**	— 24m	**Sydney**	+9h50m
Buenos-Ayres	—4h3m	**Malte**	+ 49m	**Tananarive**	+3h
Caire (Le)	+1h55m	**Montevideo**	—3h54m	**Téhéran**	+3h16m
Cayenne	—3h39m	**Munich**	+ 50m	**Tokio**	+9h10m
Christiania	+ 50m	**Nagasaki** (Japon)	+8h30m	**Tunis**	+ 31m
Copenhague	+ 50m	**New-York**	—5h 5m	**Valparaiso**	—4h56m
Constantinople	+1h46m	**Panama**	—5h27m	**Vienne** (Autriche)	+ 56m
Dakar	—1h19m	**Pékin**	+7h36m	**Washington**	—5h17m
				Yokohama	+9h 9m

(1) Un câble relie directement Lisbonne aux Açores.

(2) On peut aussi aller de Dakar à cette localité par le réseau terrestre sénégalien.

(3) Sierra-Leone est, en outre, reliée à l'île de l'Ascension et à Sainte-Marie-de-Bathurst. Cette dernière ville peut être atteinte directement par le câble de Lisbonne à Pernambouc en quittant cette ligne à Saint-Vincent, pour prendre le tronçon Saint-Vincent = Sainte-Marie-de-Bathurst.

(4) Un câble relie Mozambique à Majunga (Madagascar). De Majunga, des lignes aériennes se dirigent sur Tananarive, Diego-Suarez, Fort-Dauphin et Tamatave, d'où se détache un câble aboutissant à l'île Maurice, en passant par l'île de la Réunion.

(5) Un câble relie Zanzibar aux îles Seychelles et à Maurice.

CHAPITRE XXXI

Règles de transmission.

SECTION I

Dispositions générales.

258. — Ouverture des lignes. Echange du zéro. Clôture. — Chaque jour, à l'heure fixée pour le commencement de chaque vacation, les bureaux de dépôt de toute catégorie sont tenus de faire l'ouverture de chacune des lignes qu'ils desservent, c'est-à-dire d'échanger quelques signaux par le fil. Ils donnent en même temps l'heure de Paris aux bureaux correspondants qui règlent leurs pendules sur cette heure.

Une demi-heure après l'heure fixée pour l'ouverture, les bureaux sont tenus de prendre l'initiative d'appeler leur centre de dépôt, si les signaux réglementaires n'ont pas déjà été échangés.

En dehors des transmissions, les bureaux doivent mettre les fils sur sonnerie ou système d'appel.

Lorsque, dans le courant de la journée, deux bureaux reliés directement sont restés un certain temps (au plus deux heures) sans communiquer, ils doivent échanger un appel ou un zéro.

A la fin de chaque vacation, chaque bureau reçoit l'avis de clôture de son bureau de dépôt. Il n'accepte la clôture qu'après avoir transmis à celui-ci tous les télégrammes en instance.

Quand un bureau a reçu « clôture » de son centre de dépôt, il échange la clôture avec tous les autres bureaux auxquels il est relié directement et qui ont un service égal ou plus prolongé ; mais il doit auparavant recevoir ou transmettre tous les télégrammes en instance sur ces différents postes et si son centre de dépôt a un service plus prolongé que le sien, il lui réexpédie immédiatement, malgré la clôture, ceux de ces télégrammes qui doivent normalement transiter par ce centre et ceux qui, par ce moyen, arriveront plus vite à destination (1).

Les télégrammes officiels et même les télégrammes privés relatifs aux avis de sinistres et aux demandes de secours sont expédiés ou reçus à toute heure de jour et de nuit. Les bureaux peuvent être rappelés à toute heure de nuit pour le dépôt, la transmission et la réception de ces télégrammes.

---

(1) A 9 heures du soir, l'initiative de la transmission de la clôture est réservée au bureau central de Paris, qui donne « clôture » à tous les centres de dépôt et à tous les bureaux reliés directement à Paris. Ceux-ci l'échangent à leur tour avec leurs correspondants. A midi et à 7 heures du soir, les jours ouvrables, à 10 heures du matin et à 3 heures du soir, les jours fériés, l'initiative appartient aux centres départementaux qui donnent « clôture » à tous leurs correspondants directs et aux bureaux principaux, lesquels la transmettent aux bureaux secondaires de leur circonscription.

254. — Service de nuit. — Le soin d'assurer le service pendant la nuit incombe aux receveurs et constitue pour eux une charge d'emploi dont ils ne peuvent, en aucun cas, être dispensés.

Ils prennent les dispositions nécessaires, non seulement pour que les sonneries en communication avec les fils qui aboutissent à leur bureau fonctionnent convenablement chaque soir, à partir de la clôture, mais encore pour que, dans la localité même, les autorités qui ont le droit d'expédier des télégrammes officiels, et les particuliers qui auraient à se servir du télégraphe pendant la nuit, dans les cas prévus pour les sinistres et demandes de secours, puissent les rappeler à toute heure et leur remettre, au guichet du bureau, les télégrammes à expédier. Ils assurent, en outre, la remise aux destinataires, dans le lieu d'arrivée, des télégrammes officiels ou des télégrammes relatifs aux sinistres ou aux demandes de secours qui leur seraient transmis, pendant la nuit, par un autre bureau.

255. — Procès-verbal de ligne. — Dans les bureaux principaux, il est tenu un procès-verbal pour chaque journée et pour chaque appareil, sauf l'exception prévue pour l'appareil Hughes dans certains cas. (Voir art. 279, 4e alin.).

Toutefois, les bureaux principaux pourvus d'un seul appareil desservant une communication intérieure et dans lesquels la mesure offre des avantages au point de vue de l'emploi du personnel, font usage du procès-verbal nº 670 *bis*, qui remplace à la fois le procès-verbal nº 670 et le rôle 664.

Les procès-verbaux nº 670 sont utilisés sur les fils intérieurs et les procès-verbaux nº 671 sur les fils internationaux.

Tous les bureaux secondaires font usage du procès-verbal nº 670 *bis*. Le même imprimé sert jusqu'à ce qu'il soit complètement rempli et les diverses journées sont séparées par un trait tracé à l'encre dans toute la largeur de la page. Toutefois, l'imprimé en cours est arrêté à la fin de chaque quinzaine.

Lorsqu'une recette auxiliaire ou une distribution auxiliaire est reliée électriquement à un poste télégraphique différent du bureau d'attache postal, il est tenu un procès-verbal 670 *bis*, spécial à l'établissement secondaire.

Le procès-verbal est destiné à l'enregistrement de toutes les transmissions, sauf en ce qui concerne les restrictions indiquées aux articles 279 et 288.

Les renseignements de toute nature au sujet des incidents de service, tels que non-réponses, attentes, ruptures de bandes Morse, zéros échangés, dérangements, etc. doivent y être exactement consignés, au moment même où l'on en fait la constatation, sur toute la largeur de la ligne et non pas seulement dans la colonne des observations. Les mentions relatives à l'ouverture et à la clôture y sont également portées.

Tout agent doit signer au procès-verbal quand il prend et quand il quitte le service pour une cause quelconque.

Les procès-verbaux utilisés par les gares mentionnent, pour les télégrammes officiels et privés, le nom de la station avec laquelle on communique, les heures du commencement et de la fin de la transmission, les noms des bureaux de départ et de destination, le numéro d'origine et le nombre de mots du télégramme. On y inscrit, le cas échéant, les mentions spéciales qui figurent dans le préambule ou avant l'adresse telles que : Percevoir............, Exprès payé, Réponse payée, Numéro du collationnement, etc. Les télégrammes officiels et privés de passage, ainsi que les dépêches relatives au service de la Compagnie, sont inscrits *in extenso* sur le procès-verbal. Chaque procès-verbal doit être signé par le chef de gare. Quand les appareils sont desservis par plusieurs agents, chacun d'eux paraphe la partie du procès-verbal qui se rapporte à son travail.

256. — Ordre de transmission des télégrammes. — Les télégrammes sont mis en transmission immédiatement, quel que soit le système d'appareil employé.

La transmission des télégrammes a lieu dans l'ordre suivant :

1° Télégrammes officiels d'extrême urgence intéressant la sécurité de l'Etat ou l'ordre public ;
2° Télégrammes relatifs au service des chemins de fer, intéressant la sécurité des voyageurs ;
3° Télégrammes officiels ou privés comportant une demande de secours en cas de sinistre (incendie, inondation, etc.), ou relatifs aux annonces de crues des cours d'eau.
4° Télégrammes officiels et d'Etat ;
5° Télégrammes météorologiques ;
6° Télégrammes et avis de service ;
7° Télégrammes privés intérieurs portant en préambule la mention « limité » ;
8° Télégrammes privés internationaux urgents ;
9° Télégrammes privés intérieurs et télégrammes privés internationaux non urgents.

Les télégrammes de chaque catégorie sont transmis dans leur ordre d'arrivée au bureau. Lorsqu'une ligne est exploitée alternativement pour les transmissions télégraphiques et les communications téléphoniques, les télégrammes ont toujours la priorité sur les conversations.

La transmission d'un télégramme, lorsqu'elle est commencée, ne peut être interrompue pour faire place à une autre transmission que lorsqu'il s'agit de suspendre la transmission d'un télégramme des six dernières catégories pour effectuer celle d'un télégramme des trois premières.

Lorsqu'une ligne est exploitée alternativement pour les transmissions télégraphiques et pour les communications téléphoniques, une conversation commencée n'est interrompue, pour permettre la transmission d'un télégramme que s'il s'agit d'un télégramme appartenant à l'une des trois premières catégories.

257. — Signal d'appel, signal d'attente, non-réponse. — Toute correspondance entre deux bureaux commence par le signal d'appel. Le bureau appelé doit répondre immédiatement en donnant son indicatif (1). S'il est empêché de recevoir, il transmet le signal « attente » et indique la durée probable et, au besoin, le motif de cette attente. Les attentes et les non-réponses excédant quinze minutes doivent être signalées à la Direction par procès-verbal n° 685.

258. — Ordre de transmission des diverses parties d'un télégramme. — Lorsque le bureau qui vient d'appeler a reçu sans autre signal, l'indicatif du bureau qui répond, il transmet les diverses parties du télégramme dans l'ordre suivant :

1° Le préambule ;
2° Les indications éventuelles ;
3° L'adresse ;
4° Le texte ;
5° La signature ;
6° Les mentions spéciales qui peuvent compléter ou accompagner la signature.

259. — Préambule. — a) Transmission au Hugues et au Baudot. — Le préambule est transmis, à l'appareil Hughes et à l'appareil Baudot, de la façon suivante :

1° Nature du télégramme (S., A., D., ST., Z., CR., etc.);

2° Nom du bureau destinataire (ce nom est omis lorsque le bureau transmetteur correspond directement avec le bureau destinataire) ;

3° Nom du bureau d'origine précédé de la préposition *de* (exemple : de Bruxelles). Ce nom est suivi de celui du pays ou de la subdivision territoriale dans lequel est situé

(1) On appelle *indicatifs* les lettres initiales ou combinaisons de lettres employées pour désigner les bureaux télégraphiques. Les indicatifs sont formés de la première lettre ou de la réunion de plusieurs lettres formant le nom des bureaux. Exemple : P pour Paris, LM pour Le Mans. Ces indicatifs ne peuvent jamais être employés pour remplacer le nom des localités dans l'adresse ou le texte des télégrammes.

ce bureau, quand il y a un autre bureau du même nom, ou quand l'ouverture de ce bureau n'a pas encore été notifiée (1) ;

4° Numéro du télégramme ;

5° Nombre des mots taxés. En cas de différence entre le nombre des mots taxés et celui des mots réels, ou lorsque le texte du télégramme est rédigé totalement ou partiellement en langage chiffré, le nombre des mots est indiqué selon les dispositions des articles 42, 47 et 48 ;

6° Dépôt du télégramme (par deux groupes de chiffres, indiquant, le premier, le quantième du mois et, le second, l'heure et les minutes séparées par une virgule ou une barre de fraction et suivies de l'indication *m* ou *s* (matin ou soir) ;

7° Voie à suivre (quand cette mention figure sur la copie) ;

8° Mentions spéciales dont la transmission est gratuite.

b) **Transmission au cadran, au Sounder ou au Morse.** — Lorsque la transmission a lieu par un appareil à cadran, un Sounder ou un appareil Morse, les mêmes règles sont applicables, sous les réserves suivantes : avant le numéro du télégramme, on transmet l'abréviation *n°* ou *nr* ; avant le nombre de mots, on donne la lettre *w* ; avant le quantième, on donne l'article *le* ; avant l'heure de dépôt, on transmet la préposition *à* ; enfin l'heure et la minute du dépôt sont toujours séparées par la lettre *h*.

Les indications qui constituent le préambule sont transmises gratuitement et dans la forme prescrite ci-dessus.

c) **Transmission gratuite du préambule.** — Les indications qui constituent le préambule sont transmises gratuitement et dans la forme prescrite par les paragraphes ci-dessus.

Cette prescription s'applique à tous les télégrammes émanant d'un bureau soumis au régime intérieur, quelle que soit leur destination. Le bureau auquel parvient, à l'arrivée ou en transit, un télégramme avec préambule incomplet émanant de l'étranger et originaire ou à destination d'un pays soumis au régime extra-européen, le reçoit ou le réexpédie tel qu'il est, certaines des indications qui constituent ordinairement le préambule n'étant transmises par les Offices extra-européens que si elles ont été comprises dans les mots taxés.

260. — Transmission du télégramme. — La transmission d'un télégramme doit être *rigoureusement conforme* à la copie que le transmetteur a entre les mains. Aucune abréviation ou altération n'est permise (2). La transmission des signes de ponctuation, apostrophes, traits d'union n'est obligatoire que si l'expéditeur l'a formellement demandée sur sa minute, ou si ces signes sont reproduits sur une copie de passage.

261. — Différence entre le nombre des mots reçus et celui des mots annoncés. — Le bureau qui reçoit signale la différence à son correspondant. Si ce dernier s'est simplement trompé dans l'annonce du nombre des mots, il répond « *x* mots admis » ; si, au contraire, il constate que l'indication du nombre des mots dans le préambule est exacte

---

(1) Les télégrammes d'un poste d'abonnement téléphonique qui n'est pas inscrit à la Nomenclature des bureaux prennent comme indication d'origine le nom du bureau téléphonique central auquel ce poste d'abonnement est relié.

Dans les télégrammes intérieurs originaires d'un bureau-gare situé dans une localité où il existe un ou plusieurs bureaux de l'Etat, le nom du bureau d'origine doit être suivi du mot « gare » en préambule.

Tout bureau qui reçoit un télégramme privé d'une gare dont le nom ne figure pas à la Nomenclature des bureaux télégraphiques, donne cours à ce télégramme dans la forme ordinaire ; mais il signale cette transmission à l'Administration centrale (Direction de l'Exploitation électrique, 1er Bureau), par l'intermédiaire du Directeur départemental.

(2) Dans le régime intérieur, lorsqu'un bureau a à transmettre au même correspondant plusieurs télégrammes ayant un même texte comprenant plus de 20 mots, il est autorisé à ne transmettre ce texte qu'une fois et à donner dans les télégrammes suivants, au lieu du texte intégral, les mots : « même texte que le n°... ». Ce mode de procéder n'est admis qu'autant que tous les télégrammes de même texte sont transmis successivement.

d'après la copie qu'il a entre les mains, il maintient le nombre des mots annoncés et répète la première lettre de chaque mot, ce qui permet à l'agent réceptionnaire de reconnaître le passage où est l'erreur et d'en demander la répétition.

262. — **Différence entre le nombre des mots portés sur la copie et celui qui figure dans le préambule.** — Lorsque l'agent transmetteur constate que le nombre des mots indiqué dans le préambule n'est pas conforme au nombre des mots existant sur l'original du télégramme qu'il a entre les mains, il rectifie d'office le nombre des mots et annexe à cet original une formule jaune nº 700, sur laquelle il inscrit la rectification faite, afin de signaler le télégramme comme devant donner lieu à un remboursement ou à un complément de versement ; mais si ce manque de concordance est constaté sur une copie de passage, il remet cette copie au receveur, en lui indiquant l'erreur, et prie son correspondant d'annuler le télégramme. Le receveur signale l'erreur par avis de service au bureau qui a transmis le télégramme. Ce dernier bureau répond par avis de service, après avoir, le cas échéant, consulté par le même moyen le bureau duquel il a reçu le télégramme, et ainsi de suite.

Toutefois, si le télégramme dans lequel on constate une erreur de ce genre est fort long (par exemple a plus de 100 mots aux appareils Morse, Sounder et à cadran, et plus de 200 mots aux autres appareils), le bureau correspondant, en vue d'éviter la répétition ultérieure, est prié de le garder en attendant la rectification. Ce bureau, lorsque la transmission a lieu par séries, accuse réception des télégrammes non erronés et leur donne cours.

Les agents réceptionnaires doivent toujours admettre pour un mot les expressions dont les parties sont transmises sans séparation ou réunies par des traits d'union. En cas de divergence sur la façon de compter une expression, un mot, un groupe, la manière de procéder du bureau transmetteur est acceptée par le bureau qui reçoit ; mais celui-ci établit un procès verbal nº 605.

263. — **Répétition ou collationnement d'office.** — Le collationnement d'office, qui est donné par l'employé qui a reçu, à l'appareil à cadran, au Sounder et à l'appareil Morse, et par l'employé qui a transmis, à tous les autres appareils, comprend obligatoirement les indications éventuelles et les nombres de chiffres (1). A l'appareil à cadran, au Sounder et à l'appareil Morse, le collationnement d'office comprend, en outre, le numéro du télégramme. Les télégrammes d'Etat, lorsqu'ils sont rédigés totalement ou partiellement en langage secret (convenu ou chiffré), doivent être répétés intégralement et d'office par le bureau réceptionnaire.

L'agent qui reçoit ou celui qui transmet peut donner le collationnement ou demander la répétition de certains mots ou même de tout le télégramme, chaque fois que cette opération lui paraît utile pour mettre sa responsabilité à couvert (2). Le collationnement du mot *décédé* est obligatoire.

264. — **Inscription des indications de transmission.** — Les inscriptions relatives à la transmission des télégrammes ne doivent être portées sur les originaux ou sur les copies de passage qu'après la réception du collationnement, s'il s'agit de transmissions effectuées par les appareils à cadran, Morse ou Sounder ou par téléphone. Elles peuvent être faites au fur et à mesure de la vérification de la bande du contrôle, s'il s'agit de transmission par les appareils Hughes et Baudot.

---

(1) Quand on donne la répétition des nombres suivis de fractions, on doit, afin d'éviter toute confusion possible, répéter la fraction en la faisant précéder du double trait (=). Ainsi pour « 1 1/16 » il faut répéter « 1 = 1/16 », afin qu'on ne lise pas « 11/16 » ; pour 99 27/4 » il faut répéter « 99 = 27/4 », afin qu'on ne lise pas « 992 7/4 ».

(2) Les agents transmetteurs ou réceptionnaires, suivant l'appareil utilisé, ne doivent, quand ils desservent un poste étranger, exiger que leur correspondant leur donne le collationnement des télégrammes ordinaires que lorsque cette opération leur paraît utile pour mettre leur responsabilité à couvert et non systématiquement.

265. — Transmission ou remise des télégrammes non collationnés ou en rectification.— S'il arrive que, par suite d'interruption ou pour toute autre cause, on ne puisse donner ou obtenir le collationnement ou recevoir dans les délais normaux une rectification demandée, cette circonstance n'empêche pas la remise à domicile ou la transmission du télégramme ; mais il convient d'introduire dans le préambule une note indiquant que la transmission ou la remise est faite sous toutes réserves. On envoie ultérieurement, s'il y a lieu, une rectification.

266. — Erreurs constatées par le réceptionnaire. — Lorsqu'un agent s'aperçoit de l'existence d'erreurs dans un télégramme qu'il reçoit de son correspondant, il signale à celui-ci la nature des erreurs. Si le correspondant maintient sa première transmission, l'agent en réfère au receveur ou à son délégué, qui décide s'il y a lieu de provoquer la rectification par avis de service ou de donner cours au télégramme.

267. — Formules à employer pour la réception des télégrammes. — Les télégrammes officiels et les télégrammes et avis de service sont reçus, en transit et à l'arrivée, sur formule jaune ; les télégrammes d'Etat et les télégrammes privés sont reçus en transit sur formule rose et, à l'arrivée, sur formule bleue.

268. — Rôle des centres de dépôt au point de vue de la régularité des télégrammes. — Les bureaux principaux qui servent de centre de dépôt à des bureaux secondaires ne donnent cours aux télégrammes qui leur sont transmis par ces bureaux que lorsqu'ils sont réguliers, à moins qu'ils ne portent dans le préambule la mention « rédaction maintenue » ou que l'irrégularité ne soit peu importante. Ils provoquent par avis de service les rectifications reconnues nécessaires. Si, dans un délai jugé suffisant, le bureau auquel des renseignements ont été demandés par avis de service n'a pas répondu le bureau qui a demandé ces renseignements lui transmet un nouvel avis de service ; si aucune réponse n'est faite à cette seconde communication, il donne cours au télégramme, après avoir ajouté dans le préambule la note : « renseignements complémentaires demandés ». Si le bureau d'arrivée peut néanmoins remettre le télégramme, cette note ne doit pas figurer sur la copie à remettre au destinataire.

Les bureaux principaux sont, en outre, chargés de faire appliquer aux télégrammes émanant des bureaux secondaires, auxquels ils servent de centre de dépôt, toutes les dispositions contenues dans les circulaires en vigueur relatives à l'acheminement des correspondances (interruptions de voies, application de la censure, retards à prévoir, transmission aux risques des expéditeurs, etc.). Ils donnent, à cet effet, le cas échéant, aux bureaux d'origine, toutes les indications susceptibles d'être communiquées aux expéditeurs.

Les copies de transit des télégrammes émanant des bureaux secondaires pour lesquels des irrégularités auront été relevées sont transmises, par les bureaux principaux, centres de dépôt de ces bureaux, au Directeur départemental, jointes à un procès-verbal n° 685.

269. — Echange alternatif des télégrammes entre deux bureaux en correspondance. — Lorsque deux bureaux en correspondance ont chacun des télégrammes à transmettre, les télégrammes sont échangés alternativement. Lorsque les correspondants n'ont plus rien à transmettre, ils échangent un zéro.

Après entente entre les bureaux en correspondance, et lorsque l'importance du trafic le justifie, les échanges ont lieu par séries de plusieurs télégrammes. Les télégrammes d'une même série sont considérés comme formant une seule transmission (1).

270. — Statistique n° 683. — Il est dressé, dans chaque bureau principal et dans chaque bureau secondaire centre de dépôt, pour chacun des mois de février, mai, août et novembre, un état statistique modèle n° 683, destiné à indiquer la répartition des transmissions journalières du bureau, par fil et par poste, le nombre journalier des communications directes et des télégrammes téléphonés ainsi que les totaux et les moyennes des transmissions pour les jours ouvrables, par fil et par poste.

Chaque télégramme, quel que soit le nombre des mots qui le composent, doit être compté pour une seule transmission.

Le receveur consigne ses observations sur la marche générale du trafic pendant le mois et fait ressortir quelle a été la moyenne journalière des transmissions par jour ouvrable.

On affecte une colonne distincte à chaque conducteur et, si celui-ci dessert deux directions différentes, on inscrit séparément, après avoir subdivisé la colonne, les transmissions échangées avec l'un et l'autre correspondant. On rapproche, d'ailleurs, les uns des autres les fils groupés sur un même récepteur ou sur un même tableau annonciateur, en les réunissant sous une accolade horizontale. On spécifie le mode d'installation et d'exploitation du conducteur, ainsi que la nature de l'appareil qui le dessert;

Exemples : Morse. — Baudot **D** (double). — Baudot **T** (triple). — Baudot **Q** (quadruple). — Baudot **DE** (double échelonné). — Baudot **TE** (triple échelonné). — **TR** (tableau annonciateur et relais), etc.

Pour déterminer le trafic des différents fils aboutissant à des tableaux annonciateurs, le procès-verbal tenu sur chaque appareil doit être intégralement dépouillé.

Cet état est établi en double expédition, dont l'une est destinée à l'Administration centrale (Direction de l'exploitation électrique.— 1er bureau) et l'autre aux archives de la Direction).

SECTION II

Règles spéciales au service des transmissions aux appareils à cadran, Morse et Sounder et par le téléphone.

271. — Signaux pouvant être transmis par appareil à cadran. — Les lettres, chiffres, signes de ponctuation, signaux conventionnels et indications de service en usage à l'appareil à cadran sont les suivants :

Lettres : A, B, C, D, E, F, G, H, I, J, K, L, M, N, O, P, Q, R, S, T, U, V, X, Y, Z.

Chiffres : 1, 2, 3, 4, 5, 6, 7, 8, 9, 0.

Signes de ponctuation et autres. — Point (.), virgule (,), trait d'union (-), accent, apostrophe, double trait (=), pour cent (0/0), souligné, alinéa, parenthèses ( ).

Appel (préliminaire de toute transmission). — Un ou plusieurs tours de manivelle.

Signal de séparation des mots. — Chaque fois que la dernière lettre d'un mot est transmise, on complète le tour de la manivelle en la ramenant sur la croix, où l'on s'arrête un instant. Cet arrêt sur la croix est le signal de séparation des mots.

Signal séparant le préambule des indications éventuelles, les indications éventuelles de l'adresse, l'adresse du texte et le texte de la signature. — Deux fois de suite plusieurs tours de manivelle, avec arrêt sur la croix entre les deux séries de tours.

Fin de la transmission. — Après la transmission du dernier mot du télégramme, on termine le tour de manivelle, puis on fait un autre tour, en s'arrêtant un instant sur la lettre Z, puis sur la croix, où la manivelle doit toujours rester pendant le repos.

---

(1) Un télégramme de rang supérieur comme ordre de transmission ne compte pas dans l'alternat. Le bureau qui a transmis une série est en droit de continuer, lorsqu'il survient un télégramme auquel la priorité est accordée sur ceux que le correspondant a à transmettre, à moins que le bureau qui vient de recevoir n'ait déjà commencé à transmettre, à son tour.

Signal indiquant l'emploi des chiffres. — Deux tours de manivelle avec arrêt sur la croix à chaque tour.

Erreur. — Trois ou quatre tours sans arrêt sur la croix.

Réception, compris ou zéro .... BC

Répétition d'une transmission non comprise, ou : répétez .... RZ

Invitation à transmettre, ou : Parlez .... PZ

Pour faire tourner la manivelle, ou : Tournez .... TZ

Attente .... ATT

Comment recevez-vous ? .... CRV

272. — Signaux pouvant être transmis par appareil Morse et par Sounder.

1° Lettres

a	[illegible]	h	[illegible]	q	[illegible]
ä	[illegible]	i	[illegible]	r	[illegible]
à ou á	[illegible]	j	[illegible]	s	[illegible]
b	[illegible]	k	[illegible]	t	[illegible]
c	[illegible]	l	[illegible]	u	[illegible]
ch	[illegible]	m	[illegible]	ü	[illegible]
d	[illegible]	n	[illegible]	v	[illegible]
e	[illegible]	ñ	[illegible]	w	[illegible]
é ou è	[illegible]	o	[illegible]	x	[illegible]
f	[illegible]	ö	[illegible]	y	[illegible]
g	[illegible]	p	[illegible]	z	[illegible]

2° Chiffres

1	[illegible]	5	[illegible]	9	[illegible]
2	[illegible]	6	[illegible]	0	[illegible]
3	[illegible]	7	[illegible]	Barre de fraction.	
4	[illegible]	8	[illegible]		[illegible]

Dans le collationnement et dans le préambule des télégrammes de toute nature, et dans le texte des télégrammes rédigés entièrement en chiffres, on peut employer les signaux suivants pour exprimer les chiffres :

1	[illegible]	5	[illegible]	9	[illegible]
2	[illegible]	6	[illegible]	0	[illegible]
3	[illegible]	7	[illegible]	Barre de fraction	
4	[illegible]	8	[illegible]		[illegible]

3° Signes de ponctuation et indications de service

Point	[illegible]	Double trait (=) signal séparant le préambule des indications éventuelles, les indications éventuelles entre elles, les indications éventuelles de l'adresse, l'adresse du texte et le texte de la signature..........	[illegible]
Point et virgule	[illegible]	Compris	[illegible]
Virgule	[illegible]	Erreur	[illegible]
Deux points	[illegible]	Attente...............	[illegible]
Point d'interrogation ou demande de répétition d'une transmission non comprise.............	[illegible]	Invitation à transmettre	[illegible]
Point d'exclamation	[illegible]	Fin de travail	[illegible]
Apostrophe	[illegible]		
Trait d'union	[illegible]		
Guillemets.............	[illegible]		
Parenthèse	[illegible]		
Souligné	[illegible]		
Appel (préliminaire de toute transmission)...	[illegible]		

273. — Collationnement des télégrammes transmis aux appareils à cadran, Sounder et Morse et au téléphone. — Aussitôt après la réception d'un télégramme par l'appareil à cadran, par le Sounder ou par l'appareil Morse, l'agent qui a reçu, après avoir compté les mots, et, s'il y a lieu, provoqué la rectification de l'erreur constatée, donne le collationnement à son correspondant.

Le collationnement ne peut être retardé ni interrompu sous aucun prétexte. Lorsqu'il est achevé et que le télégramme est vérifié, le bureau réceptionnaire donne au bureau transmetteur le signal de « réception » ou « compris », qui est immédiatement répété par le correspondant.

L'employé qui a reçu, dans les relations intérieures, un télégramme à l'appareil à cadran ou au Sounder, transmet, à la suite du collationnement, un nombre qui est, dans le service des bureaux de l'Etat, le numéro d'ordre imprimé sur la première ligne du procès-verbal nº 670 et, dans le service des bureaux-gares, le numéro d'ordre sous lequel est inscrit le télégramme au procès-verbal de ligne. L'employé transmetteur ajoute le numéro d'ordre du collationnement en regard ou à la suite de l'inscription du télégramme de départ, dans la colonne des observations du procès-verbal.

La même règle est applicable aux transmissions échangées entre bureaux au moyen du téléphone.

274. — Responsabilité en cas d'erreur à l'appareil Morse. — Pour les transmissions effectuées par l'appareil Morse, la responsabilité incombe :

1º A l'agent transmetteur et à l'agent réceptionnaire, si l'erreur porte sur des indications éventuelles, des mots, des nombres dont le collationnement est obligatoire et qui, ayant été transmis, n'ont pas été collationnés ; — ou si, des mots omis ou ajoutés par l'agent transmetteur ayant occasionné une diférence entre le nombre des mots annoncés dans le préambule et le nombre des mots reçus, cette différence n'a pas été signalée par l'agent réceptionnaire ;

2º A l'agent qui refuse de donner ou de recevoir la répétition de passages dont le collationnement paraît nécessaire au correspondant ;

3º A l'agent transmetteur, lorsqu'il n'a pas rectifié un collationnement erroné ;

4º A l'agent réceptionnaire, lorsqu'il n'a pas tenu compte de la rectification faite à son collationnement ou d'une rectification transmise d'office par son correpondant ;

5º Dans les cas non prévus par les alinéas précédents :

a) A l'agent transmetteur, s'il n'y a pas conformité entre la transmission et le libellé qui a servi à cette transmission ;

b) A l'agent réceptionnaire, s'il n'y a pas conformité entre la bande de réception et la copie de réception.

275. — Responsabilité en cas d'erreur au Sounder. — L'agent transmetteur et l'agent réceptionnaire peuvent, suivant le résultat des enquêtes, être rendus responsables des erreurs commises dans les transmissions effectuées par le Sounder.

276. — Responsabilité en cas de non-transmission d'un télégramme à l'appareil à cadran, au Sounder et par le téléphone. — Tout télégramme, bien que décrit sur le procès-verbal nº 670, ou sur le procès-verbal télégraphique des gares est, en cas de perte, considéré comme n'ayant pas été transmis, si le numéro d'ordre de collationnement n'a pas été inscrit sur ces pièces.

La responsabilité de la non-transmission incombe entièrement, en ce cas, à l'agent transmetteur.

277. — Nombre des télégrammes constituant une série à l'appareil Morse et au Sounder. — La transmission des télégrammes échangés par l'appareil Morse ou par le Sounder peut s'effectuer par séries alternatives de cinq télégrammes, sur les lignes importantes dont le travail est continu. Tout télégramme de cent mots et au-dessus, à l'appareil Morse, ou de 150 mots et au-dessus, au Sounder, est considéré comme formant une série.

SECTION III

Règles du service des transmissions à l'appareil Hughes.

278. — Caractères pouvant être transmis par l'appareil Hughes. — L'appareil Hughes permet la transmission des lettres, chiffres et signes suivants :

Lettres.

A, B, C, D, E, F, G, H, I, J, K, L, M, N, O, P, Q, R, S, T, U, É ou W, X, Y, Z.

Chiffres

1, 2, 3, 4, 5, 6, 7, 8, 9, 0.

Signes de ponctuation et autres

Point, virgule, point et virgule, deux points, point d'interrogation, point d'exclamation, apostrophe, croix, trait d'union, barre de fraction, double trait, parenthèses, guillemets et &.

Dispositions générales

Lorsque deux bureaux communiquent entre eux par des appareils Hughes, les règles suivantes sont appliquées :

Pour appeler un poste ou lui répondre, répéter alternativement le blanc et l'N.

Pour obtenir la répétition prolongée du même signe, afin de régler le synchronisme, reproduire deux ou trois fois une combinaison composée du blanc, de l'I et du T.

Pour demander ou faciliter le réglage de l'électro-aimant, effectuer une combinaison formée des quatre signaux suivants : le blanc, l'I, l'N, et le T, reproduite autant de fois qu'il est nécessaire.

Pour indiquer qu'on a compris, donner la combinaison BIN.

Pour donner attente, transmettre les lettres ATT suivies de la durée probable de l'attente.

Pour indiquer une erreur ou avant de reprendre, après un arrêt, la transmission d'un télégramme, faire deux ou trois N consécutifs, sans aucun signe de ponctuation.

Pour séparer le préambule des indications éventuelles, les indications éventuelles de l'adresse, l'adresse du texte et le texte de la signature, employer un double trait (=).

Pour souligner un mot ou un passage, on transmet deux traits d'union consécutifs avant et après ce mot ou ce passage, que l'employé du bureau d'arrivée souligne ensuite à la main.

Pour indiquer la fin d'un télégramme, donner le signe +, en le faisant précéder d'un blanc.

Pour interrompre la transmission du bureau correspondant, transmettre deux ou trois lettres quelconques convenablement espacées. Le poste interrompu reprend les derniers mots qui précèdent l'interruption. En cas de désaccord, le poste qui reçoit coupe de nouveau et indique le point précis où il y a lieu de reprendre la transmission.

Pour indiquer la fin du travail, donner deux blancs.

Lorsque l'appareil ne possède pas l'E accentué dans la série des lettres et que l'accent sur l'E est essentiel au sens (exemple : achète, acheté), le transmetteur répète le mot après la signature, en y faisant figurer, entre deux blancs, l'E qu'il faut accentuer, afin d'appeler l'attention du poste qui reçoit.

Pour ä, à, å, ñ, ó et ü, on transmet respectivement ae, aa, ao, n, oe et ue.

L'espace entre deux nombres est marqué par un blanc ; toutefois, un nombre fractionnaire non décimal doit toujours être séparé par deux blancs du nombre qui le précède et de celui qui le suit. Dans la transmission d'un nombre fractionnaire non décimal, le nombre entier doit être séparé par un blanc du numérateur de la fraction ordinaire qui le suit :

Exemple : 17 1 3/4 24
et non : 17 1 3/4 24 ou 17 13/4 24.

279. — Rôles des agents affectés à chaque appareil Hughes. — Procès-verbaux. — Le service à l'appareil Hughes est, en général, assuré par deux agents (1), le *manipulant* et le *contrôleur*.

L'agent *préposé à la manipulation* est chargé du réglage de l'appareil, de la recherche des dérangements et généralement de tous les soins que réclame l'appareil. Il effectue toutes les transmissions, donne et demande les rectifications ou renseigne-

(1) Lorsque le poste est peu chargé, un seul agent peut être appelé à le desservir. Cet agent effectue alors toutes les opérations qui, sur les postes importants, sont réparties entre deux employés.

ments qui lui sont indiqués par le contrôleur ou dont il reconnaît la nécessité. Pendant la réception, il surveille, en lisant la bande, le fonctionnement de l'appareil, il tient le procès-verbal des télégrammes reçus et mentionne sur ce document tous les incidents relatifs à l'état des communications. Il est responsable du retard apporté à la transmission des télégrammes à transmettre.

L'agent *chargé du contrôle* vérifie les télégrammes transmis, par la comparaison de la bande avec les originaux ou les copies de transit ; il signale à l'agent transmetteur, au fur et à mesure qu'il les relève, toutes les erreurs ou omissions ; il inscrit sur la minute ou la copie, avec sa signature, les heures de transmission, et tient le procès-verbal affecté à ces télégrammes. Il découpe et colle sur les feuilles destinées à cet usage les bandes portant les télégrammes reçus, et inscrit dans la case spéciale les indications relatives à la réception, suivies de sa signature ; il vérifie le nombre de mots, compare le texte avec le collationnement et fait rectifier les passages erronés ou douteux. Il enroule ensuite les bandes non collées sur les feuilles d'arrivée ou de transit, après en avoir rapproché et collé les extrémités séparées. Il est responsable de la perte de tout télégramme reçu et non collé, ainsi que de toutes les erreurs ou omissions qu'il a négligé de faire rectifier.

Pour chaque fil desservi par les appareils Hughes, il est tenu deux procès-verbaux, s'il s'agit d'un poste international, ou lorsque le service est assuré par deux agents : celui d'*arrivée*, qui doit mentionner tous les télégrammes reçus, avec les indications correspondantes, ainsi que les incidents de service, et celui de *départ*, qui ne mentionne que l'accusé de réception, avec (dans les relations internationales seulement) la description de chacun des télégrammes contenus dans la série .

Dans le service intérieur, lorsque le poste est desservi par un seul agent, il n'est tenu qu'un seul procès-verbal nº 670, sur lequel sont consignés tous les renseignements que comportent les deux procès-verbaux sus-visés.

Les heures de commencement et de fin de transmission doivent toujours être indiquées aux procès-verbaux.

280. — Nombre de télégrammes constituant une série. — Lorsque le trafic est assez abondant, la transmission des télégrammes échangés à l'appareil Hughes s'effectue par séries alternatives. Chaque série ne peut comprendre plus de dix télégrammes. Tout télégramme de deux cents mots ou au-dessus est considéré comme formant une série.

De même, lorsqu'une série contient plusieurs télégrammes de cent mots ou au-dessus, l'agent manipulant doit interrompre sa transmission dès que le deuxième de ces télégrammes est terminé.

281. — Collationnement. Rectifications. — Après chaque télégramme, l'employé qui l'a transmis donne immédiatement le collationnement réglementaire. Toutefois, ce collationnement n'est pas donné, quand l'appareil Hughes est desservi par deux agents.

Lorsque l'agent contrôleur constate que la transmission n'est pas conforme au libellé qui a servi pour cette transmission, il invite le manipulant à rectifier immédiatement l'erreur par les mots : « en nº .... lire.... ».

Lorsque le contrôleur du bureau d'arrivée constate une différence entre le texte transmis et le collationnement, il invite l'agent transmetteur à signaler cette différence au correspondant, afin d'obtenir la confirmation de la transmission correcte.

Les rectifications relatives à des télégrammes d'une série précédemment transmise sont faites ou demandées par avis de service. Celles relatives à un télégramme de la série en cours de transmission peuvent être données d'office par l'agent manipulant jusqu'au moment où il commence à transmettre le préambule du deuxième télégramme qui suit celui auquel ces rectifications se rapportent ; après ce moment, elles sont faites par avis de service dont l'émission peut, avec l'autorisation du receveur, être laissée aux soins de l'agent manipulant. Le bureau réceptionnaire ne peut demander des rectifications qu'après transmission complète de la série.

282. — Responsabilité en cas d'erreur. — Les erreurs sont imputables :

1º A l'agent contrôleur du bureau transmetteur, en cas de différence entre la transmission et la copie qui a servi à cette transmission ;

2º Aux agents contrôleurs des bureaux transmetteur et réceptionnaire, si, par suite d'addition ou d'omission de mots ou de groupes, le nombre de mots reçus ne concorde pas avec le nombre indiqué en préambule, ou s'il y a une différence entre le texte transmis et le collationnement d'office ;

3º A l'agent contrôleur du bureau d'arrivée, dans tous les autres cas.

283. — Accusé de réception. — Après la transmission de la série, dès que les deux bureaux sont d'accord, et sur l'avis du contrôleur, le transmetteur accuse réception du nombre de télégrammes reçus, en distinguant les télégrammes officiels ou de service, les avis de service et les télégrammes-mandats des autres télégrammes et en répétant les numéros du premier et du dernier télégramme de la série.

Cet accusé de réception est transmis d'après le procès-verbal de réception et après vérification du nombre des télégrammes collés sur les copies ; l'agent contrôleur du bureau de départ est seul responsable de toute différence entre le nombre accusé et celui des télégrammes réellement transmis. L'accusé de réception, soit reçu, soit transmis, est détaché de la bande et collé sur le procès-verbal à la suite des télégrammes auxquels il se rapporte.

Les agents qui laissent transmettre des télégrammes dans le vide ou qui facilitent la perte de télégrammes, faute d'avoir complété ou fait compléter l'accusé de réception, sont responsables de la perte de ces télégrammes.

284. — Prescriptions diverses relatives au collage des bandes. — Sur les formules jaunes et roses, le préambule, l'adresse, le texte et la signature se suivent d'une manière continue sur une ou plusieurs lignes. Le collationnement donné par le correspondant est collé dans le bas de la formule, sauf quand il s'agit de télégrammes officiels d'arrivée.

Sur les copies bleues des télégrammes d'arrivée, le préambule est collé sur une première ligne, puis, on dispose au-dessous, sur autant de lignes qu'il est nécessaire, la partie de la bande contenant le texte et la signature. Les indications éventuelles et l'adresse sont collées sur la patte. Lorsque la longueur du télégramme rend nécessaire l'emploi de plusieurs formules, la patte de chacune d'elles, sauf celle de la première, doit être recouverte par la bande.

Les bandes composant un télégramme sont collées dans toute la largeur de l'imprimé et de manière à se superposer par leurs bords. Toutefois, les nombres ou les mots qui ne trouvent pas intégralement place à la fin d'une ligne sont reportés à la suivante sans être scindés.

Les passages erronés, les groupes de lettres sans signification sont éliminés avant le collage, et les deux parties de la bande qui a été coupée sont rapprochées et superposées par leur extrémité. Si, après le collage, il reste à faire quelque correction, soit qu'elle porte sur une bande très courte, soit qu'elle provienne d'une rectification postérieure, l'employé biffe à l'encre le passage à modifier et rétablit, au bas de la feuille, le texte exact. Aucune rectification ne peut être faite en superposant la bande rectificative sur la bande erronée, ni en surchargeant à l'encre le texte imprimé.

SECTION IV

Règles du service des transmissions aux appareils Baudot.

285. — Lettres, chiffres et signes pouvant être transmis par les appareils Baudot. — Les appareils Baudot permettent d'effectuer la transmission des lettres, chiffres et signes divers suivants :

Lettres ordinaires :

A, B, C, D, E, É, F, G, H, I, J, K, L, M, N, O, P, Q, R, S, T, U, V, W, X, Y, Z.

Lettes spéciales : o, h, f, t, N°, &

Chiffres : 1, 2, 3, 4, 5, 6, 7, 8, 9, 0.

Signes divers : ( ) / ⋊ . , ; : ' ? ! o/o — =

Le signe ⋊ (erreur) précède la répétition d'un passage erroné qui doit être annulé.

Blanc des lettres (intervalle blanc précédant un mot).
Blanc des chiffres (intervalle blanc précédant un nombre).

286. — Agent manipulant et agent réceptionnaire. — Chacune des transmissions distinctes auxquelles se prête une installation Baudot (1) est effectuée au moyen d'un appareil dit « manipulateur », et imprimée par un autre appareil nommé « traducteur ». L'ensemble de ces deux appareils reliés à l'un des secteurs du distributeur constitue un « secteur » de l'installation. Les secteurs d'une installation sont distingués les uns des autres par des numéros d'ordre.

Chacun des secteurs d'une installation est desservi par un agent qui est désigné soit sous le nom d'*agent transmetteur*, soit sous le nom d'*agent réceptionnaire*, suivant que le secteur que cet agent dessert est affecté à la transmission ou à la réception.

287. — Echanges d'observations entre correspondants nécessités par les besoins du service. — Lorsque la communication établie entre les postes comporte plusieurs transmissions simultanées, et que, par suite, chacun des secteurs de l'installation est spécialement et exclusivement affecté soit à la transmission, soit à la réception, les observations et renseignements que nécessitent les détails du service ne peuvent être échangés directement entre les agents des deux secteurs correspondants ; ils exigent la coopération des agents desservant l'un des autres secteurs opérant dans un sens différent. L'agent manipulant sert d'intermédiaire à l'agent qui reçoit, pour toutes les communications que celui-ci veut faire à son correspondant, et l'agent réceptionnaire sert d'intermédiaire à l'agent manipulant pour toutes les communications que le correspondant de celui-ci veut lui faire parvenir.

288. — Procès-verbaux. Registre-journal. — Un procès-verbal quotidien est tenu sur chacun des secteurs de l'installation et sert à l'inscription des opérations de départ et d'arrivée, suivant les indications de l'art. 279. Un registre-journal est tenu sur chaque installation et sert à enregistrer, au fur et à mesure de leur manifestation, les incidents divers intéressant la communication et le fonctionnement des appareils.

289. — Dirigeurs. — Le réglage des organes et le gouvernement régulier des installations sont exclusivement assurés par les agents dénommés « *dirigeurs* » et possédant les connaissances techniques et les aptitudes requises pour cet emploi.

Le dirigeur règle et met en état, avant l'ouverture du service, les appareils des installations dont il a la surveillance. Il veille à tous les détails intéressant le fonctionnement des appareils. Il répartit le travail entre les agents des installations con-

(1) Voir 3e partie (Titre V, chap. XVIII).

fiées à ses soins et prend toutes les mesures utiles pour assurer la parfaite exécution du service des transmissions.

La tenue du registre-journal incombe au dirigeur, qui y inscrit, au fur et à mesure, les incidents de service et le nombre de télégrammes échangés sur l'installation, dans la journée et durant l'heure la plus occupée du jour.

Sous réserve d'explications justificatives, le dirigeur est responsable des entraves apportées au service des transmissions par suite de fausses manœuvres, d'entretien défectueux des appareils, de fonctionnement irrégulier des installations confiées à ses soins et, notamment, de l'impression défectueuse de la bande de contrôle au départ.

Au début de la séance ou après une suspension dans le service des transmissions, l'invitation à transmettre est donnée à l'agent manipulant par le dirigeur qui vient de vérifier le fonctionnement régulier de la communication. L'agent manipulant s'assure tout d'abord que son correspondant est prêt à recevoir de lui.

290. — Transmission des télégrammes par séries. — Si les deux postes correspondants sont en communication par un seul secteur à la fois, le service se fait par séries alternatives ne pouvant dépasser dix télégrammes.

Si la série atteint ce nombre, le manipulateur la termine en disant : « Fait 10 » ; sinon, il indique le nombre de télégrammes dont elle se compose en disant, par exemple : « Fait 6 ».

291. — Cas où l'appareil Baudot ne peut effectuer qu'une seule transmission à la fois. — Les règles du service à l'appareil Hughes desservi par un seul agent dans chacun des deux postes correspondants sont applicables au service de l'appareil Baudot, lorsque la communication ne comporte qu'une seule transmission à la fois.

292. — Transmission continue dans les deux sens, mais par séries distinctes. — Lorsque la communication entre deux postes comprend plusieurs transmissions simultanées et que, par suite, certains secteurs de l'installation sont exclusivement affectés à la transmission des télégrammes, pendant que les autres servent exclusivement à la réception, les télégrammes transmis se succèdent sans interruption ; mais ils sont quand même divisés en série de 10 pour les accusés de réception et leur inscription au procès-verbal.

Si l'accusé de réception d'une série ne parvient pas au poste qui l'a transmise pendant la transmission de la série suivante, la transmission est momentanément interrompue et des explications sont demandées au poste correspondant.

Entre chacun des télégrammes d'une série, l'agent manipulant transmet les renseignements et les rectifications que son correspondant peut lui avoir demandés par l'intermédiaire de l'agent préposé à la réception sur le secteur voisin. Dans les mêmes conditions, il transmet également les accusés de réception, demandes de renseignements, rectifications et toutes les communications relatives au service, que lui confie, sous forme de lettres écrites, pour les faire parvenir à son correspondant, ce même agent qui lui sert d'intermédiaire.

Toutefois, il ne peut rectifier d'office, au cours d'une série, les erreurs de transmission dont il s'aperçoit par l'examen de sa bande de contrôle que jusqu'au moment où il commence à transmettre le préambule du deuxième télégramme qui suit celui auquel les rectifications se rapportent. Les rectifications ultérieures sont faites par avis de service dont l'émission peut, avec l'autorisation du receveur, être laissée aux soins de l'agent manipulant.

Lorsque l'agent réceptionnaire veut interrompre la transmission de son correspondant, il le demande à son voisin, l'agent manipulant; celui-ci donne alors un signal conventionnel formé par la lettre P plusieurs fois répétée.

S'il s'agit d'un long télégramme, on procède comme il est dit à l'article 262.

293. — Désaccord au sujet du nombre de mots. — Quand l'agent réceptionnaire doit demander des explications au sujet d'un nombre de mots reçus en désaccord avec le nombre annoncé, il fait donner immédiatement par l'agent manipulant de son bureau, sauf pour les longs télégrammes, les initiales des mots reçus : « En tel n°, tant de mots, je répète initiales :....... ».

294. — Fonctions et responsabilité de l'agent manipulant. — Indépendamment des transmissions qu'il effectue, l'agent manipulant peut être chargé de tenir le procès-verbal du secteur qu'il dessert ; il s'inspire, à ce sujet, des règles tracées dans les sections I et III du présent chapitre. Il vérifie l'exactitude des accusés de réception qui lui sont fournis, au point de vue du nombre des télégrammes, de leur nature et de la concordance des numéros signalés comme ayant commencé et terminé la série.

Après la transmission de chaque télégramme, il donne le collationnement réglementaire. Il est responsable des erreurs résultant d'une manipulation défectueuse que permet de constater la bande de contrôle sur laquelle les télégrammes s'impriment au départ ; des retards apportés à la transmission soit des télégrammes à lui confiés, soit des demandes de rectifications formulées par l'agent réceptionnaire du secteur voisin ; de la perte des télégrammes résultant d'un contrôle imparfait de la concordance qui doit exister entre le nombre des dépêches et les numéros inscrits, d'une part, et le libellé de l'accusé de réception, d'autre part.

295. — Fonctions et responsabilité de l'agent réceptionnaire. — L'agent préposé à la réception des télégrammes sur un secteur d'installation Baudot s'inspire des règles de service relatives au collage des bandes imprimées, au compte des mots, etc., etc., qui sont applicables au service à l'appareil Hughes.

Il tient un procès-verbal sur lequel il inscrit, au fur et à mesure de leur réception, les télégrammes qu'il reçoit (Voir art. 288.)

Il est responsable des erreurs manifestes qu'il laisse subsister sans en demander la rectification ; des erreurs résultant de différences non signalées entre le texte transmis et le collationnement ; des erreurs résultant de l'inexactitude du nombre des mots reçus par rapport au nombre annoncé ; de la perte des télégrammes reçus et non collés et de la perte des télégrammes résultant du libellé inexact d'un accusé de réception.

296. — Relations de l'agent réceptionnaire avec l'agent manipulant. — L'agent réceptionnaire fait passer à l'agent manipulant avec qui il est en relations, après les avoir collées sur une feuille jaune n° 700, les notes, communications diverses et demandes de rectifications qu'il reçoit de son correspondant et qui sont destinés à cet agent manipulant.

Il lui donne également, au fur et à mesure des besoins et sous la forme de notes écrites, les accusés de réception, les demandes de rectifications et autres communications relatives au service, qu'il veut faire parvenir à son correspondant.

SECTION V

Règles spéciales pour l'emploi du tableau annonciateur pour lignes télégraphiques avec ou sans relais. — Communications directes par relais.

297. — Emploi du tableau annonciateur sans relais. — Dans les bureaux qui sont pourvus du tableau annonciateur pour fils télégraphiques, tous les récepteurs reliés au tableau reçoivent un numéro d'ordre, et il est tenu quotidiennement, par appareil de réception et pour l'ensemble des fils amenés successivement sur cet appareil, un procès-verbal n° 670 où toutes les transmissions doivent être inscrites dans la forme ordinaire. Si ces transmissions sont échangées par des fils internationaux, elles sont inscrites sur procès-verbaux n° 671.

Les procès-verbaux n°s 670 et 671 dont il s'agit servent également à relater tous les incidents de service qui se produisent. Si l'incident est de nature à retarder la transmission des télégrammes, une annotation très concise est, en outre, portée sur les originaux et copies de passage, pour indiquer la cause du retard et l'appareil sur lequel il a été constaté :

Exemples : App. 4, 9 h. 25/35 n. r. (non réponse).
App. 5, 3 h. 10/17 att. (attente), etc.

298. — Emploi du tableau annonciateur avec relais. — Communications directes par relais. — a) Règles générales. — Les bureaux qui sont pourvus de tableaux annonciateurs avec relais, ou simplement de relais, établissent des communications directes entre leurs divers correspondants, conformément aux indications du tableau de direction des télégrammes et de la liste des correspondants dont chaque bureau est pourvu.

Les fils internationaux ne sont pas affectés à la constitution des communications directes dont il s'agit.

Il est prescrit d'une façon formelle, aux agents des bureaux appelants, de rester à l'appareil jusqu'à ce qu'il leur soit répondu, et, par réciprocité, aux agents des bureaux appelés, de répondre sans aucun retard ou de donner immédiatement attente, s'ils sont empêchés de recevoir, en indiquant la durée probable de l'attente.

b) Mode d'exploitation. — Un procès-verbal n° 670, tenu quotidiennement, par poste de translation, sert à indiquer les heures de commencement et de fin de chaque communication directe, ainsi que les noms des bureaux mis en relation. Ce procès-verbal est tenu par l'agent dirigeur, dans les bureaux qui comportent un emploi de cette nature ; dans les autres bureaux, il est annoté au fur et à mesure par chacun des agents qui établissent ou rompent les communications.

Les bureaux appellent, non pas le centre de dépôt intermédiaire chargé d'établir les communications directes, mais les bureaux même de destination ou de transit avec lesquels ils doivent correspondre. Le bureau intermédiaire lit ces appels, autant que possible, au son de l'annonciateur, et fait le nécessaire, sans rien échanger avec le bureau appelant. Cependant, lorsqu'il s'agit des relations entre deux bureaux secondaires, associés en dérivation sur le même fil, l'intervention du centre de dépôt étant rendue nécessaire par les conditions actuelles d'installation, le bureau d'origine appelle le centre de dépôt et lui demande la communication avec le bureau destinataire.

Les centres de dépôt intermédiaires sont tenus de veiller avec soin à ce que les communications directes soient rompues aussitôt qu'elles cessent d'être utiles.

S'ils disposent d'un fil direct ou de un ou plusieurs fils partagés avec un autre centre de dépôt départemental, ou autre, doivent affecter, de préférence, le fil direct aux communications directes et le ou les fils partagés à l'écoulement de leur propre trafic avec le centre de dépôt correspondant. Ils sont autorisés à établir successivement par le même fil principal, avant d'utiliser ce conducteur pour leurs propres transmissions non urgentes et non déjà retardées, jusqu'à trois communications directes qui viendraient à être demandées presque simultanément et dont la durée totale n'excéderait pas 10 à 15 minutes. Les centres de dépôt extrêmes sont également autorisés à donner suite à ces communications directes avant d'acheminer leur propre trafic. Mais cette faculté cesse d'être applicable aux approches de la clôture des bureaux municipaux, où tous les moyens doivent être mis en œuvre pour acheminer le plus rapidement possible les télégrammes à destination de ces municipaux.

Le bureau principal chargé d'établir les communications directes est tenu de recevoir, pour les retransmettre au moment opportun, les télégrammes à destination des bureaux municipaux auxquels il sert de centre de dépôt, si ceux-ci ont reçu clôture dans la journée ou la soirée. Il doit assurer aussi le transit, lorsque des retards ou un encombrement sérieux tendent à se produire sur le fil principal, du fait de trop nombreuses demandes simultanées de communications directes, ou d'un stock de télégrammes dans les centres de dépôt correspondants.

299. — Dispositions d'ordre relatives à la transmission et à la réception des télégrammes. — Dirigeur. — Les indications relatives à la réception et à la transmission des télégrammes sont consignées de la manière suivante :

Transmission. — Sur les originaux et les copies de passage, on ajoute aux indications sommaires de transmission le numéro de l'appareil et, le cas échéant, on mentionne l'incident de service qui aurait motivé un retard.

Réception. — On ajoute aux indications ordinaires le numéro de l'appareil.

Le receveur ou son suppléant veille d'une façon constante à ce que les inscriptions dont il vient d'être parlé soient toujours régulièrement portées sur les procès-verbaux, les copies ou originaux de télégrammes.

Les tableaux annonciateurs sont généralement disposés de façon à permettre aux agents manipulants d'effectuer eux-mêmes, sans se déplacer, les manœuvres de fiches nécessaires. Toutefois, lorsque, dans certains bureaux très importants, le nombre des fils aboutissant aux tableaux annonciateurs est considérable et que l'effectif du personnel le permet, un employé dirigeur (commis principal ou commis responsable), désigné par le receveur, est chargé de classer les télégrammes à transmettre, dans l'ordre de dépôt ou de réception, de distribuer le travail et de répartir les communications, dans l'ordre d'appel des correspondants ou d'arrivée des télégrammes.

CHAPITRE XXXII

Remise des télégrammes.

300. — Contrôle et inscription à l'arrivée. — Avant d'être mis en distribution, tout télégramme est examiné par le receveur ou son délégué. La copie à remettre au destinataire doit être propre, lisible et frappée nettement du timbre à date du bureau.

Les télégrammes privés d'arrivée sont, avant d'être mis en distribution, inscrits sur le rôle d'arrivée n° 664. Les bureaux secondaires les inscrivent sur le procès-verbal n° 670 *bis*, qui sert pendant toute la quinzaine.

Si les télégrammes sont reçus au bureau d'arrivée par un appareil Morse ou un parleur relié à un tableau commutateur, on reproduit, en marge du rôle n° 664, le numéro de l'appareil.

Lorsqu'il s'agit de télégrammes ayant été téléphonés à leurs destinataires, la colonne d'observations du rôle n° 664 ou du procès-verbal n° 670 *bis* doit porter l'indication « téléphone ». Pour la commodité du service, un rôle d'arrivée spécial aux télégrammes de l'espèce peut être tenu dans les bureaux importants.

Les télégrammes contraires aux bonnes mœurs ne sont pas mis en distribution ; ils sont signalés au directeur départemental qui indique la suite à donner. En cas d'arrêt, le directeur en avise l'Administration.

301. — Remise gratuite. — La remise des télégrammes est effectuée *gratuitement* dans le lieu d'arrivée par des porteurs spéciaux (facteurs des télégraphes, porteurs municipaux, etc.).

Le lieu d'arrivée s'entend :

1° De l'agglomération où est situé le bureau télégraphique.

L'agglomération se compose de l'ensemble des maisons contiguës, ou réunies entre elles par des intervalles clos (parcs, jardins, vergers, chantiers, ateliers, etc.), lors même que les habitations ou leurs dépendances seraient séparées l'une de l'autre par une voie publique (rue, boulevard, etc.), une rivière, un ruisseau ou une promenade publique. L'agglomération s'arrête aux terrains non clos, vagues ou en culture. Dans les localités ayant un octroi, la zone de distribution gratuite ne peut s'étendre au-delà de la zone soumise à cet octroi, alors même que cette dernière serait plus restreinte que la partie agglomérée.

2° De l'enceinte de la gare, s'il s'agit d'un bureau-gare, ou de l'établissement où est placé l'appareil, s'il s'agit d'un bureau rattaché à un sémaphore, à une écluse, à un barrage ou à tout autre poste similaire.

Lorsque le domicile indiqué par le télégramme n'est pas compris dans le rayon de distribution gratuite du bureau d'arrivée, la remise est effectuée par exprès, si l'adresse est précédée de l'indication éventuelle correspondant à ce mode de remise ou si, à défaut, le destinataire a pris l'engagement écrit d'acquitter les frais d'exprès. Dans tous les autres cas, la remise a lieu par poste, sous réserve des dispositions de l'art. 182.

302. — Enregistrement des noms de convention et des adresses abrégées. — L'enregistrement d'un nom de convention ou d'une adresse abrégée est subordonné à l'admission, par le receveur, du nom ou de l'adresse proposée et au versement d'une taxe d'abonnement qui est fixée à 40 francs par an courant du 1er janvier, ou à 20 francs par semestre courant du 1er janvier ou du 1er juillet, ou à 5 francs pour un mois courant à partir du jour indiqué par le demandeur. Cet abonnement est dû par chaque destinataire autant de fois qu'il désigne de noms de convention ou d'adresses abrégées se rapportant à sa personne.

Ces taxes d'abonnement sont encaissées comme recettes ordinaires et enregistrées au journal A^1 ; elles donnent lieu à la délivrance d'une quittance établie sur bulletin détaché du journal A^1 et revêtue d'un timbre de 0 fr. 25, lorsque l'encaissement excède 10 francs (1).

Les adresses abrégées et les adresses de convention doivent être choisies de façon à prévenir toute confusion pour la remise des télégrammes (2).

303. — Remise à divers domiciles, suivant l'heure d'arrivée. — Un destinataire qui *n'a pas fait enregistrer* un nom de convention ou une adresse abrégée peut demander que les télégrammes qui parviendraient à certaines heures ou certains jours lui soient remis ailleurs qu'au domicile indiqué dans l'adresse.

Il acquitte, dans ce cas : 1° la même taxe que pour l'enregistrement d'un nom de convention ; 2° autant de demi-taxes qu'il indique de domiciles, moins un.

De même, un destinataire qui, *ayant obtenu l'inscription* régulière d'un nom de convention ou d'une adresse abrégée, désire que les télégrammes qui parviennent avec ce nom de convention ou avec cette adresse abrégée soient remis à des domiciles différents, acquitte : 1° la taxe intégrale d'abonnement, et 2° autant de demi-taxes qu'il y a d'adresses indiquées, moins une.

304. — Télégrammes à téléphoner à l'arrivée. — Les abonnés au téléphone peuvent, en acquittant une surtaxe de 10 centimes par télégramme (non exigible des abonnés forfaitaires, sauf à Paris et à Lyon), recevoir par téléphone leurs télégrammes d'arrivée rédigés en français et en langage clair, et ayant, au plus, cinquante mots. Ils doivent, au préalable, constituer une provision destinée à garantir le payement de la surtaxe de 10 centimes applicable à chacun de ces télégrammes.

Toutefois, les télégrammes portant l'une des indications éventuelles « Accusé réception » ou = PC =, « Mains propres » ou = MP =, « Avec reçu » ou = AR = ne sont pas téléphonés à l'arrivée. Ils sont remis directement au destinataire dans la forme nécessitée par l'indication éventuelle correspondante. Il en est de même des télégrammes donnant lieu à perception d'une taxe sur le destinataire, à moins que celui-ci n'ait donné l'autorisation écrite de prélever le montant de ces taxes sur sa provision.

Les copies d'arrivée des télégrammes téléphonés sont ensuite envoyées aux destinataires par la plus prochaine distribution postale, après avoir été revêtues du contreseing du receveur ou de son délégué. A Paris, elles sont acheminées par la voie des tubes pneumatiques.

305. — Ordre de remise. — Les télégrammes reconnus distribuables sont pliés (3)

---

(1) Si le versement effectué par un même particulier comprend, en même temps qu'un abonnement aux adresses conventionnelles, des sommes se rapportant à d'autres produits postaux, télégraphiques ou téléphoniques, qui doivent être enregistrés au livre auxiliaire n° 1108, il n'est délivré qu'une seule quittance, extraite de ce registre, pour le montant intégral du versement. Dans ce cas, la taxe d'abonnement aux adresses conventionnelles est passée en écritures au journal A^1 et portée, seulement pour mémoire, au livre n° 1108, 1re colonne.

(2) Ne peuvent être enregistrées comme adresses abrégées ou comme adresses de convention : Les noms, prénoms, surnoms, qualifications, professions, raisons sociales, etc., communs à plusieurs personnes ou à plusieurs établissements financiers, commerciaux ou industriels dans la circonscription de distribution d'un même bureau ; les noms de personnes n'habitant pas dans la circonscription de distribution du bureau où l'enregistrement est demandé ; les raisons sociales ou désignations d'établissements financiers, commerciaux ou industriels qui n'ont, dans la circonscription de ce bureau, ni maison principale, ni succursale, ni représentant ; les groupes de lettres ou de chiffres ; les expressions forgées comptant plus de 15 caractères ou dans la composition desquelles entrent, avec leur orthographe normale, des mots simples ou composés ou des noms propres. Ex. : « Julesdurand » ou « Judurand » (« Jurand » est admissible) ; « Créditlyonnais » (« Crédionais » est admissible).

(3) On replie d'abord la copie dans toute sa longueur, puis les extrémités, de manière à former des carrés latéraux. La bande gommée adhérente à la patte doit, en s'appliquant sur ces carrés, se coller aussi sur la petite partie de l'imprimé laissée à découvert entre ces carrés.

puis remis au facteur dans leur ordre d'arrivée au bureau, en tenant compte de ce que les télégrammes jouissant de la priorité dans la transmission jouissent, dans le même ordre, de la priorité pour la remise.

En principe, chaque facteur n'emporte qu'un seul télégramme ; cependant, plusieurs télégrammes arrivés simultanément, ou arrivés successivement au bureau en l'absence de tout sous-agent distributeur, peuvent être confiés à un même facteur, si, par ce moyen, la remise est activée pour la majorité des télégrammes.

306. — Reçu de remise. — Il est établi un reçu n° 708 pour chaque télégramme privé avec réponse payée, avec accusé de réception, à remettre en mains propres ou par exprès, ainsi que pour les télégrammes portant l'indication éventuelle « Avec reçu » ou = AR =, et pour l'avis D des télégrammes-mandats. Ce reçu mentionne le nom du destinataire, l'origine du télégramme et l'heure de remise à ce sous-agent.

A la rentrée du facteur, le receveur ou son délégué porte, sur les reçus signés par les destinataires, l'heure de rentrée du facteur et s'assure que celui-ci n'a pas employé un temps exagéré pour effectuer sa course.

307. — Délivrance d'un télégramme sans indication spéciale de remise. — Un télégramme est toujours présenté d'abord au domicile indiqué par l'adresse, sauf en cas d'entente préalable et par écrit entre le receveur du bureau d'arrivée et le destinataire du télégramme pour la présentation à un autre domicile. Ceux pour lesquels aucun mode spécial de remise n'a été indiqué sont valablement délivrés lorsqu'ils sont déposés, au domicile indiqué par l'adresse, entre les mains d'une personne qui déclare être le destinataire ou autorisée par celui-ci à recevoir ses télégrammes.

Lorsqu'un télégramme est à remettre contre signature d'un reçu, le facteur présente d'abord le reçu et ne délivre le télégramme que lorsque ce dernier lui rend le reçu signé et revêtu de l'heure de remise.

Sur la demande écrite du destinataire, les télégrammes qui lui sont adressés sont déposés dans une boîte lui appartenant.

Il en est de même lorsque la porte n'est pas ouverte à l'adresse indiquée, ou si le porteur ne trouve personne qui consente à recevoir le télégramme pour le destinataire, à condition, d'ailleurs, qu'il n'y ait aucun doute sur le domicile de ce dernier.

Toutefois, les télégrammes portant l'une des indications éventuelles « Accusé de réception » ou = PC =, « Avec reçu » ou = AR =, « Mains propres », « Remettre en mains propres » ou = MP =, et ceux à remettre contre perception d'une taxe sur le destinataire, ne sont jamais déposés dans les boîtes.

308. — Adresse insuffisante ou incorrecte. — Lorsque l'adresse d'un télégramme est insuffisante ou incomplète, quand le nom de la voie publique indiqué dans l'adresse est inconnu dans la ville destinataire, s'il existe plusieurs personnes portant le nom mentionné dans l'adresse et qu'aucune indication complémentaire ne précise le véritable destinataire, si le télégramme porte une adresse convenue ou sommaire non enregistrée, etc., le bureau d'arrivée surseoit à la remise du télégramme et adresse au bureau expéditeur un avis de service rédigé sous la forme suivante :

« 480 (numéro du télégramme), 29... (date du télégramme). Durand 17 rue Réaumur (adresse du télégramme telle qu'elle est parvenue au bureau d'arrivée) adresse insuffisante, homonymes, etc. »

Toutefois, lorsque l'incorrection ou l'insuffisance de l'adresse est le résultat d'une erreur manifeste, un essai de remise peut être tenté avant l'envoi de l'avis de non-remise, sous la réserve que cet essai, s'il est infructueux, ne retardera que fort peu l'expédition de l'avis de non-remise.

Toutes les fois qu'il est procédé à des essais de remise, il appartient au receveur ou à son délégué de signaler au porteur, par des annotations précises, les essais qui devront être faits par lui. Chaque fois, notamment, que le télégramme doit être présenté, pour essai, à une personne dont le nom n'est pas rigoureusement conforme à celui figurant sur la copie d'arrivée, ou à un domicile autre que celui indiqué, la mention « s'assurer » est portée d'une façon apparente sur l'enveloppe. Le facteur attend que la personne désignée sur la suscription ou son mandataire donne l'assurance que ce télégramme lui est bien destiné ou lui rende le télégramme comme n'étant pas pour elle. En cas d'absence de cette personne ou d'un mandataire autorisé, le facteur rapporte le télégramme au bureau et laisse un avis n° 705.

309. — Bulletin de dépôt n° 705. — Si, en l'absence du destinataire ou de toute autre personne à qui remettre le télégramme, celui-ci ne peut être déposé dans une boîte (art. 307) ; ou si le destinataire n'est pas à son domicile lors de la présentation d'un télégramme à remettre en mains propres, ou portant la mention « s'assurer », le télégramme est rapporté au bureau, pour être délivré au destinataire, sur sa réclamation, et un avis n° 705 est laissé au domicile de ce dernier. Le facteur doit avoir soin de transcrire très exactement sur cet avis le nom du destinataire tel qu'il est formulé dans l'adresse du télégramme.

310. — Délivrance des télégrammes au guichet. — Toute personne se présentant au guichet d'un bureau pour prendre livraison d'un télégramme doit justifier qu'elle est le destinataire ou le fondé de pouvoirs de celui-ci.

Toutefois, si le télégramme est adressé « Télégraphe restant » ou Poste restante » sous un chiffre ou des initiales, il est remis à toute personne qui réclame un télégramme sous ce chiffre ou sous ces initiales.

311. — Avis de non-remise. — Lorsqu'un télégramme n'a pu être remis, un avis de service est adressé au bureau expéditeur, dès la rentrée du facteur, pour aviser ce bureau de la non-remise. Cet avis de service est ainsi libellé :

« 841 (numéro du télégramme) 3... (date du télégramme) Morin 18 Arbre-Sec (adresse complète du télégramme) refusé, inconnu, parti, décédé, etc. »

Lorsqu'il s'agit d'un télégramme acheminé par poste, il est rendu au service télégraphique avec la mention du motif de non-remise, portée au dos. Un avis de non-remise est alors émis dans la forme indiquée ci-dessus.

Lorsqu'il s'agit d'un télégramme acheminé par poste, il est rendu au service télégraphique avec la mention du motif de non-remise, portée au dos. Un avis de non-remise est alors émis dans la forme indiquée ci-dessus.

Le bureau qui reçoit un avis de non-remise le rapproche de la copie de passage ou de l'original du télégramme auquel se rapporte cet avis ; s'il y a conformité, il est donné cours à l'avis de non-remise, dont le contenu est, le cas échéant, communiqué à l'expéditeur. S'il n'y a pas concordance, le bureau qui constate une différence la signale au bureau d'arrivée par avis de service affectant la forme suivante : « N°... du (quantième) pour... (adresse rectifiée) ». Le cas échéant, cet avis de service contient les indications propres à redresser les erreurs commises, telles que : « Faites suivre à destination, annulez télégramme, etc. ». Si, malgré la rectification faite, le télégramme ne peut être remis, un nouvel avis de non-remise est adressé au bureau d'origine.

312. — Avis de remise. — Lorsque, par suite de renseignements complémentaires non parvenus par avis de service, un télégramme signalé précédemment comme ne pouvant être remis a pu être délivré au destinataire, ou s'il a été réclamé par celui-ci, le bureau d'arrivée envoie au bureau d'origine un nouvel avis de service dont le texte est rédigé de la façon suivante :

« 841 (numéro du télégramme) 3... (date du télégramme) Morin (nom du destinataire) remis. »

Le texte de l'avis de remise est communiqué à l'expéditeur du télégramme, si l'avis de non-remise a été précédemment porté à sa connaissance.

313. — **Télégrammes à remettre contre perception d'une taxe.** — Lorsqu'un télégramme donne lieu à la perception d'une taxe sur le destinataire, le bureau d'arrivée inscrit, à côté de l'adresse, sur la copie à remettre au destinataire, le montant de la taxe à percevoir. Il porte cette taxe en recette au journal A[1] et détache du journal A[IV] un récépissé sur lequel est mentionnée la somme à recouvrer. Ce récépissé, non soumis à la taxe spéciale de 10 cent., est remis, avec le télégramme, au porteur qui ne délivre le tout qu'après avoir recouvré la taxe indiquée sur le récépissé.

Lorsque le recouvrement de taxe doit être effectué par un bureau de poste (1), le récépissé est collé extérieurement sur la patte du télégramme qui est versé au service postal. Le bureau de poste d'arrivée charge le facteur d'encaisser la taxe due et en fait parvenir le montant en numéraire et sous chargement en franchise, au bureau d'où émane le récépissé.

Toutes les fois qu'une taxe n'a pu être recouvrée sur le destinataire, le télégramme et le récépissé A[IV] sont rapportés au bureau et le comptable en passe écritures en dépense à l'état nº 1380.

L'avis de service envoyé au bureau d'origine (ou au bureau réexpéditeur, art. 110) doit contenir l'indication de la taxe non perçue, pour que le recouvrement en soit tenté. Toutefois, les taxes qui resteraient dues, du fait de la réexpédition d'un télégramme ou de son transport par exprès en vertu d'un ordre donné par le destinataire ou en son nom, ne sont jamais recouvrées sur l'expéditeur. En même temps, ce bureau est, s'il appartient au régime intérieur, informé du non-recouvrement, par l'intermédiaire des Directions départementales intéressées. Si le recouvrement ne peut être opéré, l'Administration (Direction de l'Exploitation électrique, 4e Bureau) en est avisée. S'il s'agit d'un télégramme international, le bureau d'arrivée informe l'Administration (Direction de l'Exploitation électrique, 2e Bureau) du non-recouvrement, par l'intermédiaire de la direction départementale.

Pour les télégrammes grevés d'une taxe à percevoir, adressés « Poste restante » ou « Télégraphe restant » et qui n'ont pas été retirés par le destinataire, l'avis de non-remise est envoyé par lettre ordinaire au bureau d'origine (ou au bureau réexpéditeur), à l'expiration du délai de conservation de ces correspondances. Dans le service intérieur, la lettre est revêtue du contreseing du receveur (ou au bureau réexpéditeur), à l'expiration du délai de conservation de ces correspondances. Dans le service intérieur, la lettre est revêtue du contreseing du receveur ; dans le service international, elle est affranchie à l'aide d'une figurine dont le comptable se dégrève par une inscription à l'état nº 1373.

314. — **Télégrammes contenant des altérations et réunions de mots abusives ou des erreurs de taxation.** —

a) **Régime intérieur.** — Lorsque le compte des mots d'un télégramme intérieur paraît erroné, le bureau d'arrivée signale, par procès-verbal nº 685, le fait au bureau d'origine qui recouvre sur l'expéditeur le montant de la taxe perçue en moins. Ce procès-verbal n'est transmis à l'Administration que s'il y a désaccord entre deux Directions sur la manière de taxer une expression.

b) **Régime international.** — Lorsque le compte des mots d'un télégramme international libellé en français est erroné, par suite d'altérations ou de réunions de mots abusives, le bureau d'arrivée fait recouvrer sur le destinataire le montant de la taxe perçue en moins.

---

(1) Si ce recouvrement est à effectuer par le service postal de Paris, le télégramme, muni de son récépissé adhérent, est envoyé au Receveur principal de la Seine, sous enveloppe fermée et frappée du timbre T. Les mots « Section de l'arrivée. — Urgent » sont, en outre, ajoutés sur la suscription, d'une manière apparente.

Il en est de même lorsque le télégramme, sans être complètement libellé en français, contient des réunions de mots abusives nettement caractérisées. S'il y a doute, le fait est signalé à l'Administration (Exploitation Electrique, 2e Bureau) par le bureau d'arrivée.

En cas de non-recouvrement, le télégramme n'est pas remis et un avis, rédigé dans la forme suivante, est envoyé au bureau d'origine :

« A. Berlin de Paris 8 h. 10 m. 412. (No du télégramme primitif) Durand (nom du destinataire) Puisjevenir, répondezmoi = cinq mots. »

Si l'expéditeur, dûment avisé du motif de non-remise, consent à payer le complément, un avis de service ainsi conçu est adressé au bureau destinataire :

« A. Paris de Berlin 9 h. s. — 412 Lefranc complément perçu. »

Dès la réception de cet avis, le bureau d'arrivée remet le télégramme, en l'accompagnant d'une courte note explicative.

Tout bureau qui reçoit de l'étranger un télégramme contenant des altérations ou réunions abusives, établit un procès-verbal no 685 et le transmet au bureau d'arrivée, par l'intermédiaire des directions départementales intéressées.

Lorsque le compte des mots d'un télégramme international d'arrivée est inexact par suite d'erreur de taxation (mot contenant plus de 10 ou 15 caractères) ou si l'adresse d'un télégramme dont le texte est libellé en langue étrangère renferme des réunions abusives telles que « Avignonvaucluse », « Tourcoingfrance », « posterestante », etc. susceptibles d'être reconnus par le bureau d'origine au moyen de documents officiels en sa possession, le bureau d'arrivée ne perçoit aucune taxe sur le destinataire. Dans ce cas, le fait est signalé à l'Administration (Exploitation électrique — 2e bureau) par procès-verbal no 685.

315. — Télégrammes adressés à bord d'un navire. — Les télégrammes adressés aux passagers d'un navire qui fait escale dans un port leur sont remis, autant que possible, avant le débarquement. Cette remise est effectuée à bord si le navire est à quai ; sinon, le télégramme n'est porté à bord que s'il contient l'indication éventuelle « Exprès payé *x* » *ou* = XP *x* =. Dans ce cas, le bureau d'origine perçoit des arrhes et le bureau distributeur établit, aussitôt la remise effectuée, une feuille M indiquant la dépense faite pour porter le télégramme à bord. Si le navire n'est pas à quai, ou si l'exprès n'a pas été payé, le télégramme est remis à la personne qui reçoit la correspondance destinée au bord.

316. — Destruction des télégrammes ayant six semaines de date. — Le 1er et le 15 de chaque mois, les receveurs, gérants et chefs de gare adressent, sous bordereau, au Directeur départemental, tous les télégrammes qui ont plus de six semaines de date et qui n'ont pu être remis pour une raison quelconque, sauf les télégrammes internationaux visés à l'article 139 et les avis D des mandats télégraphiques, qui sont remis au service postal, dans les conditions indiquées à l'article 213. Après contrôle, le Directeur fait détruire les télégrammes qui ne donnent lieu à aucune observation et adresse les autres, après enquête, à l'Administration centrale (Direction de l'Exploitation électrique).

Une fois par mois, les receveurs font retirer, dans les divers hôtels et cafés, les télégrammes non remis après un délai de six semaines, et les comprennent dans l'un des envois prescrits par l'alinéa précédent. En vue de faciliter l'observation du délai de garde, les télégrammes adressés dans ces établissements doivent, avant d'être remis en distribution, être frappés extérieurement du timbre à date.

CHAPITRE XXXIII

Détaxes et remboursements. — Instruction des réclamations. Liquidation des arrhes.

SECTION I

Détaxes et remboursements.

317. — Irresponsabilité de l'Etat. — Aux termes de la loi du 29 novembre 1850 (art. 6) et de la Convention de Saint-Pétersbourg (art. 3), l'Etat n'est soumis à aucune responsabilité à raison du service de la télégraphie privée. Aucune indemnité n'est donc allouée pour perte, retard ou altération de télégrammes, etc., mais, dans certains cas, les taxes perçues sont remboursées en totalité ou en partie.

318. — Demandes de remboursement. — Toute réclamation en remboursement de taxe doit être formée, sous peine de déchéance, dans un délai de trois mois, à partir de la date de la perception. Ce délai est de six mois pour les télégrammes du service international. Toutefois, le remboursement des bons de réponse payée n'a lieu que si la demande est formulée dans le délai de trois mois après la délivrance du bon.

319. — Modes de remboursements. — Les remboursements ont lieu ou d'*office*, ou *sur autorisation du directeur départemental*, ou, enfin, *sur autorisation de l'Administration centrale.*

320. — Remboursements d'office. — Sont remboursés d'*office*, mais exclusivement par les bureaux qui ont encaissé les taxes :

1° Les taxes indûment perçues par le comptable, par suite d'une fausse application des tarifs, et, dans le régime intérieur seulement d'un compte inexact des mots ;

2° La taxe principale et les taxes accessoires de tout télégramme arrêté comme contraire aux bonnes mœurs ;

3° Les taxes principale et accessoires de tout télégramme retiré ou annulé avant transmission, sous déduction d'un droit de 0 fr. 25 ;

4° La taxe intégrale d'un télégramme-mandat adressé à un bureau non ouvert à ce service ;

5° Partie ou totalité des arrhes perçues pour frais d'exprès, de copie ou de faire-suivre, dès que le bureau possède les indications nécessaires ;

6° Les taxes enregistrées au journal A^1, en prévision d'un recouvrement à opérer ultérieurement et qui n'a pu avoir lieu (compléments de taxe à percevoir pour les télégrammes réponses, pour les télégrammes à faire suivre, etc.) ;

7° Les bons de réponse payée du régime intérieur, non utilisés par les destinataires, lorsque le remboursement en est réclamé par l'expéditeur au bureau d'origine avant l'expiration du délai de validité. Avant d'opérer un remboursement de cette nature, le bureau d'origine doit rapprocher le bon de l'original du télégramme ou de la souche A^1, pour s'assurer que la taxe correspondante a bien été encaissée. Après remboursement, le bon reçoit, au verso, la mention suivante, accompagnée de la signature du receveur :

« *Bon remboursé le...... à M......* (nom et adresse). »

321. — Remboursements sur autorisation du Directeur départemental. — Les Directeurs départementaux sont autorisés à faire rembourser à la partie versante, par les bureaux de leur département :

1° Les arrhes dont la liquidation doit être effectuée par un bureau autre que le bureau d'origine.

Le directeur vise pour autorisation de remboursement la feuille M.

2° La taxe intégrale ou partielle de tout avis de service taxé échangé par la voie télégraphique ou la taxe d'affranchissement de tout avis de service taxé expédié par la voie postale, lorsque leur envoi a été motivé par une erreur de service dûment constatée.

Aucun remboursement n'est dû pour les télégrammes auxquels se rapportent ces avis de service taxés.

3° La différence entre la valeur d'un bon de réponse relatif à un télégramme du régime intérieur et le montant de la taxe du télégramme affranchi au moyen de ce bon, si cette différence est au moins égale à 0 fr. 50.

4° La somme versée pour la réponse à un télégramme soumis aux règles du régime intérieur, lorsque le destinataire n'a pas fait usage du bon de réponse et lorsque le bon a été déposé, avant l'expiration du délai de trois mois qui suit sa délivrance, dans un bureau français quelconque, sauf lorsque le remboursement est réclamé par l'expéditeur, au bureau d'origine du télégramme.

S'il s'agit d'un bon de réponse qui a été refusé par le destinataire, le directeur départemental, dès que le bon est en sa possession, en provoque d'office le remboursement à l'expéditeur.

Tout bon donnant lieu à remboursement partiel ou intégral est transmis au directeur départemental du bureau d'origine du télégramme primitif. Le directeur, après avoir rapproché du bon l'original du télégramme-demande et, le cas échéant, celui du télégramme-réponse, afin de s'assurer si la taxe correspondante a été réellement encaissée, complète la mention : « Bon à rembourser pour...., » imprimée au verso du bon, qu'il fait suivre de sa signature, et transmet le bon au bureau chargé du remboursement.

Quand le télégramme est originaire d'un bureau-gare, le directeur transmet le bon à la Compagnie, avec prière d'effectuer le rapprochement dont il s'agit et d'indiquer le nom et l'adresse de l'expéditeur. L'autorisation de remboursement est ensuite délivrée, au retour du bon, par le directeur, dans la forme prescrite ci-dessus.

Si le bénéficiaire n'habite pas le département d'origine, le bon, revêtu de l'autorisation de remboursement, est transmis au bureau qui dessert son domicile, par l'intermédiaire du directeur départemental dont relève ce bureau.

Les bons ayant donné lieu à remboursement partiel ou intégral sont annexés à l'état des remboursements n° 1380, à l'appui de la comptabilité mensuelle.

5° Les taxes principales et accessoires de tout télégramme du régime intérieur qui, par le fait du service télégraphique, n'est pas parvenu à destination. L'expéditeur qui réclame un remboursement de l'espèce doit fournir l'une des pièces règlementaires.

6° Pour les télégrammes du régime intérieur, la taxe accessoire applicable à un service spécial qui n'a pas été rendu.

S'il s'agit d'un radiotélégramme qui, pour une cause quelconque, n'a pu être transmis par la station au bâtiment destinataire, le directeur du département d'origine provoque d'office le remboursement de la taxe côtière à l'expéditeur.

Chaque fois qu'un directeur départemental autorise le remboursement de la taxe d'un télégramme déposé dans une gare, il en informe l'Administration centrale (Direction de l'Exploitation électrique, 1er bureau), en indiquant, pour chaque télégramme, la date et numéro de dépôt, la gare de départ (avec la désignation de la Compagnie), le bureau de destination, le nombre de mots taxés, la taxe perçue, la somme remboursée et le motif du remboursement.

Dans les cas prévus aux paragraphes 2, 5 et 6, l'autorisation de remboursement est établie sur formule n° 691.

322. — Remboursements sur autorisation de l'Administration centrale. — Sont remboursés à l'expéditeur en vertu d'une autorisation spéciale de l'Administration centrale :

1° Les taxes principale et accessoires de tout télégramme international qui, par le fait du service télégraphique, n'est pas parvenu à destination ;

2° *a*) Dans le régime intérieur, la taxe de tout télégramme qui, par la faute du service télégraphique, n'a été remis au destinataire ou au service postal, lorsque ce dernier est chargé du transport, qu'après un délai de douze heures. Le cas échéant, la durée de fermeture des bureaux, lorsqu'elle est la cause du retard, ou du transport par exprès n'entre pas dans le calcul de ce délai ;

b) Dans le régime international, la taxe de tout télégramme qui, par le fait du service télégraphique, n'est point arrivé à destination plus tôt qu'il n'y serait parvenu par la poste, ou n'a été remis au destinataire qu'après un délai de :

12 heures, s'il s'agit d'un télégramme à destination d'un pays limitrophe ou relié par des fils directs ;

24 heures, s'il s'agit d'un télégramme à destination d'un pays d'Europe, y compris la Russie du Caucase et la Turquie d'Asie ;

Trois fois 24 heures, dans tous les autres cas.

La durée de fermeture des bureaux, lorsqu'elle est la cause du retard, et la durée du transport par exprès n'entrent pas dans le calcul des délais sus-énoncés.

Les délais de 24 heures et de trois fois 24 heures indiqués ci-dessus sont réduits de moitié pour les télégrammes d'Etat et les télégrammes urgents.

3° La taxe intégrale ou partielle des télégrammes arrêtés en vertu des articles 7 et 8 de la Convention de Saint-Pétersbourg et de l'article 3 de la loi du 29 novembre 1850, sauf en ce qui concerne les télégrammes contraires aux bonnes mœurs. A cet effet, tout bureau qui, par application de ces dispositions, arrête un télégramme considéré comme contraire à l'ordre public, en avise aussitot le directeur du département dont il relève, qui prévient l'administration (Exploitation électrique — 4e bureau, s'il s'agit d'un télégramme intérieur — 2e Bureau, s'il s'agit d'un télégramme international).

4° La taxe intégrale de tout télégramme en langage secret avec collationnement ou de tout télégramme en langage clair qui, par suite d'erreurs de transmission, n'a pu manifestement remplir son objet.

Pour qu'il y ait lieu à remboursement, il ne suffit pas qu'une erreur de transmission soit commise, il faut encore que cette erreur soit de nature à rendre le télégramme incompréhensible pour le destinataire, ou à empêcher ce dernier de se conformer aux intentions de l'expéditeur, et que l'erreur n'ait pas été rectifiée par avis de service taxé.

5° Dans le régime international, la taxe, lorsqu'elle est égale au moins à un franc, du ou des mots omis dans la transmission d'un télégramme, à moins que l'erreur n'ait été réparée au moyen d'un avis de service taxé.

6° Dans le régime international, en cas d'interruption d'une voie, la partie de la taxe afférente au parcours télégraphique non effectué, déduction faite, le cas échéant, des frais déboursés pour remplacer la voie télégraphique par un mode de transport quelconque.

7° En cas d'annulation d'un télégramme en cours de transmission, le montant des taxes accessoires devenues inutiles par suite de l'annulation et, en outre, mais dans le régime international seulement, la part de taxe afférente au parcours électrique non effectué, tant pour la demande d'annulation que pour le télégramme primitif.

8° La somme versée pour la réponse à un télégramme soumis aux règles du régime international, lorsque le destinataire n'a pas fait usage du bon de réponse et que ce bon a été déposé dans le délai de trois mois qui suit sa délivrance, ou lorsque le destinataire a refusé le bon. Le dépôt du bon peut avoir lieu dans un bureau quelconque.

9° La différence entre la valeur d'un bon de réponse se rapportant à un télégramme international et la taxe du télégramme-réponse, lorsque la demande de remboursement est faite avant l'expiration du délai de trois mois et sous la réserve indiquée à l'article 140 et, en outre, si cette différence est au moins égale à un franc.

10° Dans le régime international, la taxe intégrale de tout télégramme arrêté en cours de transmission, par suite de l'interruption d'une voie et dont l'expéditeur a, pour ce fait, demandé l'annulation.

11° La part française de la taxe des télégrammes officiels à destination de l'étranger, expédiés par les préfets et les sous-préfets.

12° Dans le régime international, la taxe accessoire applicable à un service spécial qui n'a pas été rendu.

13° Dans le régime international, les taxes indûment perçues par l'agent taxateur, par suite d'un compte inexact des mots, lorsque cette erreur est relevée dans un télégramme déjà transmis. Les irrégularités de l'espèce sont signalées à l'Administration centrale (Exploitation électrique, 2e bureau) par un procès-verbal n° 685, auquel est annexé l'original.

323. — Remboursements relatifs à des télégrammes ayant emprunté les lignes d'un Office non adhérent n'admettant pas les remboursements. — Les dispositions du présent article ne sont pas applicables aux télégrammes empruntant les lignes d'un Office non adhérent, qui refuserait de se soumettre à l'obligation du remboursement.

324. — Télégrammes dont la taxe ne peut être remboursée. — Le remboursement ne peut s'appliquer qu'aux taxes des télégrammes qui ont été omis, retardés ou dénaturés, ainsi qu'aux taxes des avis de service rectificatifs ou complétifs, mais non aux correspondances qui auraient été motivées ou rendues inutiles par l'omission, le retard ou l'erreur.

325. — Remboursements mis à la charge des agents. — Lorsqu'un remboursement est rendu nécessaire par suite d'une faute de service commise par un agent, l'Administration peut mettre à la charge de cet agent tout ou partie du remboursement à effectuer.

SECTION II

Instruction des réclamations.

326. — Dépôt des réclamations. — Les réclamations peuvent être adressées verbalement ou par écrit à l'Administration centrale ou aux services d'exécution (direction départementale ou bureau télégraphique). Dans le service international, il n'est donné suite à la réclamation que si le réclamant fournit tous les renseignements permettant de retrouver le télégramme dont il s'agit et joint à sa demande les pièces probantes exigées dans chaque cas particulier, savoir :

a) Une déclaration écrite du bureau d'arrivée ou du destinataire (1), si le télégramme a été retardé ou s'il n'est pas parvenu ;

b) La copie remise au destinataire, s'il s'agit d'altération ou d'omission.

Le réclamant est informé, s'il y a lieu, que, pour assurer la prompte solution de l'affaire, il convient de saisir de la réclamation l'Office d'origine.

327. — Suite à donner aux réclamations. — Toute demande ou réclamation présentée à un bureau télégraphique doit recevoir, dans les conditions réglementaires, satisfaction immédiate, s'il est possible. Le Receveur en avise ensuite le Directeur départemental, lui fournit les explications nécessaires et indique la solution donnée.

Le Receveur d'un bureau principal ou secondaire, qui reçoit une réclamation à laquelle il ne peut donner immédiatement satisfaction, en accuse réception. Il y joint les renseignements qu'il possède et, le cas échéant, les pièces probantes dont il est question à l'article 326 ; il y annexe, en outre, les pièces énumérées à l'article précédent et le transmet ensuite, dans les conditions fixées par l'article 331, en mentionnant au dossier la date de l'accusé de réception.

De même, un directeur qui reçoit une réclamation à laquelle il n'est pas en mesure de faire une réponse définitive, informe le réclamant qu'il ouvre une enquête et que le résultat lui en sera notifié ultérieurement.

Toute irrégularité signalée sans qu'il y ait réclamation formelle, par exemple sous la forme d'une simple demande de renseignements, doit donner lieu à une enquête d'office.

Les bureaux-gares transmettent au siège de leur Compagnie les demandes ou réclamations qu'ils reçoivent directement du public. Toutefois, comme les autres bureaux, ils donnent suite aux demandes relatives à la délivrance de copies (art. 348), à la communication d'originaux (art. 349) et aux répétitions de télégrammes (art. 85 et suivants).

328. — Instruction des enquêtes. — L'instruction de toute enquête doit être conduite de telle façon que l'examen du dossier, en fin d'enquête, permette :

1° De statuer en pleine connaissance de cause sur une demande de remboursement, comme aussi de fournir au public les explications qu'il y a lieu de lui donner ;

2° De préciser les parts de responsabilité encourue, d'apprécier la valeur professionnelle des agents fautifs, d'appliquer des peines disciplinaires justement proportionnées à la gravité des fautes commises et, le cas échéant, de prescrire au service les mesures dont l'enquête a démontré l'utilité.

---

(1) Si le correspondant ne veut pas se dessaisir de la correspondance contenant la déclaration du destinataire, il annexe à sa demande un extrait certifié conforme par l'agent qui reçoit la réclamation.

Les agents enquêteurs veillent à ce que les dossiers ne séjournent ni dans les bureaux, ni dans les Directions, et à ce qu'il soit donné cours aux enquêtes sans aucun retard. L'affaire est traitée sans délai et, autant que possible, le dossier est réexpédié le jour même de sa réception. Lorsqu'une réclamation vise plusieurs services (télégraphe, téléphone ou poste), il est ouvert une enquête dans chacun des services en cause sur les faits qui l'intéressent.

Les réclamations relatives à plusieurs télégrammes font, en principe, l'objet d'une enquête spéciale pour chaque télégramme.

329. — Annexion des pièces probantes. — Les dossiers d'enquête comprennent toutes les pièces originales probantes (minutes des télégrammes de départ, copies certifiées conformes des télégrammes remis à destination, à défaut des copies mêmes délivrées au destinataire, copies de passage, bandes portant la transmission des télégrammes et leur collationnement, avis de service échangés, etc.), en un mot, tous les documents authentiques se rapportant à l'affaire.

Les receveurs établissent des copies des télégrammes originaux annexés aux dossiers d'enquêtes et classent ces copies convenablement annotées dans les archives, aux lieu et place des documents originaux.

330. — Explications des agents. Avis de leurs chefs. — Les explications des agents en cause dans une enquête sont recueillies sur procès-verbal nº 685 ; elles doivent toujours être accompagnées de l'avis des chefs hiérarchiques.

Le Directeur fait suivre les explications des agents et l'avis de leurs chefs immédiats de son appréciation personnelle, tant sur les faits incriminés que sur la valeur des agents en cause.

Suivant la nature de la faute commise, le directeur applique ou propose à l'Administration d'appliquer une mesure disciplinaire ; sauf dans le cas d'erreurs particulièrement graves, le directeur ne fait intervenir l'Administration, dans l'application des peines disciplinaires, que lorsqu'il a successivement appliqué à l'agent coupable les différentes pénalités dont il dispose en vertu des règlements.

Chaque fois que le directeur propose à l'Administration d'intervenir, la première page, dûment remplie, d'un procès-verbal nº 532 est annexée au dossier d'enquête.

331. — Transmission des dossiers d'enquête. — Les receveurs des bureaux principaux, qu'ils appartiennent ou non au même département, se transmettent directement les dossiers, pour l'instruction des enquêtes et l'annexion des pièces probantes (1).

Le receveur d'un bureau principal, qui a directement reçu du public une réclamation, doit, le même jour, s'il en transmet le dossier à l'un de ses collègues, envoyer à la Direction de son département une note sommaire indiquant la date de la réclamation, le nom et l'adresse du réclamant, l'objet de la réclamation, ainsi que le nom du bureau auquel il a transmis le dossier.

Les dossiers d'enquête sont, de même, transmis directement par les receveurs des bureaux principaux aux receveurs ou gérants des bureaux secondaires intéressés, même si ces bureaux sont situés dans des départements différents.

Les receveurs ou gérants des bureaux secondaires transmettent, dans tous les cas, les dossiers au Directeur de leur département qui les adresse aux bureaux intéressés.

Lorsqu'une enquête doit être continuée par le service d'une Compagnie de chemins de fer, le dossier est transmis par le receveur du dernier bureau de l'Etat intéressé au Directeur de son département.

(1) Cette disposition ne s'applique pas aux enquêtes d'office.

Les receveurs doivent toujours prendre note de la transmission des dossiers sur les registres de la correspondance arrivante et partante.

Dans les Directions, les réclamations relatives aux services télégraphique et téléphonique, ainsi que toutes les correspondances qui s'y rapportent, sont inscrites sur un registre exclusivement affecté à cet usage. A l'arrivée, le dossier est frappé du timbre à date.

332. — Suspension des enquêtes pour réponse aux réclamants. — Dès que toutes les irrégularités signalées dans une réclamation sont expliquées ou qu'il est constaté qu'une réclamation n'est pas fondée, l'enquête est suspendue, si rien ne s'y oppose, pour permettre de répondre immédiatement au réclamant.

A cet effet, le bureau où l'enquête a été suspendue en transmet directement le dossier au service qui doit répondre.

333. — Communication du résultat des enquêtes aux réclamants. — La réponse au réclamant est effectuée (1) par le Directeur dans le département duquel l'une ou l'autre des deux conditions visées à l'article précédent se trouve remplie, sauf dans les cas suivants :

1º Si l'Administration ou le Directeur départemental qui, le premier, a reçu la réclamation s'est, par une indication spéciale, réservé la faculté de répondre ;

2º Si l'intervention de l'Administration est nécessaire pour la réponse (cas de remboursements prévus par l'article 322, interprétation douteuse du règlement, modification du règlement demandée par le réclamant) ;

3º Si la plainte émane de l'étranger ou du représentant en France d'une compagnie télégraphique.

Après réponse au réclamant, l'enquête est reprise en ce qui touche les mesures disciplinaires, l'application des règlements, ainsi que les irrégularités qui, au cours de l'enquête, n'auraient pas été relevées ou n'auraient pas reçu la suite qu'elles comportaient.

Les noms des agents et des bureaux en cause ne doivent jamais être indiqués aux réclamants.

334. — Transmission des dossiers en fin d'enquêtes. — En fin d'enquêtes, les dossiers sont envoyés à la Direction dans la circonscription de laquelle la réclamation a été primitivement reçue. Cette direction les réclame, si elle ne les reçoit pas dans un délai jugé par elle suffisant. Elle s'assure que les dossiers ont été communiqués aux Directions chargées d'intervenir pour la suite disciplinaire et les conserve dans les conditions indiquées à l'article 347.

Par exception, les dossiers sont toujours renvoyés à l'Administration centrale, alors même que la réponse au réclamant a été effectuée par un Directeur :

1º Lorsque l'enquête a été prescrite par elle ;

2º Lorsqu'elle est intervenue pour la réponse. Dans ce dernier cas, le dossier est renvoyé par l'intermédiaire du Directeur du département d'origine de la réclamation.

335. — Enquêtes relatives aux télégrammes internationaux. — Lorsqu'il s'agit d'un télégramme international, l'enquête doit s'arrêter au bureau français qui a correspondu avec le service étranger. Ce bureau transmet le dossier dans les conditions prévues par les art. 332 et 333.

Si l'irrégularité n'est pas imputable au service français et n'est pas de nature à donner droit au remboursement d'une taxe, le Directeur fait connaître au récla-

---

(1) Cette réponse est adressée directement au réclamant, alors même que ce dernier réside dans un autre département. Elle est insérée dans une enveloppe portant le contreseing du Directeur ainsi que la mention « Exécution de l'article 593 T », et doit être remise en exemption de taxe au destinataire.

mant que l'enquête ne peut être continuée à l'étranger (Règlement international, art. LXXI, § 7).

Toutefois, lorsque des irrégularités graves ou répétées ont été commises, le dossier est transmis, avant réponse au réclamant, à l'Administration qui examine, s'il y a lieu, dans l'intérêt du service, d'en saisir les Offices correspondants.

336. — Enquêtes relatives aux télégrammes ayant emprunté le réseau d'une Compagnie de chemins de fer. — Lorsqu'une enquête ouverte au sujet d'un télégramme ayant emprunté successivement le réseau télégraphique de l'Etat et celui d'une Compagnie de chemins de fer est terminée sur le réseau de l'Etat, le Directeur transmet, s'il y a lieu, le dossier au siège central de la Compagnie intéressée, en priant celle-ci de continuer l'enquête.

337. — Enquêtes relatives au service sémaphorique. — Dans le service sémaphorique, lorsque le chef guetteur reçoit d'un particulier soit une demande relative à un remboursement qu'il ne peut effectuer d'office, soit une réclamation se rapportant au service des transmissions ou des lignes à laquelle il ne peut donner une entière satisfaction, il transmet au Directeur des postes et des télégraphes du département cette demande ou cette réclamation, accompagnée des renseignements et des pièces nécessaires pour l'instruction de l'affaire.

Lorsque la réclamation touche en même temps à la discipline ou à l'ordre intérieur du poste, le chef guetteur en transmet une copie au capitaine de frégate inspecteur. Si elle n'a pas trait à l'exécution du service télégraphique, le capitaine de frégate en est seul saisi.

338. — Enquêtes relatives à des retards dans les transmissions. — Une enquête est ouverte d'office sur procès-verbal n° 685 par tout bureau qui met en distribution un télégramme dont le dépôt remonte à plus de 30 minutes, s'il s'agit d'un télégramme départemental ; de 45 minutes, s'il s'agit d'un télégramme originaire d'un département limitrophe ; de deux heures, s'il s'agit d'un télégramme intérieur provenant d'un département non limitrophe.

SECTION III

Liquidation des arrhes à l'aide de renseignements parvenus par la poste.

339. — Feuille 587 (Modèle M). Etablissement et transmission. — La liquidation des arrhes déposées par un expéditeur dans les conditions indiquées aux chapitres XI (télégrammes à faire suivre), XII (télégrammes multiples) et XX (télégrammes à remettre par exprès), s'effectue à l'aide des renseignements transmis sur une feuille n° 537 (modèle M).

Le bureau d'arrivée établit une feuille M :

1° Lorsqu'il reçoit un télégramme portant une indication éventuelle accompagnée du mot « arrhes » ;

2° Lorsqu'il reçoit un télégramme intérieur à remettre par exprès et que le nombre de kilomètres figurant aux indications éventuelles relatives à l'exprès ne correspond pas à la longueur de la course effectuée pour remettre le télégramme, ou que la course n'est pas effectuée pour un motif quelconque (remise au guichet, remise par un facteur rural en cours de tournée, etc.).

3° Lorsque plusieurs télégrammes à porter par exprès, originaires d'un même bureau, sont parvenus presque simultanément et ont été remis par un même porteur dans une seule course d'exprès. La distance à inscrire, dans ce cas, sur la feuille M est celle qui a été parcourue effectivement par le même porteur pour aller du bureau au lieu de destination. Si ces télégrammes émanent du même expéditeur, le bureau d'origine annote la feuille M en conséquence, et la liquidation des frais d'exprès est opérée de façon que cet expéditeur ne paye en définitive que la taxe afférente à la course effectuée. Dans le cas contraire, c'est-à-dire quand les expéditeurs sont différents, chacun d'eux, suivant la règle générale, supporte les frais d'une course, comme si les télégrammes avaient été portés séparément.

Dès que le bureau d'arrivée possède les éléments pour remplir les indications qu'elle comporte, la feuille M est transmise au directeur départemental, qui l'adresse sans aucun retard, soit à son collègue du département d'origine, s'il y a lieu à complément de taxe, soit directement au bureau d'origine, dans tous les autres cas. Les directeurs doivent s'assurer que le recouvrement des sommes dues au Trésor est opéré dans le plus court délai possible.

Les feuilles M sont transmises à découvert, après avoir été repliées de manière à faire ressortir l'une ou l'autre, suivant le cas, des suscriptions imprimées au verso.

Les directeurs et receveurs prennent note, sur les répertoires de la correspondance d'arrivée et de départ, de la réception ou de l'envoi des feuilles M.

340. — Réception de la feuille M. — Liquidation. — Dès que le bureau d'origine reçoit une feuille M donnant lieu à liquidation, il convoque au bureau l'expéditeur du télégramme, si cet expéditeur a son domicile situé dans la circonscription du bureau, et il procède à la liquidation. Si l'expéditeur n'a pas son domicile dans la circonscription du bureau ou a fait connaître qu'il désirait que la liquidation ait lieu par les soins d'un autre bureau, le bureau d'origine, dès qu'il a reçu la feuille M, remplit complètement le tableau nº 2 et adresse cette feuille D au directeur du département dans lequel se trouve le bureau chargé d'effectuer la liquidation. Le directeur, après avoir apposé son visa, transmet cette feuille au bureau chargé de la liquidation.

Le bureau qui liquide remplit le tableau Nº 3 et annexe la feuille M à l'état des remboursements. Après vérification de cet état par le directeur, le tableau nº 3 est détaché de la feuille M, envoyé au bureau qui a taxé le télégramme, et rattaché à la souche du journal A^1.

Si, après un délai jugé suffisant, le bureau d'origine n'a pas reçu la feuille M, il la réclame, en adressant lui-même au bureau destinataire une feuille M, sur laquelle il porte les indications permettant de préciser le télégramme dont il s'agit. Au reçu de cette feuille M, ce dernier bureau la complète et la transmet dans les conditions indiquées à l'article 339.

Si la feuille M avait été précédemment envoyée, le bureau destinataire complète néanmoins, comme précédemment, les indications de la feuille établie par le bureau d'origine, mais il ajoute, en haut et à droite, d'une façon très apparente, la mention « ampliation » suivie de l'indication de la date à laquelle la première feuille a été envoyée. Cette ampliation est ensuite acheminée sur le bureau d'origine dans les conditions indiquées plus haut.

341. — Contrôle des Directeurs. — Les directeurs, lorsqu'ils relèvent une erreur ou un retard dans l'établissement d'une feuille M, ouvrent immédiatement une enquête et transmettent, s'ils le jugent utile, le dossier de l'affaire à l'Administration centrale (Direction de l'Exploitation électrique).

Ils ne doivent, en aucun cas, laisser suivre une feuille dont les indications seraient insuffisantes ou incomplètes, ou deux feuilles M afférentes au même télégramme, à moins que la seconde ne porte la mention « ampliation ».

342. — Cas spéciaux aux sémaphores. — Les chefs guetteurs, lorsqu'ils ne peuvent, le jour même de l'arrivée d'un télégramme à remettre par exprès, profiter du passage du facteur rural pour lui remettre leur correspondance postale, sont dispensés de l'envoi par poste de la feuille M. Mais, dans ce cas, ils adressent, dans le plus bref délai, au centre du dépôt dont ils relèvent, un avis de service rédigé, autant que possible, dans la forme indiquée à l'article 172.

Le receveur de ce centre de dépôt établit la feuille M à l'aide des renseignements transmis par le sémaphore et de la copie de passage qu'il possède, et la fait suivre comme si elle avait été établie par le sémaphore lui-même.

CHAPITRE XXXIV

Archives. — Communication et copies d'originaux. — Imprimés.

SECTION I

Archives.

343. — Documents constituant les archives. — Les archives comprennent :

1° Les originaux des télégrammes officiels, d'Etat, de service et privés ;

2° La correspondance administrative ;

3° Les divers journaux, registres et carnets ;

4° Les procès-verbaux, les rôles d'arrivée et les reçus de télégrammes ;

5° Les copies des télégrammes de passage ;

6° Les rouleaux de bandes imprimés provenant des appareils ;

7° Les avis de service de toute catégorie.

344. — Classement des archives. — La correspondance administrative est classée par dossiers, si les affaires qu'elle concerne comportent un dossier, ou bien placée dans des chemises spéciales, suivant la date des lettres et la Direction de l'Administration centrale dont elles émanent.

Les divers journaux, registres et carnets sont classés d'après les numéros annuels de série.

Les procès-verbaux, les rôles d'arrivée, les reçus et les documents divers sont classés suivant leur date et par mois, puis réunis en une liasse à laquelle on attache une étiquette descriptive des documents qu'elle renferme.

Les originaux des télégrammes officiels et des télégrammes d'Etat émanant d'un fonctionnaire français sont classés par jour et enliassés par mois. Les originaux des autres télégrammes d'Etat sont conservés dans les mêmes conditions que ceux des télégrammes privés.

Les originaux des télégrammes de service concernant le service général, le personnel ou les lignes sont classés à part et forment, suivant leur catégorie, des dossiers spéciaux.

Les originaux des télégrammes privés de départ sont classés par jour, suivant l'ordre des numéros, en trois séries : la première comprend les télégrammes extra-européens; la seconde, les télégrammes de presse, et la troisième, tous les autres télégrammes. Chaque série est enliassée par journée, par quinzaine ou par mois, suivant l'importance du bureau.

Les copies des télégrammes de passage sont classées par jour en trois séries : la première comprend les télégrammes extra-européens ; la seconde, les télégrammes intérieurs et internationaux européens, et la troisième, les télégrammes-mandats. Ces copies sont classées, dans chaque série, par jour et d'après une méthode rigoureusement uniforme, par bureau d'origine, en suivant l'ordre alphabétique de ces bureaux. Elles sont enfin enliassées par mois.

Les rouleaux prennent un numéro dont la série est annuelle et distincte pour chaque appareil.

345. — Conservation des archives des bureaux (bureaux-gares exceptés). — Les archives sont conservées dans un lieu sec, fermant à clef et à l'abri des indiscrétions.

Les archives des bureaux principaux sont conservées par les receveurs.

Les bureaux secondaires ne conservent que la correspondance administrative. Les autres archives de ces bureaux (à l'exception de celles des gares) sont conservées par le directeur départemental. A cet effet, les receveurs ou gérants des bureaux secondaires, à l'exception des gares, transmettent à la Direction départementale :

1° Le premier et le 16 de chaque mois :

Les originaux ou, le cas échéant, les copies de passage des télégrammes de départ, le procès-verbal, les reçus des télégrammes officiels privés et (les reçus manquant pour une cause quelconque étant remplacés par une fiche avec explication), les rouleaux terminés et les avis de service de toute catégorie. — Les bureaux secondaires chargés d'un service de transit joignent à ces pièces les copies de passage des télégrammes de transit, ainsi que leur rôle d'arrivée ;

2° Dès leur épuisement :

Les divers journaux, registres et carnets.

Les stations côtières de télégraphie sans fil suivent, en tant qu'elles leur sont applicables, les mêmes règles que les bureaux secondaires.

346. — Archives des gares. — Les bureaux-gares transmettent :

1° Au siège des Compagnies (qui les font mensuellement suivre à l'Administration) :

Les originaux des télégrammes privés, les reçus des télégrammes officiels et privés, les journaux A1 et A4 et les carnets de bons de réponse épuisés ;

2° Au Directeur des postes et télégraphes du département :

Les originaux des télégrammes officiels, le surlendemain du jour de dépôt ;
Les télégrammes d'arrivée non remis et les avis de service, le 1er et le 15 de chaque mois.
Ils conservent au moins six mois les autres documents, bandes, procès-verbaux, etc.

347. — Délais (1) de conservation des archives. — Sont conservés :

1° Indéfiniment :

Les originaux des télégrammes d'Etat émanant d'un fonctionnaire français, les originaux des télégrammes officiels et de service et la correspondance administrative ;

2° Pendant un délai minimum de trois ans :

Les divers journaux, registres et carnets, les états D n° 1369 et les pièces spécifiées aux art. 363, 372, 418 et 419.

3° Pendant un délai minimum de dix-huit mois :

Les procès-verbaux internationaux n° 671 ;

4° Pendant un délai minimum de huit mois :

Les rouleaux des postes qui sont en relation directe avec un bureau télégraphique étranger ou avec une compagnie de câbles sous-marins, les originaux des télégrammes internationaux et tous les documents y relatifs : avis de service, copies de passages, etc., les procès-verbaux nos 670 et 670 *bis*, et les rôles d'arrivée ;

5° Pendant un délai minimum de six mois, tous les autres documents relatifs au service de la télégraphie officielle et privée.

---

(1) Ces délais comptent du 1er jour du mois qui suit le mois de dépôt du télégramme ou le mois dans lequel les divers documents ont été complètement utilisés.

SECTION II

Communication et copies d'originaux.

348. — Copies d'originaux. — L'expéditeur ou le destinataire d'un télégramme, ou le fondé de pouvoirs de l'un d'eux, a le droit de se faire délivrer une copie certifiée conforme à la minute. La copie ne comporte que le préambule, les mots soumis à la taxe et le nom et l'adresse de l'expéditeur, si ces derniers renseignements ont été portés par lui sur l'original.

Cette copie n'est délivrée que dans les délais minima fixés à l'article précédent et contre payement d'une somme de 0 fr. 50 par chaque série indivisible de 100 mots contenue dans le télégramme.

Il n'est jamais délivré de copies prise sur les bandes.

349. — Communication d'originaux. — L'expéditeur ou le destinataire d'un télégramme, ou le fondé de pouvoirs de l'un d'eux, peut obtenir gratuitement communication, au guichet d'un bureau télégraphique, de la minute de ce télégramme. Cette demande n'est accueillie que si elle est présentée dans les délais minima fixés à l'article 347.

Les demandes relatives à la délivrance des copies ou à la communication des originaux ne comportent de suite qu'autant que les demandeurs justifient de leur qualité et fournissent toutes les indications utiles pour permettre de retrouver le télégramme auquel se rapporte la demande.

350. — Demandes de recherches en vue d'obtenir des relevés de télégrammes reçus ou expédiés. — Tout expéditeur ou destinataire (ou leurs ayants droit), justifiant de leur qualité peuvent se faire délivrer, à titre onéreux, des relevés de télégrammes expédiés ou reçus. Les demandes de l'espèce doivent être établies sur papier timbré à 0 fr. 60 et être présentées dans les délais de conservation des archives. En outre, le pétitionnaire doit prendre l'engagement de rémunérer le travail supplémentaire imposé aux agents, à raison de 2 francs par vacation de 3 heures, et spécifier que les renseignements sollicités, donnés à titre officieux, n'engageront, en aucune façon, la responsabilité de l'Administration, ni celle de ses agents. Pour évaluer la durée des investigations, on peut se baser sur le nombre des télégrammes parmi lesquels les recherches doivent être opérées.

351. — Réquisitions judiciaires. — L'autorité judiciaire a le droit de requérir, par voie d'arrêt, de jugement, d'ordonnance ou de réquisition spéciale, la communication de minutes ou de copies de télégrammes : cet acte doit formellement désigner l'Administration et préciser, en outre, les télégrammes que le requérant désire saisir ou examiner et dont il demande copie.

La réquisition doit toujours être écrite et remise à l'Administration qui la conserve dans ses archives.

En général, l'autorité judiciaire n'intervient que pour la recherche d'un crime ou d'un délit. En cette matière, il faut entendre par autorité judiciaire le procureur de la République et le juge d'instruction, ou tout officier de police judiciaire délégué, à cet effet, par l'un ou l'autre de ces magistrats.

Les officiers de l'armée de terre ou de mer, revêtus des attributions du ministère public près les conseils de guerre, ont les mêmes droits dans le ressort du conseil auquel ils sont attachés.

Les réquisitions doivent être écrites et désigner les télégrammes qui en font l'objet, soit par le nom de l'expéditeur ou celui du destinataire, soit par une indication précise se rapportant au texte des dépêches ou aux personnes qui pourraient y être mentionnées.

Les receveurs des bureaux télégraphiques défèrent immédiatement à toute réquisition formulée dans ces conditions. Ils communiquent même, mais seulement si la réquisition le porte d'une manière formelle, soit les télégrammes qui pourraient leur être présentés ultérieurement, soit ceux qui leur seraient, ultérieurement aussi, transmis par un autre bureau. Mais, dans tous les cas, ils doivent, au préalable, se faire remettre la réquisition, pour la garder dans les archives du bureau.

A moins que l'autorité judiciaire n'ait expressément demandé les pièces originales, le receveur ne délivre, pour chacun des télégrammes désignés, qu'une copie certifiée conforme, et il en est fait mention sur l'original. Mais si la réquisition se réfère, soit à l'original d'une dépêche, soit à une copie écrite à l'époque de la transmission, il y est fait droit, et, dans ce cas, le document délivré est remplacé dans les archives par une copie certifiée conforme à la minute.

L'original ou la copie délivrée sont alors revêtus d'une mention écrite par le receveur et ainsi conçue : *Délivré à M... sur la réquisition de M...* (ou sur sa réquisition) *l'original* (ou la copie) *du télégramme* (désigner le télégramme) (date et signature).

La copie qui tiendra, dans les archives, la place de ce document sera également revêtue d'un récépissé daté et signé par le délégué de l'autorité judiciaire, et contenant des indications analogues.

Telles sont les conditions simples dans lesquelles sont ordinairement présentées les réquisitions de la justice.

Toutes les fois, au contraire, qu'une réquisition renferme des indications trop vagues pour permettre des recherches efficaces, ou comprend soit un long espace de temps, soit un grand nombre de télégrammes, de manière à imposer aux bureaux un travail considérable et difficile à opérer dans les conditions ordinaires du service, il y a lieu, pour parer à ces éventualités, de prendre certaines mesures sur lesquelles l'Administration se réserve de prononcer : on doit donc, dans ces cas exceptionnels, la consulter sur la suite à donner à la réquisition.

SECTION III

Imprimés.

352. — Imprimés de grande et de petite consommation. — Les imprimés nécessaires à l'exécution du service de la télégraphie privée sont divisés en deux catégories : ceux de petite consommation (série A) ; ceux de grande consommation (série B).

Ils sont adressés directement aux bureaux télégraphiques de toute nature (à l'exclusion des gares de chemin de fer) chargés de les utiliser et sont, suivant la série à laquelle ils appartiennent, l'objet d'un envoi soit annuel, soit trimestriel (1).

353. — Demandes d'imprimés. — Chaque bureau télégraphique établit, au moyen d'une formule n° 991, le relevé des imprimés de *petite consommation* (*série A*) qui lui sont nécessaires pour une période de douze mois. Ces imprimés sont expédiés en une seule fois par le Dépôt central des imprimés, dans le courant du trimestre qui suit celui de la demande.

(1) Les gares de chemins de fer ouvertes au service de la télégraphie privée sont approvisionnées des imprimés nécessaires à ce service par les soins des Compagnies dont elles dépendent.

Les imprimés de *grande consommation* (*série B*) font l'objet d'envois trimestriels effectués d'office, sans qu'il soit nécessaire d'adresser une demande spéciale. Ces envois trimestriels sont accompagnés d'un bordereau (modèle nº 991 *bis*) sur lequel les bureaux consignent les observations de toute nature auxquelles ces envois donnent lieu.

Les bordereaux nº 991 *bis* accusant réception des envois trimestriels d'imprimés sont, après qu'ils ont été revisés et qu'il a été donné suite, s'il y a lieu, aux réclamations qu'ils contiennent, transmis à l'Administration centrale (Direction du Matériel. — 3e Bureau). Les accusés de réception nº 991, au contraire, sont conservés à la Direction départementale, pour être envoyés à l'Administration centrale, avec les demandes nº 991 formulées pour l'année suivante.

Les directeurs donnent satisfaction, s'il y a lieu, à l'aide de la réserve départementale, aux demandes supplémentaires d'imprimés et aux réclamations que les bureaux consignent sur les accusés de réception nos 991 et 991 *bis*, à la suite des envois annuels ou trimestriels. Les demandes supplémentaires doivent toujours indiquer les motifs qui en ont nécessité l'établissement et mentionner la quantité consommée dans un mois. Il n'est accordé aux bureaux que le nombre indispensable de formules pour leur permettre d'attendre le prochain envoi.

854. — Registres et imprimés à mettre en service au 1er janvier. — Les registres et imprimés à mettre en service au 1er janvier de chaque année sont demandés par le directeur départemental pour tous les bureaux télégraphiques de son département. Cette demande, établie sur formule nº 995, en trois expéditions, doit parvenir à l'Administration centrale avant le 31 août.

855. — Approvisionnement des registres de mandats télégraphiques. — Les bureaux ouverts au service des mandats télégraphiques français ou internationaux sont approvisionnés des registres (modèles nos 1403, 1403 *bis*, 1410 et 1410 *bis*) nécessaires pour ce service, par les soins de l'agent comptable de la fabrication des timbres-poste à Paris, auquel ils sont demandés, au moyen des formules nos 1474 et 1475, par l'intermédiaire du directeur du département, au moins un mois avant l'épuisement présumé des registres en service.

Dès la réception des registres nos 1403, 1403 *bis*, 1410 et 1410 *bis*, toutes les formules de ces registres sont frappées du timbre horizontal portant le nom du bureau.

Les bureaux ne doivent, en aucun cas, s'emprunter des registres de mandats télégraphiques, soit de départ, soit d'arrivée.

CHAPITRE XXXV

Comptabilité télégraphique.

SECTION I

Notions générales

856. — Ecritures des recettes et dépenses. — Toute recette, de même que toute dépense, est passée immédiatement en écritures dans la comptabilité et est inscrite sur les registres et états *ad hoc*, savoir :

— Les taxes télégraphiques perçues, sur le journal A^1 (n° 1393) ;
— Les remboursements, sur l'état n° 1380 ;
— Le montant des forcements et des dégrèvements prononcés par arrêtés de vérification ou de révision, la prise en charge des cartes et enveloppes pneumatiques et la remise correspondante, sur le carnet D n° 1368 et l'état D n° 1369 ;
— Les frais d'exprès et de poste, sur l'état n° 1378 ;
— Les recettes diverses et accidentelles, sur le livre auxiliaire n° 1108.

857. — Rectifications d'erreurs. — Les écritures primitives restent acquises et subsistent sans aucune altération.

Les surcharges, ratures et grattages sont formellement interdits, aussi bien sur les registres principaux que sur les livres auxiliaires de comptabilité et sur les états et pièces comptables. Toute erreur dans les écritures ou dans l'application des taxes ne peut être rectifiée par voie de compensation et doit toujours être réparée au moyen soit d'une perception complémentaire à enregistrer au journal A^1, s'il y a eu insuffisance de perception, soit d'un remboursement porté sur l'état n° 1380, s'il y a eu trop-perçu.

De même, toute erreur dans les écritures, reconnue par le comptable, doit être rectifiée par une inscription portant augmentation ou diminution et indiquant le motif de la rectification.

858. — Responsabilité du comptable. — Les écritures sont arrêtées chaque jour. Une journée d'écritures comprend tous les faits de comptabilité qui ont eu lieu de minuit à minuit.

L'encaisse est vérifiée tous les jours. Il est interdit au comptable de faire aucun crédit sur les fonds de sa caisse, ou de confondre ses fonds particuliers avec ceux qui appartiennent au Trésor.

Le comptable est responsable des fonds et valeurs en caisse, et doit, comme mesure de sûreté, les emporter chez lui à la clôture (1), pour les réintégrer le lendemain à l'ouverture.

---

(1) Sauf exceptions autorisées par l'Administration, dans certains cas particuliers.

Tout comptable qui, au moment de la vérification de sa caisse, ne peut représenter la totalité des fonds qui doivent s'y trouver est considéré comme réellement en déficit, quand bien même il rapporterait plus tard les fonds qui lui manquaient.

En cas de soustractions de valeurs (numéraire ou pièces de dépenses), le comptable ne peut être exonéré de la responsabilité pécuniaire qu'autant qu'il justifie avoir pris toutes les précautions utiles pour prévenir un vol, notamment celle de conserver la caisse dans une pièce gardée la nuit et dont les fenêtres, si cette pièce se trouve au rez-de-chaussée, sont solidement grillées ou tout au moins munies de volets avec ferrures, enfin que le vol est l'effet d'une force majeure. Il a, sous peine de déchéance, à faire, dans les vingt-quatre heures, une déclaration à l'autorité locale (maire, commissaire de police, brigadier de gendarmerie) et à viser en même temps le directeur départemental.

Il fait également une déclaration, en cas de tentative de vol non suivie d'effet.

359. — Recettes et dépenses. — La comptabilité télégraphique se compose de deux parties bien distinctes, les *recettes* et les *dépenses*.

Les *recettes* sont constituées par :

1° Le produit net des taxes, qui s'obtient en défalquant des recettes brutes les non-valeurs, remboursements et détaxes de toute nature ;
2° Les recettes diverses et accidentelles ;
3° Les mouvements des fonds en recettes ;
4° Les fonds reçus du comptable sortant (en cas de changement de gestion).

Et les *dépenses* par :

1° Les frais d'exprès et d'affranchissement postal des télégrammes ;
2° Les versements effectués ;
3° Les mouvements de fonds en dépenses ;
4° Le solde remis au comptant entrant (en cas de changement de gestion).

SECTION II

Ecritures de comptabilité communes à tous les bureaux télégraphiques.

(à l'exception des bureaux municipaux desservis par téléphone et gérés par une personne étrangère à l'Administration (Section III, § D) et des bureaux gares (Section III, § E).

360. — Journal A[1]. — Le journal A[1] (n° 1393) est destiné à l'inscription des recettes télégraphiques de toute nature, à l'exception de celles résultant de la prise en charge des cartes et enveloppes pneumatiques, de celles classées sous le titre de « Recettes diverses et accidentelles », du montant des forcements prononcés par arrêtés de vérification et des provisions versées pour télégrammes en compte.

Inscription des taxes perçues — Les inscriptions sont faites au moment même de la perception et avec tous les détails nécessaires pour que les conditions faisant varier la taxe ressortent clairement et pour que, s'il y a lieu, les recettes complémentaires puissent, sans difficulté, être rapprochées des enregistrements primitifs et des télégrammes qu'elles concernent.

Taxes à recouvrer sur le destinataire. — Lorsqu'une taxe doit être recouvrée sur le destinataire d'un télégramme, l'enregistrement du montant de cette perception est opéré au moment de l'arrivée du télégramme qui la motive, même si celui-ci est adressé « Poste restante » ou « Télégraphe restant ».

Les indications de la case du journal A¹ sont reproduites sur un récépissé extrait du journal A^IV, qui est remis à ce destinataire contre payement de la somme à recouvrer.

Toute somme enregistrée au journal A¹ avant recouvrement est remplacée dans la caisse par une note explicative indiquant le motif de l'absence de cette somme.

Liquidation d'arrhes. — Si des arrhes ont été déposées, le comptable, dès que le montant de la somme à percevoir est connu de lui, indique au verso de la case correspondante du journal A¹, soit le complément de taxe à recouvrer, soit le remboursement à effectuer. La date de la liquidation des arrhes est également mentionnée à cette place.

Rectifications. — Au verso de toute inscription de taxe entachée d'erreurs (*moins-perçu* ou *trop-perçu*), on mentionne le montant, la date et le numéro du recouvrement ou du remboursement effectué pour sa régularisation. Une mention identique est portée sur la minute du télégramme.

Télégrammes reçus d'un navire en mer. — Dans les bureaux sémaphoriques, les télégrammes transmis par un bâtiment en mer, pour être réexpédiés par la voie télégraphique, sont enregistrés à leur rang sur le journal A¹. L'indication de la taxe est remplacée par les mots : « Dépêche de mer ».

Dispositions d'ordre. — Les recettes inscrites dans les colonnes du journal A¹ intitulées : *Recettes de la journée*, *intérieures*, *internationales*, sont totalisées par journée. En regard de la dernière taxe perçue, on inscrit les totaux de la journée dans la colonne intitulée : *Recettes depuis le commencement du mois.*

Les totaux journaliers du registre A¹ sont reportés, en fin de journée, au carnet D et à l'état D.

Lorsqu'on s'aperçoit d'une erreur d'addition ou de report au journal A¹, on écrit soit au bas d'une page, soit entre deux cases à la fin d'une journée : « Augmentation (ou diminution) de... fr... c. pour erreur d'addition (ou de report) à la journée du... folio nº.... » et à la page où l'erreur a été commise : « Erreur d'addition (ou de report) rectifiée à la journée du.... folio nº.... ».

Aucune case du journal A¹ ne doit rester sans emploi. Quand l'une d'elles est mise accidentellement hors d'usage, on l'annule en la barrant en croix de deux traits à l'encre. Chaque case employée est frappée du timbre à date et porte la signature de l'agent qui en fait l'emploi, à moins que cet agent n'ait effetué une série d'inscriptions consécutives, auquel cas il lui suffit de contresigner la première et la dernière de ces inscriptions. Quand une page se rapporte entièrement à une même journée, elle peut n'être timbrée qu'une fois en tête de la page.

Chaque journal A¹ reste en service jusqu'à complet épuisement. La clôture de fin d'année ou de gestion s'opère en inscrivant immédiatement au-dessous de la dernière case employée, la mention : *Arrêté le* 31 *décembre* ou le..., suivie de la signature du comptable.

Lorsqu'un journal est épuisé, le total des recettes inscrites depuis le commencement de la journée, ainsi que le report des opérations des journées antérieures du mois courant, sont repris en tête du premier folio du journal suivant.

361. — Forcements en recette. — Le montant des forcements prononcés par arrêtés de vérification est pris en charge au carnet D nº 1368, dans la colonne intitulée « Forcements ». En regard de toute inscription reconnue erronée, on mentionne, en outre, soit au journal A¹, soit au carnet D, la date de l'arrêté intervenu, ainsi que la nature et le montant de la modification prescrite.

362. — Non-valeurs, remboursements et détaxes. — On appelle *remboursement* ou *détaxe* toute annulation de recette, opérée soit comme restitution à l'ayant droit d'une taxe réellement encaissée, soit par le moyen d'écritures en détaxe annulant celles correspondant à des recettes non effectuées pour une cause quelconque.

Tout remboursement de taxe effectué irrégulièrement par un comptable est annulé de droit et mis à la charge de ce comptable. Les remboursements de la main à la main sont formellement interdits.

En cas d'insuffisance de fonds en caisse pour opérer un remboursement, les comptables sont autorisés à demander des fonds de subvention.

363. — Etat nº 1380 des remboursements. — Tout remboursement est décrit sur l'état nº 1380. La partie prenante émarge sur cette formule ; s'il s'agit de taxes non recouvrées, le comptable l'indique par une annotation.

L'état nº 1380 est établi en simple expédition. Il doit être annexé avec les pièces à l'appui, au compte mensuel D.

Par pièces à l'appui on entend les bulletins de remboursement envoyés par l'Administration, les bulletins de remboursement nº 691 établis par les directions départementales, les feuilles M, les récépissés se rapportant à des taxes non recouvrées, les bons de réponse payée remboursés d'office ou sur autorisation des directeurs, etc. Après vérification de l'état nº 1380, toutes ces pièces sont classées dans les archives des directions départementales, sous la réserve spécifiée à l'article 379.

364. — Annulation des taxes non recouvrées. — Toutes les fois que le montant d'une taxe inscrite en recette au journal A^1 n'a pu être recouvré sur le débiteur, il y a lieu d'en passer écriture en dépense à l'état nº 1380. On annexe à cet état le récépissé correspondant qui avait été établi conformément aux prescriptions réglementaires.

365. — Dégrèvements. — Le montant des dégrèvements prononcés par arrêtés de vérification est inscrit au carnet D nº 1368, le jour même de l'arrivée de ces arrêtés. En regard de toute inscription reconnue erronée, on mentionne, en outre, soit au journal A^1, soit au carnet D, la date de l'arrêté intervenu, ainsi que la nature et le montant de la modification prescrite.

366. — Carnet D nº 1368. — Le carnet D, nº 1368, en usage dans tous les bureaux (à l'exception des bureaux-gares et des bureaux téléphoniques municipaux gérés par des personnes étrangères à l'Administration) est destiné à l'enregistrement :

1º Du produit brut ;

2º Des non-valeurs ;

3º Du produit net.

En outre, il comporte différents tableaux statistiques.

367. — Etat D nº 1369. — L'état D, nº 1369, dressé par les bureaux qui utilisent le carnet D, est exactement semblable à ce carnet dont il est la copie littérale.

368. — Produit brut. — Le produit brut comprend :

1º Le montant des taxes perçues, intérieures et internationales ;

2º La valeur brute des cartes et enveloppes pneumatiques prises en charge à la 4e page du carnet D ;

3º Les forcements en recette ;

4º Les provisions télégraphiques.

Ces diverses sommes sont additionnées journellement au carnet D et le total inscrit dans la colonne 8 de ce carnet constitue le produit brut journalier.

Ces chiffres sont ensuite reportés à l'état D nº 1369.

369. — Non-valeurs. — Les non-valeurs comprennent :

1º Le montant de la remise de 1 p. 100 sur les cartes et enveloppes pneumatiques prises en charge à la 4e page du carnet D nº 1368 ;

2º Le montant des cartes et enveloppes pneumatiques retirées du service ;

3° Le montant des remboursements concernant les télégrammes intérieurs et internationaux (total journalier de l'état n° 1380) ;

4° Le montant des dégrèvements (art. 365).

Ces diverses sommes sont portées journellement dans les colonnes *ad hoc* du carnet D, n° 1368, et le total journalier est inscrit dans la colonne à ce réservée. Elles sont ensuite reportées dans le même ordre à l'état D. Elles constituent les non-valeurs, s'ajoutent aux avances autorisées du livre de caisse n° 1103 et sont conservées comme valeurs en caisse. Elles ne sont pas déduites du produit brut de la journée et c'est en fin de mois seulement que la défalcation est opérée.

370. — **Produit net.** — Par analogie avec ce qui se pratique pour le livre de dépouillement du produit des taxes postales n° 1261, les non-valeurs inscrites au carnet D, et ensuite reportées à l'état D, doivent être déduites, seulement à la fin du mois, du produit brut, afin de déterminer ainsi le produit net mensuel. Par suite, la colonne intitulée « *produit net* » du carnet et de l'état D n'est servie qu'en fin de mois. Toutefois, en cas de mutation de comptables ayant lieu au cours du mois, cette déduction s'opère le dernier jour de la gestion du comptable sortant.

Si les non-valeurs d'un mois excèdent le produit brut de ce mois, elles sont conservées comme avances autorisées jusqu'à ce que la défalcation puisse être effectuée. Dans ce cas, le receveur établit un relevé de ces non-valeurs et l'adresse au directeur départemental, qui le renvoie approuvé, pour être gardé en caisse comme pièce justificative.

371. — **Comptabilité des taxes et non-valeurs dans les bureaux télégraphiques secondaires non fusionnés et dans les bureaux municipaux gérés par des facteurs-receveurs.** — Les gérants des bureaux secondaires non fusionnés, desservis au télégraphe, ainsi que les facteurs-receveurs titulaires de bureaux municipaux, desservis au télégraphe ou au téléphone, opèrent suivant les prescriptions des articles 367 à 369. Toutefois, ils considèrent les non-valeurs comme numéraire en caisse et non comme avances autorisées.

372. — **Inscription des taxes perçues par les bureaux téléphoniques municipaux non fusionnés dans la comptabilité des bureaux d'attache.** — Les taxes télégraphiques perçues par les bureaux municipaux non fusionnés desservis par téléphone et gérés par des personnes étrangères à l'Administration, sont cumulées, chaque jour, dans les colonnes 4 et 5 du registre D, n° 1368, et de l'état D, n° 1369, avec les recettes de même nature des bureaux d'attache.

Les receveurs ou gérants de ces derniers bureaux cumulent aussi, chaque jour, dans les colonnes 2, 3, 18 et 19 du carnet et de l'état D, les télégrammes originaires ou à destination des bureaux municipaux non fusionnés, desservis par téléphone, avec ceux originaires ou à destination de leur propre établissement.

Il en est de même, en fin de mois, lors de l'établissement du tableau de renseignements pour la statistique n° 803, qui figure à la 4e page du carnet et de l'état D.

Les bureaux qui reçoivent une indemnité pour frais de distribution de télégrammes font figurer les télégrammes à destination des bureaux municipaux desservis au téléphone qui leur sont rattachés dans la colonne 20 du carnet D et de l'état D (télégrammes n'ayant donné lieu à aucune course en dehors du bureau pour la remise au destinataire).

373. — **Envoi de l'état D n° 1369 et des pièces annexes.** — L'état D n° 1369 est adressé, le premier de chaque mois, à la direction départementale, après qu'on y a annexé :

La formule n° 1392-38, récapitulative des états n° 1370 des télégrammes en compte

L'état n° 1373 (frais d'exprès et de poste), en simple expédition ;

L'extrait de l'état nº 1373 relatif à la remise des télégrammes officiels ;

L'état nº 1380 des remboursements.

Ces quatre dernières pièces ne sont pas fournies négatives.

Le cas échéant, sont également annexés à l'état D nº 1369, les relevés nº 1364 des télégrammes de la deuxième catégorie.

Les bulletins autorisant des remboursements qui n'auraient pas été opérés dans le délai de trois mois sont également compris dans cet envoi.

Les bureaux d'attache des bureaux municipaux non fusionnés, desservis au téléphone, annexent à cet envoi l'état mensuel des télégrammes expédiés ou reçus par ces derniers postes (art. 403). Cet état est conservé dans les archives des directions départementales.

374. — Recettes diverses et accidentelles. Carnet 1108. — Les recettes diverses et accidentelles sont constatées au registre nº 1108 ; le récépissé détaché de ce carnet est remis à la partie versante. Il est revêtu d'un timbre quittance de 0 fr. 25 lorsque la somme excède 10 francs ; toutefois, quand la partie versante est une administration de l'Etat, et quand la somme versée concerne le service de cette administration, l'apposition d'un timbre-quittance n'est pas obligatoire.

Lorsqu'un versement effectué par un même particulier comprend, en même temps que des recettes télégraphiques diverses et accidentelles, des sommes se rapportant à d'autres produits postaux, télégraphiques ou téléphoniques, qui doivent être enregistrées au livre auxiliaire nº 1108, une seule case de ce registre est affectée à l'inscription du versement ; les sommes partielles sont détaillées, par article, à la souche, dans les colonnes et sur le récépissé. Une déclaration nº 1108 *bis* est établie en double expédition pour chaque article de recette ; elle mentionne le motif du versement et le numéro de l'inscription au registre nº 1108 ; la perception du timbre de 0 fr. 25 est certifiée, le cas échéant sur les déclarations.

Les deux expéditions sont envoyées au directeur départemental pour être revêtues de son visa. L'une des deux expéditions est transmise par le directeur au service compétent de l'administration centrale ; l'autre est destinée à être annexée à la comptabilité du mois.

375. — Frais d'exprès et de poste. Etat nº 1373. — Les frais d'affranchissement, de recommandation postale et d'exprès sont payés sur les fonds de la caisse et sont enregistrés à l'état nº 1373 dont le montant figure aux avances autorisées dans les bureaux fusionnés et les bureaux principaux non fusionnés, et compte, comme numéraire, dans la caisse des bureaux secondaires non fusionnés.

Les frais d'affranchissement sont admis sur la déclaration du comptable.

Les frais d'exprès et de recommandation sont justifiés : les premiers, par l'émargement des parties prenantes, ou les reçus nº 1374 en tenant lieu ; les seconds, par la production des bulletins de dépôt délivrés par le service postal.

Lorsque la situation de la caisse d'un bureau télégraphique ne permet pas de faire face aux frais d'exprès, le comptable demande des fonds de subvention au receveur du bureau de poste chargé d'encaisser ses versements.

Les titres des diverses colonnes de l'état n 1373 indiquent les renseignements à porter sur cet état.

Si les frais d'exprès ont été payés au départ, il n'y a rien à inscrire à la colonne 10 de l'état nº 1373 ; mais on porte dans la colonne 2 la mention « Exprès payé ».

Lorsque l'exprès doit être perçu sur le destinataire, on inscrit dans la colonne 10 la somme perçue et le numéro d'inscription de cette recette au journal A[1].

L'état Nº 1373, établi en simple expédition, est émargé par les parties prenantes ou accompagné des bulletins de chargement.

Cet état est arrêté à la fin de chaque mois et certifié par le comptable, qui inscrit le total en toutes lettres. Il est envoyé à la direction départementale, avec les autres pièces de la comptabilité mensuelle.

Dans les bureaux secondaires, non fusionnés, le montant de l'état nº 1373 est porté en dépense, en fin de mois, au registre nº 1391 et au bordereau nº 1105.

Dans les bureaux fusionnés et dans les bureaux principaux non fusionnés, le montant des frais d'exprès et de poste, porté à l'état nº 1373, est inscrit, en fin de mois, à l'article 22 du sommier des dépenses nº 1102 intitulé : « *Recouvrements ou régularisations d'avances* », et au bordereau nº 1104.

376. — Frais d'exprès des bureaux téléphoniques municipaux gérés par une personne étrangère à l'Administration. — Lorsque l'exprès doit être effectué à partir d'un bureau téléphonique municipal géré par une personne étrangère à l'Administration, l'état nº 1373 correspondant est tenu par le bureau d'attache ; il doit porter description, à leur ordre, des télégrammes ayant occasionné des frais d'exprès. Des reçus nº 1374, signés des ayants droit, y sont annexés pour tenir lieu d'émargement.

A l'arrivée au bureau téléphonique municipal, les télégrammes de l'espèce sont remis à un exprès, auquel le gérant paie les frais de la course. Le porteur en donne quittance qui est adressée, en fin de journée, au bureau d'attache.

A la clôture de la journée, le gérant défalque du total des recettes, au procès-verbal 670 *bis*, l'ensemble des dépenses ainsi effectuées. S'il ressort de la situation de caisse un excédent de recettes, cet excédent constitue le versement journalier à effectuer. S'il ressort, au contraire, un excédent de dépenses, cet excédent est remboursé, dès le lendemain, par le receveur du bureau d'attache.

377. — Rétribution des exprès. — Le receveur traite avec les porteurs de télégrammes au mieux des intérêts du Trésor, sans dépasser le taux maximum de 0 fr. 50 pour le premier kilomètre et 0 fr. 30 pour chacun des kilomètres suivants, qui sert, dans tous les cas, de base à la perception. Mais si, en raison d'un trajet à effectuer dans des conditions exceptionnellement difficiles, il est absolument impossible de trouver à faire faire la course au tarif normal, on peut traiter à un prix plus élevé, à condition de justifier l'excédent de dépense à l'état nº 1373.

Un exprès, porteur de plusieurs télégrammes pour une même localité, n'a droit qu'au payement d'une seule course. S'il porte plusieurs télégrammes destinés à des localités différentes, il est payé pour le parcours réellement effectué par lui pour aller du bureau d'arrivée à la localité desservie en dernier lieu.

Quand la somme payée à l'exprès est supérieure à 10 francs, on appose sur l'état nº 1373, en marge et à côté de la signature, un timbre de quittance de 10 centimes, qui est à la charge de la partie prenante. Ce timbre n'est pas dû pour le total de l'état nº 1373 ou de plusieurs courses, mais seulement pour chaque course dont le prix dépasse 10 francs. Les reçus nº 1374 tirés des porteurs d'exprès par les gérants des bureaux téléphoniques municipaux sont soumis à cette formalité dans les mêmes conditions.

378. — Frais d'exprès à l'arrivée. — Les receveurs des bureaux d'arrivée qui font remettre des télégrammes par exprès, sur la demande des destinataires, inscrivent à l'état nº 1373 la course et la dépense correspondante, de même qu'ils sont tenus de faire recette au journal A[1] des frais perçus sur le destinataire. Le numéro sous lequel l'encaissement effectué se trouve inscrit à ce registre doit être mentionné à l'état nº 1373.

En cas de non recouvrement, cet état est annoté en conséquence et l'on fait application de l'art. 364.

379. — Frais d'exprès relatifs à des télégrammes officiels. — Lorsque des frais d'exprès ont été occasionnés par la remise à domicile de télégrammes officiels, autres que ceux émanant des préfets et sous-préfets et des fonctionnaires de l'Instruction publique, les comptables adressent, en fin de mois, à la Direction un extrait de l'état n° 1373, sur lequel sont portées les dépenses engagées. Les noms et qualités des expéditeurs et des destinataires sont indiqués sur ces extraits, qui sont transmis par la Direction départementale à l'Administration centrale (Direction de la Comptabilité, 2e Bureau), du 5 au 10 du mois suivant.

380. — Frais d'exprès perçus à l'arrivée dans un bureau téléphonique municipal géré par une personne étrangère à l'Administration. — Lorsqu'il y a lieu de percevoir des frais d'exprès à l'arrivée, le receveur du bureau d'attache fait immédiatement recette du montant de ces frais au registre A^1 et conserve le récépissé comme valeur en caisse jusqu'à la réception du versement du gérant ; celui-ci fait percevoir les frais d'exprès et en porte le montant au procès-verbal n° 670 *bis*. Dès que le versement journalier comprenant le montant des frais d'exprès est parvenu, le receveur du bureau d'attache se dessaisit du récépissé et l'adresse, par la poste, au destinataire.

SECTION III

Dispositions complémentaires de comptabilité spéciales aux différentes catégories de bureaux télégraphiques.

Les journaux, registres et états auxiliaires (journal A^1, carnet et état D, état des remboursements, état n° 1373, etc.), sur lesquels les opérations de recette et de dépense sont inscrites à mesure qu'elles ont lieu et avec les développements d'originé et l'imputation qu'elles comportent, forment, avec les pièces justificatives de ces recettes ou de ces dépenses, les éléments de la comptabilité de chaque jour.

Indépendamment de ces registres et états qui ont fait l'objet de la Section II du présent Chapitre, les bureaux télégraphiques ont à tenir, suivant la catégorie à laquelle ils appartiennent, divers autres registres et états spéciaux.

A. — BUREAUX FUSIONNÉS

381. — Réunion de la comptabilité télégraphique à la comptabilité postale. — La comptabilité télégraphique des bureaux fusionnés comporte des écritures complémentaires à effectuer sur certains registres et états du service postal, de sorte que, dans ces bureaux, la comptabilité télégraphique se confond avec la comptabilité générale. Ainsi, les bureaux fusionnés font usage des sommiers nos 1101 et 1102, du livre-journal n° 1103 et du bordereau mensuel n° 1104, lesquels embrassent toutes les opérations de la comptabilité des livres auxiliaires des trois services : postal, télégraphique et téléphonique, nos 1108 et 1114.

382. — Décompte des remises. — Le décompte n° 1378 des remises est établi le 1er du mois en double expédition. Le droit aux remises est calculé sur l'ensemble des opérations de recette effectuées pendant l'année, lors même que les comptables se seraient succédé. Pour chaque exercice les numéros des chapitre, article, paragraphe, ligne, sont notifiés spécialement.

383. — Etat n° 565. Service de nuit et service supplémentaire. — L'état n° 565 est le relevé mensuel des états n° 556 (service de nuit ou service supplémentaire). Il est transmis à la direction, accompagné de ces dernières pièces.

B. — BUREAUX PRINCIPAUX NON FUSIONNÉS.

384. — Comptabilité tenue dans les bureaux principaux non fusionnés. — La comptabilité de ces bureaux est sensiblement la même que celle tenue, pour le service télégraphique, par les bureaux fusionnés.

Elle comporte, en outre, certaines écritures spéciales, dont quelques-unes d'ordre postal.

385. — Décompte des remises et état nº 565 (service de nuit et service supplémentaire). — Les dispositions des articles 382 et 383, relatives à l'établissement de ces pièces, sont également applicables aux bureaux principaux non fusionnés.

386. — Mandats télégraphiques. — Dans les bureaux principaux exclusivement télégraphiques, les opérations relatives à l'émission des mandats télégraphiques entrent directement dans la comptabilité des receveurs de ces bureaux.

En *fin de journée*, le montant des mandats télégraphiques émis est porté au sommier des recettes nº 1101, sous le titre « Mandats télégraphiques français » ou sous celui de « Mandats télégraphiques internationaux ». De même, le montant du droit postal doit figurer séparément sur ce sommier pour les mandats intérieurs et pour les mandats internationaux.

Les receveurs inscrivent sur les états de *quinzaine* nº 1421 (service intérieur) et nº 1422 (service international) les mandats télégraphiques qu'ils ont émis dans chaque journée de la quinzaine, en ayant soin de mentionner, à leur ordre numérique, les formules annulées.

En *fin de mois*, ils reportent sur les états de la deuxième quinzaine les totaux des opérations effectuées pendant la première ; ces totaux mensuels, après comparaison avec ceux des registres nºs 1403 et 1403 *bis* et du sommier nº 1101, sont reportés au bordereau nº 1104.

387. — Vente des timbres-poste, cartes postales, etc. — Les diverses opérations et écritures de comptabilité, relatives à l'approvisionnement et à la vente des timbres-poste, cartes postales, etc., sont les mêmes, dans les bureaux principaux fusionnés, que dans les bureaux fusionnés.

C. — BUREAUX SECONDAIRES NON FUSIONNÉS. BUREAUX MUNICIPAUX DESSERVIS PAR APPAREILS TÉLÉPHONIQUES ET GÉRÉS PAR DES FACTEURS-RECEVEURS.

388. — Registre récapitulatif nº 1391. — Les bureaux secondaires non fusionnés, à l'exception des gares, font usage du registre récapitulatif nº 1391, destiné à l'inscription des recettes et des dépenses de toute nature.

En fin de journée, le gérant, après avoir additionné les opérations de recette et de dépense constatées sur les registres et états auxiliaires, reporte les totaux obtenus aux articles correspondants du registre nº 1391. La colonne nº 1 de ce registre est réservée à l'indication du produit brut. Les non-valeurs sont considérées comme numéraire en caisse.

Après avoir totalisé les divers articles de recette et les divers articles de dépense et fait ressortir, selon le cas, l'excédent des recettes sur les dépenses ou l'excédent des dépenses sur les recettes, le comptable en porte le montant dans la colonne à ce réservée. Il cumule sur ce registre les opérations respectives de recette ou de dépense de la journée avec celles des journées précédentes, de manière que la réunion des différents totaux obtenus présente, à la fin de chaque jour, le total des recettes et celui des dépenses depuis le commencement du mois (ou, si le comptable a été installé postérieurement à la fin du mois précédent, depuis le commencement de la gestion), puis il procède à la vérification de sa situation de caisse.

Le *dernier jour du mois*, après avoir arrêté, comme d'habitude, les écritures du bureau, le gérant déduit, au registre nº 1391, du produit total de la taxe des correspondances télégraphiques, le montant des non-valeurs constatées depuis le commencement du mois sur le carnet D, nº 1368. Il opère la même déduction sur le total des recettes sur les dépenses ou des dépenses sur les recettes qui devra être repris le 1er du mois suivant.

A la rentrée des deux expéditions du bordereau nº 1105 du mois écoulé (voir article suivant), les totaux par articles sont rectifiés à l'encre rouge, s'il y a lieu, conformément aux indications portées sur les bordereaux par le receveur principal. Les totaux définitifs ainsi obtenus sont alors reportés au tableau récapitulatif général mensuel du registre nº 1391. Ces différents totaux sont cumulés de mois en mois, sans qu'il soit tenu compte des changements de gestion, de telle sorte que le résultat de l'addition du mois de décembre avec les opérations antérieures présente l'ensemble des opérations de recette et de dépense pour l'année entière. Le gérant fait ressortir, dans l'une des deux dernières colonnes, l'excédent, en fin de mois, après rectification s'il y a lieu, des recettes sur les dépenses ou des dépenses sur les recettes ; ces excédents ne sont pas cumulés de mois en mois.

389. — Bordereau mensuel nº 1105. — Les recettes et les dépenses sont récapitulées, chaque mois, sur un bordereau nº 1105. Les éléments nécessaires pour l'établissement de ce bordereau sont pris au registre nº 1391 ; les gérants n'ont de chiffres à porter que dans les colonnes 1, 5 et 6 du tableau des recettes et du tableau des dépenses, les colonnes 2, 3, 4 et 7 étant réservées au receveur principal du département. Ce bordereau est établi en deux expéditions, qui sont envoyées, sous bulletin nº 451, le 2 du mois :

L'une, au receveur principal, avec les demandes de fonds de subvention et les récépissés des versements effectués et des fonds de subvention fournis dans le courant du mois écoulé ;

L'autre au directeur départemental, avec les autres pièces de comptabilité télégraphique.

Les deux expéditions du bordereau nº 1105 ne mentionnent tout d'abord que les recettes et les dépenses du mois : le report, article par article, des totaux antérieurs et les additions correspondantes ne sont effectués qu'après la réception de l'accusé de crédit. A cet effet, les deux expéditions du bordereau nº 1105, dûment rectifiées, le cas échéant, par le receveur principal, sont renvoyées par les soins de la direction départementale, dès que l'accusé de crédit est parvenu.

Les comptables reportent dans leurs écritures les rectifications faites par le receveur principal, complètent les deux expéditions du bordereau nº 1105, conservent celle qui porte l'accusé de crédit particulier et renvoient l'autre à la Direction dans un délai maximum de deux jours.

390. — Versements des produits télégraphiques. — Le montant des taxes télégraphiques encaissées par les gérants est versé, le dernier jour non férié de chaque mois, aux caisses des bureaux de poste. Les comptables règlent leurs versements de manière à les faire parvenir avant la clôture des écritures du mois et à obtenir, avant l'envoi de leur propre comptabilité, le récépissé nº 1114 qui doit leur être délivré. En aucun cas, les versements ne sont effectués aux caisses des percepteurs. A défaut de recette des postes dans la localité, le versement a lieu dans une recette des postes voisine, désignée par le directeur départemental.

Les versements sont portés en dépense à la colonne *Versements* du registre nº 1391, et à l'article *Fonds remis aux receveurs des postes* du bordereau nº 1105. Ils sont décrits au carnet nº 1120 ; le bordereau des espèces détaché de ce carnet accompagne les fonds; la troisième partie de la formule (avis) est envoyée au directeur départemental.

Les gérants qui ne sont pas à proximité d'une recette des postes ne sont pas astreints à se déplacer pour effectuer leurs versements. Ils peuvent, sous leur responsabilité personnelle, recourir à l'intermédiaire des facteurs de la poste, auxquels ils remettent, en même temps que les fonds, le bordereau des espèces extrait du carnet nº 1120. Le versement est ensuite décrit au tableau nº 6 du part nº 747 des facteurs ruraux. Ceux-ci rapportent le lendemain la formule nº 1114 délivrée par le receveur des postes qui reçoit les fonds. Le gérant, après s'être assuré de la conformité de la somme portée sur le talon et sur le récépissé avec la dépense constatée dans ses écritures, détache le récépissé pour le mettre à l'appui de son bordereau mensuel nº 1105, et transmet la demande et le talon au directeur.

391. — Prélèvements pour le payement des mandats d'émoluments. — Afin de prévenir les doubles mouvements de fonds, les gérants peuvent, avant d'effectuer leurs versements, prélever sur leur caisse le montant des mandats délivrés pour émoluments personnels, à la condition que ces mandats aient été préalablement revêtus du « Vu bon à payer » du receveur principal des postes et des télégraphes. Les mandats acquittés sont compris, pour leur montant, dans le versement et mentionnés sur la formule nº 1120.

Dans le cas où le montant des mandats à payer semble, quelques jours avant la fin du mois, devoir être supérieur à la somme à verser, le gérant fait une demande de fonds de subvention.

392. — Recettes diverses et accidentelles. — Les recettes diverses et accidentelles sont inscrites au livre auxiliaire nº 1108 et au registre nº 1391, puis, en fin de mois, au bordereau nº 1105.

393. — Opérations effectuées pour le compte du service postal. — Les bureaux municipaux non fusionnés ont à effectuer, pour le compte du bureau de poste dont ils relèvent, certaines opérations du service postal, savoir :

1º L'émission des mandats télégraphiques ;

2º La vente des timbres-poste, cartes-lettres, etc.

Les bureaux secondaires situés dans une localité non pourvue d'un bureau de poste ne participent qu'à cette dernière opération.

394. — Etat journalier nº 1424 des mandats télégraphiques. — Dans les bureaux télégraphiques secondaires non fusionnés ouverts au service des télégrammes-mandats, les mandats émis sont décrits par le gérant sur un état journalier nº 1424.

Les mandats internationaux sont inscrits à la suite des mandats français.

L'état nº 1424 est dressé en double expédition : l'une est remise, avec le montant des mandats, les avis d'émission et, s'il y a lieu, les formules des mandats remboursés avant transmission, au receveur des postes, et l'autre, portant le reçu de ce dernier, reste entre les mains du gérant du télégraphe, qui la classe dans les archives.

395. — Approvisionnement et vente de timbres-poste. — Le receveur des postes dont relève un bureau télégraphique secondaire non fusionné fait provisoirement à ce dernier une avance de 50 francs en timbres-poste, cartes postales, etc., ainsi qu'une avance de 50 timbres de quittance à 0 fr. 10. Il lui remet, en même temps, en numéraire, la remise de 1 p. 100 correspondante ; le reçu de cette avance est conservé par le receveur des postes comme valeur en caisse. Le gérant inscrit le montant de cette avance en regard de la ligne à ce réservée, à l'angle supérieur de droite du registre nº 1391, au moment même où les figurines lui sont livrées, et, à la fin de chaque jour, il porte également à ce registre, ainsi qu'au verso du compte journalier 1390, à l'article intitulé : « Timbres-poste, cartes postales, etc., vendus », le montant de sa vente journalière.

Les gérants des bureaux télégraphiques situés dans les localités possédant un bureau de poste versent ce produit chaque soir, en même temps que les fonds provenant des autres recettes postales, au receveur des postes qui envoie en échange, le lendemain, au gérant du télégraphe, une valeur équivalente en timbres-poste, cartes postales, etc., de manière à reconstituer intégralement l'avance fixe. Cet envoi est accompagné d'une somme en numéraire égale à la remise de 1 pour 100 correspondante.

Les gérants des bureaux télégraphiques situés dans une localité non pourvue d'un bureau de poste s'approvisionnent de timbres-poste, cartes postales, etc., par l'intermédiaire des facteurs ruraux. Ces derniers inscrivent sur leur calepin nº 592 la somme à eux remise pour l'achat des timbres-poste, cartes postales, etc., et ils apposent leur signature sur ce carnet pour constater la prise en charge des sommes reçues. A leur tour, les gérants du télégraphe, au moment où les facteurs leur livrent, le lendemain, les timbres-poste, etc., demandés par eux, en donnent reçu, en émargeant le calepin nº 592.

Les gérants doivent toujours être en mesure de justifier du montant de leur avance fixe, soit en numéraire, soit en figurines, soit en fonds envoyés comme versement au receveur des postes dont ils relèvent. Ce dernier cas ne peut se produire qu'au commencement et à la fin de chaque journée, c'est-à-dire avant la réception du complément d'avance fixe et après l'envoi des fonds.

396. — Versement journalier des produits postaux. — En même temps que le produit de la vente des timbres-poste, le gérant du télégraphe verse, chaque jour, en numéraire, au receveur des postes dont il relève, le montant des recettes postales qu'il a encaissées à titre d'articles d'argent reçus (mandats télégraphiques, droit postal compris) et lui rend compte de sa gestion journalière au moyen de la formule nº 1390, au verso de laquelle il porte le détail des recettes postales qu'il a effectuées.

Le receveur accuse réception, le lendemain, au recto d'une nouvelle formule.

397. — Situation de caisse en fin d'année. — Le situation du numéraire et des valeurs en caisse, à la fin de la journée du 31 décembre, est constatée sur une formule nº 1100 qui est fournie aux gérants, en double expédition, par le directeur départemental. Il n'est pas fait mention, sur cette situation, de l'avance en timbres-poste et en timbres-quittances. Les deux expéditions de la formule 1100, dûment remplies et signées par le gérant, sont renvoyées au directeur le 1er janvier.

L'excédent des recettes sur les dépenses, au 31 décembre, est reporté à la ligne ouverte à cet effet, au registre nº 1391 de l'année suivante.

398. — Changement de gestion. — En cas de changement de gestion, le solde en caisse au dernier jour de l'ancienne gestion est portée en dépense, par le gérant sortant, dans la colonne intitulée : *Fonds remis aux receveurs des postes et aux gérants*, et en recette, par le gérant entrant, dans la colonne : *Fonds reçus des receveurs des postes et des gérants*.

Ces opérations seront reprises respectivement par les comptables aux bordereaux nº 1105 de clôture de gestion et de fin de mois.

D. — BUREAUX MUNICIPAUX DESSERVIS PAR APPAREILS TÉLÉPHONIQUES ET GÉRÉS PAR DES PERSONNES ÉTRANGÈRES A L'ADMINISTRATION.

399. — Reprise, par les bureaux d'attache, de la comptabilité des bureaux municipaux desservis par des appareils téléphoniques. — La comptabilité de ces bureaux est comprise dans celle des bureaux télégraphiques d'attache, si le gérant du bureau à transmission téléphonique n'est pas receveur des postes ou facteur-receveur.

400. — Tenue du procès-verbal nº 670 *bis*. — Le gérant tient un procès-verbal nº 670 *bis*, sur lequel il inscrit, au fur et à mesure de leur dépôt, les télégrammes à téléphoner et la taxe perçue pour chacun d'eux. En fin de journée, il ajoute aux sommes portées sur le procès-verbal les frais d'exprès perçus sur les destinataires, puis il totalise et déduit du montant global ainsi obtenu la somme représentant les frais de courses payés par lui au porteur.

401. — Registre récapitulatif n° 1391. — Les colonnes du procès-verbal n° 670 *bis*, sont totalisées en fin de journée, et les totaux sont reportés dans les colonnes respectives du registre récapitulatif n° 1391 (voir article 388). Le montant des frais d'exprès perçus par le gérant sur les destinataires est ajouté au total du produit net des taxes de la télégraphie privée ; celui des frais d'exprès payés par lui est reporté à la colonne *ad hoc* du registre n° 1391. Le gérant inscrit en dépense, sur ce registre, le versement qu'il fait chaque jour au receveur du bureau d'attache ou mentionne, dans la colonne *ad hoc*, l'excédent des dépenses dont le bureau d'attache doit lui tenir compte le lendemain.

402. — Envoi de la comptabilité et du versement au bureau d'attache. Vérification par ce bureau. — En fin de journée, le gérant réunit en un paquet solidement fixé et scellé à la cire :

Les originaux des télégrammes reçus au guichet dans la journée ;

Le montant en espèces de la taxe de ces télégrammes ;

Le procès-verbal n° 670 *bis* (voir art. 400), les bulletins de remboursement et les reçus délivrés, le cas échéant, par les porteurs d'exprès.

Ce paquet est envoyé, dès le lendemain matin, au receveur du bureau télégraphique d'attache, par l'intermédiaire du facteur rural ; il est signalé sur le part de ce facteur.

Le receveur du bureau télégraphique d'attache s'assure que les taxes afférentes à chaque télégramme correspondent bien aux sommes qu'il a portées en recette sur son registre A^1, au moment de la transmission ; il vérifie ensuite si le versement effectué par le gérant représente exactement le total des taxes détaillées au procès-verbal n° 670 *bis*, addition ou déduction faite, suivant le cas, des frais d'exprès (art. 400) ; enfin il donne reçu du versement sur ce procès-verbal qu'il renvoie au gérant, comme pièce de décharge.

403. — Etat mensuel des télégrammes expédiés ou reçus. — En fin de mois, le gérant adresse au bureau d'attache un relevé indiquant, pour chaque journée du mois, le nombre des télégrammes expédiés ou reçus.

E. — BUREAUX-GARES.

404. — Notions générales. — Dans le service des gares, les règles générales de comptabilité (notamment les prescriptions relatives à la tenue des journaux A^1 et A^{IV}) sont les mêmes que dans tous les autres bureaux télégraphiques, sous la réserve des prescriptions et observations complémentaires qui font l'objet du présent paragraphe E.

405. — Etat D n° 1382. — Les recettes et les dépenses sont enregistrées jour par jour sur un état modèle D (n° 1382), en regard de la date à laquelle elles se rapportent. Il ne doit y avoir ni transport des opérations d'une journée sur la journée précédente ou suivante, ni réunion en un seul total des résultats de deux ou plusieurs journées consécutives. Cet état D comprend deux parties distinctes : Le *compte débiteur* et le *compte créditeur*.

406. — Compte débiteur de la Compagnie. — Le total du journal A^1 est, chaque matin, reporté au compte débiteur (colonne 7) et réparti entre les diverses colonnes, suivant que les recettes partielles s'appliquent aux taxes donnant lieu à remise (taxes des télégrammes intérieurs et part française des télégrammes à destination de l'étranger), aux parts étrangères des taxes internationales revenant aux offices étrangers, aux frais d'exprès et de poste, aux sommes perçues en trop ou enfin aux sommes recouvrées à différents titres.

Les chiffres à porter aux colonnes 2 et 2 *bis* représentent le nombre de tous les télégrammes privés de départ (intérieurs et internationaux), y compris ceux affranchis à l'aide de bons et ayant ou non donné lieu à une perception complémentaire au départ.

407. — Pièces justificatives du compte débiteur. — Les inscriptions au compte débiteur sont justifiées :

1° Par la production des originaux des télégrammes de départ et de fiches portant un numéro du journal A[1], faisant connaître la date, la quotité et la nature du recouvrement auquel elles ont trait (compléments de taxes, taxes à percevoir sur les destinataires, etc...) ;

2° Par des mentions inscrites à la colonne 12, motivant les recettes opérées à différents titres et renvoyant, au besoin, aux minutes des télégrammes de départ ou aux reçus des télégrammes d'arrivée.

408. — Compte créditeur de la Compagnie. — Sont inscrits au compte créditeur, colonne 9 : les dépenses d'exprès, les frais d'affranchissement et de recommandation pour les télégrammes envoyés par la poste à l'étranger ; colonne 10 : les remboursements opérés soit d'office, soit en vertu d'autorisations de Directeurs ou de l'Administration des Postes et des Télégraphes.

Le nombre à porter dans la colonne 8 est le total de tous les télégrammes privés d'arrivée, y compris ceux adressés « télégraphe restant » ou à une personne résidant dans la gare.

409. — Pièces justificatives du compte créditeur. — Les dépenses portées aux colonnes 9 et 10 du compte créditeur sont justifiées, savoir :

Colonne 9. — 1° Frais d'exprès : par la production des reçus modèle n° 710 exactement remplis et indiquant notamment les distances parcourues par l'exprès ;

2° Frais de poste : pour les envois par la poste à l'étranger, par la justification, sur le reçu n° 710, de la somme dépensée, avec la signature de l'agent de service ; pour la recommandation postale, par l'annexion du bulletin de dépôt délivré par le service postal.

Colonne 10. — 1° Remboursements : ceux effectués en vertu d'autorisations de l'Administratioen des Postes et des Télégraphes ou du directeur départemental, par l'annexion des bulletins revêtus de l'acquit de la partie prenante, et ceux opérés d'office, ou sur l'autorisation du directeur départemental, par un reçu spécial signé de l'expéditeur et expliquant la cause du remboursement. Une mention inscrite à la colonne 12 permet de se reporter à l'original du télégramme qui a donné lieu à la liquidation ;

2° Non-recouvrements : par l'annexion des télégrammes d'arrivée et des reçus y relatifs.

410. — Taxes à recouvrer sur les destinataires. — Le montant des taxes à recouvrer sur un destinataire (frais d'exprès, notamment) doit être inscrit, d'une part, en recette, au journal A[1] et, d'autre part, en dépense, sur un reçu n° 710, pour figurer ensuite au crédit et au débit de la Compagnie, sur le compte mensuel D.

Lorsqu'il n'a pas été possible de recouvrer une taxe à percevoir sur un destinataire, le chef de gare passe annulation de recette au compte mensuel D auquel il annexe, comme pièces justificatives, le télégramme rapporté à la gare et dûment annoté au dos, ainsi que le reçu y relatif.

411. — Etablissement et envoi de l'état D. — L'état D est signé par le chef de gare responsable du service.

Les pièces justificatives produites à l'appui du compte mensuel sont adressées par les Compagnies de chemins de fer, à l'Administration centrale des Postes et des Télégraphes (Direction de la Comptabilité), dans la première quinzaine du deuxième mois qui suit celui auquel elles se rapportent.

412. — Versements. — Les recettes effectuées par un bureau-gare sont versées à la caisse de la Compagnie du chemin de fer.

SECTION IV

Télégrammes en compte.

413. — Différentes catégories de télégrammes en compte. — Les télégrammes en compte sont ceux que les bureaux télégraphiques sont autorisés à accepter et à transmettre sans que la taxe en soit versée au moment même du dépôt.

Ces télégrammes se divisent en quatre catégories :

1° Télégrammes d'Etat émanant des autorités françaises jouissant de la franchise, pour lesquels la taxe étrangère est portée au compte du Département ministériel dont relève l'expéditeur;
2° Télégrammes d'Etat expédiés par les agents diplomatiques étrangers, et dont la taxe entière est portée au compte des ambassades, légations ou consulats intéressés ;
3° Télégrammes privés acceptés en compte en vertu d'une autorisation spéciale ;
4° Télégrammes de départ des bureaux d'intérêt privé ou des postes d'abonnement aux réseaux téléphoniques, dont les taxes sont prises en compte par les bureaux correspondants.

414. — Provisions ou dépôts de garantie. — Les expéditeurs des télégrammes de la troisième et de la quatrième catégorie doivent, avant l'ouverture du compte, verser, à titre de provision, un dépôt de garantie. La quotité de ce dépôt, qui doit correspondre à la dépense moyenne d'un mois, est fixée par le receveur, responsable des sommes dues par l'expéditeur. Elle doit être renouvelée avant complet épuisement, sur l'invitation du receveur, et sert à garantir le payement des diverses taxes et surtaxes applicables aux télégrammes, qu'ils soient déposés directement au guichet ou transmis par ligne d'intérêt privé.

Les abonnés au téléphone ne sont admis au service des télégrammes téléphonés que s'ils sont déjà dépositaires d'une provision téléphonique. Dans ce cas, les diverses taxes et surtaxes sont prélevées sur cette dernière provision.

Le receveur donne avis à la Direction de la date d'ouverture ou de clôture d'un compte.

Le montant de la provision ainsi que celui des versements ultérieurs sont inscrits au registre n° 1108 et reportés, au compte créditeur du titulaire, sur le registre n° 1398 des provisions télégraphiques, ainsi qu'à l'annexe n° 1370.

En fin de journée, le montant des provisions télégraphiques encaissées est porté au carnet D n° 1368, afin d'entrer dans la composition du produit télégraphique de la journée, au sommier n° 1101.

Les versements de provision ou de complément de provision supérieurs à 10 francs donnent lieu à la délivrance d'une quittance extraite du registre n° 1108 et soumise au droit de timbre de 25 centimes, sauf dans le cas où la partie versante est une administration de l'Etat.

415. — Registre n° 1398. — Au moment de leur dépôt, les télégrammes sont enregistrés au débit du compte ouvert à l'expéditeur, sur le registre n° 1398 (1). Il est ménagé à ce registre, pour chaque compte, un nombre de feuilles proportionné au trafic de chaque titulaire. Les comptes sont séparés et signalés par des onglets. Les lignes de ce registre sont numérotées, et chaque inscription de télégramme ou de complément de taxe occupe une ligne distincte.

La surtaxe de 0 fr. 10, afférente aux télégrammes téléphonés à partir d'un poste d'abonné, est cumulée au registre 1398 avec la taxe de ces télégrammes. Cette majoration est justifiée par la mention « téléphone » dans la colonne « Observations ». Quant aux télégrammes téléphonés à l'arrivée, une inscription globale indique, en fin de journée, et sur une seule ligne du registre n° 1398, la totalité des taxes de 0 fr. 10 dues par chaque abonné.

Si un récépissé de dépôt est demandé, on l'extrait du registre A^{IV} ; la taxe de 0 fr. 10 y afférente est cumulée avec la taxe du télégramme au registre n° 1398.

La colonne 9 du registre n° 1398 est réservée au crédit du titulaire. Ce crédit comprend :

1° Les payements effectués par les débiteurs, sans préjudice, bien entendu, de leur inscription au registre n° 1108, au moment même où les fonds sont versés à la caisse du bureau.

2° Le montant des bons de RP établis au sujet des télégrammes transmis par télégraphe ou par téléphone au titulaire du compte. Ces bons sont annexés au registre n° 1398 ;

3° Les annulations de taxe qu'il pourrait y avoir lieu d'opérer, comme par exemple, dans le cas de trop-perçu pour un télégramme déjà enregistré ;

4° Le montant des taxes dont le comptable reçoit décharge de l'Administration.

Ces diverses opérations doivent être enregistrées à leurs dates respectives.

Les registres n° 1398 restent en service jusqu'à complet épuisement.

Les titulaires de comptes ne doivent déposer les télégrammes que dans les bureaux ordinaires où ils ont effectué le versement de leur provision de garantie ; ils ont, d'ailleurs, la faculté d'avoir des comptes ouverts dans plusieurs bureaux à leur convenance.

416. — Relevé n° 1370. — Chaque compte du registre n° 1398 est totalisé en fin de journée, et les totaux obtenus sont immédiatement reportés sur les états n° 1370, annexés à l'état D.

Un état n° 1370 est établi pour chaque titulaire d'un compte et adressé, en fin de mois, à ce titulaire. Toutefois, les états n° 1370 concernant les télégrammes de la deuxième catégorie (art. 413) sont adressés à la direction départementale.

Les annexes n° 1370 sont récapitulées sur une formule n° 1392-38 qui est jointe à l'état D n° 1369.

Pour les abonnés admis au service des télégrammes téléphonés, il n'est pas établi d'état n° 1370 ; les taxes applicables à ces télégrammes, constatées au registre n° 1398, sont réparties, en fin de journée, aux relevés n° 1492-64 *bis* des intéressés.

417. — Relevé n° 1364. — Indépendamment de son inscription au registre n° 1398, chaque télégramme des deux premières catégories indiquées à l'art. 413 est mentionné sur un relevé modèle n° 1364.

Les comptes n° 1364 concernant les télégrammes de la 1re catégorie sont envoyés, en fin de mois, à la Direction départementale, qui les transmet à l'Administration centrale (Comptabilité, 2e bureau) du 5 au 10 du mois qui suit celui auquel ils se rapportent. Ceux concernant les télégrammes de la 2e catégorie sont remis aux titulaires des comptes, et les états n° 1370 correspondants sont adressés à la direction départementale qui les conserve dans ses archives.

418. — Ecritures mensuelles. — En fin de mois, les comptes ouverts au registre n° 1398 sont totalisés à l'*avoir* et au *doit*, de manière à en faire ressortir l'excédent. Cet excédent est aussitôt reporté au compte du mois suivant dont il forme le premier article de recettes.

---

(1) Dans les bureaux où l'importance du trafic le justifie, les télégrammes en compte peuvent, sur autorisation du Directeur départemental, être inscrits, au moment du dépôt, sur un journal A^1, spécialement réservé à cet effet, au lieu du registre n° 1398. Les inscriptions sont faites sans distinction de comptes et les télégrammes prennent comme numéro d'ordre celui de la case correspondante dudit journal, en regard de laquelle on prend soin de porter le nom du titulaire de compte. Ces télégrammes sont ensuite reportés, le lendemain, sur registre n° 1398, au compte particulier de chaque déposant.

Inversement, la taxe totale des télégrammes téléphonés par les abonnés exclusivement dépositaires d'une provision téléphonique est soustraite, chaque mois, du produit des communications téléphoniques, au livre nº 1392-3 et ajoutée au produit des télégrammes, au carnet D nº 1368 et à l'état D nº 1369.

CHAPITRE XXXVI

Conditions auxquelles les Communes peuvent obtenir la création de bureaux télégraphiques municipaux ou de bureaux télégraphiques secondaires urbains.

501. — Cas divers. — Ces conditions (1) diffèrent suivant que la commune est :

Pourvue d'une recette des postes de plein exercice ;

Pourvue d'un établissement de facteur-receveur ;

Dépourvue d'une recette postale ou d'un établissement de facteur-receveur.

502. — Commune pourvue d'une recette des postes de plein exercice. — La commune doit s'engager par délibération régulière :

1° A contribuer à la dépense de premier établissement de la ligne devant relier le bureau de poste au réseau télégraphique, pour une somme calculée à raison de 100 francs par kilomètre de ligne aérienne à construire (fil compris) et 50 francs par kilomètre de fil posé ou à poser sur appuis déjà placés (2) ;

2° A pourvoir aux frais de distribution des télégrammes dans l'agglomération principale, après entente avec le directeur départemental des postes sur le choix d'un porteur ;

3° A solder, le cas échéant, les frais d'appropriation du local de la poste.

503. — Commune pourvue d'un établissement de facteur-receveur. — La commune doit s'engager :

1° A contribuer à la dépense de premier établissement de la ligne pour une somme calculée à raison de 100 francs par kil. de ligne neuve et de 50 francs par kil. de fil à poser sur appuis déjà existants ;

2° A allouer une indemnité annuelle au facteur-receveur, tant pour la rémunération du surcroît de travail que lui occasionne la gestion du service télégraphique que pour lui permettre de se faire remplacer pendant ses tournées de distribution postale ;

3° A pourvoir aux frais de distribution des télégrammes dans l'agglomération principale, après entente avec le directeur départemental des postes, pour le choix d'un porteur ;

4° A solder, le cas échéant, les frais d'appropriation du local de la poste.

504. — Commune dépourvue soit d'une recette simple des postes, soit d'un établissement de facteur-receveur. — La commune doit s'engager :

1° A contribuer à la dépense de premier établissement de la ligne pour une somme calculée à raison de 100 francs par kil. de ligne à construire et de 50 francs par kil. de fil à poser sur appuis existants.

2° A mettre gratuitement à la disposition de l'Administration, tant qu'elle le jugera convenable, un local facilement accessible et spécialement affecté au service ;

3° A faire exécuter à ses frais les travaux d'appropriation nécessaires à l'installation du service ;

4° A payer les réparations dont le local aura besoin par la suite ;

5° A prendre à sa charge la fourniture et l'entretien du mobilier, l'éclairage, le chauffage et le nettoyage du bureau ;

6° A supporter les dépenses occasionnées par la réinstallation ou la translation des fils et des appareils, si, pour des causes ne provenant pas du fait de l'Administration, le déplacement du bureau devenait nécessaire et, notamment, en cas de réunion du service à la poste ;

---

(1) Les communes peuvent obtenir l'autorisation de se libérer envers le Trésor en trois annuités successives, la première étant toujours exigible au moment de l'inauguration du bureau (arrêté du 13 novembre 1891).

(2) Les chefs-lieux de canton peuvent obtenir une réduction de 50 0/0 dans l'établissement des lignes télégraphiques (Décret du 11 février 1882).

7° A présenter deux agents, l'un pour la manœuvre des appareils télégraphiques, l'autre pour assurer la distribution des télégrammes à domicile, les frais de ces deux services restant, d'ailleurs, à la charge de la municipalité ;

8° A contribuer aux frais d'installation et à la fourniture des appareils télégraphiques pour une somme de 250 francs.

505. — Cas d'exonération de toute participation aux dépenses d'appareils. — Les communes, chefs-lieux de canton, gîtes d'étape ou sièges d'une brigade de gendarmerie, ainsi que celles pourvues d'une recette de plein exercice ou d'un établissement de facteur-receveur, sont exonérées de toute participation aux dépenses d'appareils. (Arrêtés des 13 novembre 1891 et 30 décembre 1903).

506. — Installation du service télégraphique au bureau de poste. — L'installation du service télégraphique à la Poste n'est obligatoire qu'autant que l'établissement de poste est une recette de plein exercice ; elle est facultative si c'est un établissement de facteur-receveur ou une recette auxiliaire.

Pour le cas d'un facteur-receveur, elle ne peut même avoir lieu que si celui-ci est en mesure de se faire remplacer pendant ses tournées de distribution postale et si la commune lui alloue une indemnité spéciale.

507. — Autres dispositions spéciales aux bureaux téléphoniques municipaux. — Toutes les localités, autres que les chefs-lieux de canton, ou qui ne sont pas déjà pourvues d'une recette des postes de plein exercice, peuvent être reliées à un bureau télégraphique au moyen d'une ligne desservie par un appareil téléphonique. (Arrêté ministériel du 20 octobre 1889).

Les télégrammes échangés avec ces bureaux doivent être rédigés en français, en langage clair et ne pas excéder 50 mots de texte.

508. — Bureaux télégraphiques secondaires urbains. — Les recettes auxiliaires de poste urbaines peuvent être pourvues d'un service télégraphique. Les dépenses relatives à l'établissement de la ligne et à l'installation des appareils sont, en principe, supportées par les communes, qui ne peuvent obtenir l'adjonction du service télégraphique dans une recette auxiliaire urbaine qu'en remboursant le montant des dépenses occasionnées par l'établissement de la ligne, l'achat et l'installation des appareils.

Les demandes de l'espèce donnent lieu à une déclaration du Conseil municipal dans la forme usitée pour les bureaux municipaux.

CHAPITRE XXXVII

Location et concession de fils télégraphiques à la presse.

SECTION I

Location de fils télégraphiques.

509— **Objet des locations.** — Les arrêtés ministériels des 21 août 1890 et 16 février 1905 autorisent l'Administration à louer aux journaux et agences de publicité, en vue de la transmission des dépêches de presse, des fils télégraphiques intérieurs disponibles pendant la nuit, pour une période déterminée comprise entre 4 heures du soir et 8 h. 30 du matin en toute saison, à la condition qu'il n'en résulte aucun inconvénient pour le service général.

En aucun cas, n'est considéré comme disponible, même pendant la nuit, un fil affecté normalement à l'échange de la correspondance publique entre bureaux télégraphiques pourvus d'un service de demi-nuit ou d'un service permanent.

510. — **Demandes de locations de fil.** — Toute demande de location de fil doit être adressée au Ministre ou au Sous-Secrétaire d'Etat des Postes et des Télégraphes. Elle est instruite par l'Administration centrale (Direction de l'exploitation électrique) qui, si elle est accueillie, invite le demandeur à signer une soumission spéciale, reproduisant les clauses et conditions énoncées ci-après. Cette soumission est rédigée sur timbre et enregistrée aux frais du locataire.

511. — **Période d'utilisation d'un fil loué.** — La communication est mise à la disposition du locataire chaque jour, pendant un laps de temps dont la durée quotidienne ne peut être inférieure à une demi-heure. Dans le cas où la première demi-heure ne suffit pas pour l'acheminement de la totalité des correspondances, la location peut être continuée par périodes indivisibles de cinq minutes. La première période d'utilisation quotidienne du fil doit seule être décomptée avec sa durée obligatoire de 30 minutes.

L'heure de commencement de chaque période d'utilisation d'un fil loué est déterminée, d'une manière générale, par voie d'entente entre l'Administration et le journal. Elle ne peut être modifiée soit temporairement, soit définitivement, qu'après accord entre les représentants autorisés du journal et l'Administration centrale.

Si, à l'expiration de la période délimitée à l'article 509, la transmission des correspondances destinées au journal n'est pas terminée, cette transmission peut, sur autorisation conforme du représentant du journal, être continuée à plein tarif. En cas de non-acquiescement, la correspondance non transmise est annulée ; avis d'annulation en est donnée au représentant du journal qui conserve, toutefois, la faculté de faire reporter, en totalité ou en partie, à la période de travail subséquente les transmissions non effectuées.

512. — **Abonnement locatif.** — La redevance, exigible, à titre d'abonnement loca-

tif, est fixée, par appareil Hughes ou clavier Baudot utilisé, à 9 francs pour la première demi-heure, qui est indivisible. Cette somme de 9 fr. est due chaque jour et tant que la location n'a pas été régulièrement résiliée ou annulée, que le locataire fasse ou non usage de la communication, sauf dans le cas où le service télégraphique n'aurait pas mis le fil à la disposition du journal. Au delà de la première demi-heure, la redevance est fixée à 1 fr. 50 pour chaque période de cinq minutes indivisible.

Le taux de cette redevance est réduit de 50 p. 100, si le fil loué est desservi par appareil Morse.

Il est majoré de 2 francs par heure lorsque la location doit avoir lieu en dehors des heures normales d'ouverture des bureaux de l'Etat.

Le montant des taxes horaires sus-indiquées fait l'objet, à la fin de chaque mois, d'un règlement de compte, à la diligence du bureau désigné par l'Administration. A cet effet, le locataire verse d'avance à la caisse de ce bureau un dépôt de garantie dont la quotité, fixée par le receveur, ne doit jamais être inférieure au total des taxes recouvrables pendant un mois.

513. — Correspondances qui peuvent être transmises. — La communication louée ne peut être employée qu'à la transmission des télégrammes destinés à être publiés par la presse périodique, rédigés en langage clair et donnant des nouvelles politiques ou autres. Cette correspondance doit concerner exclusivement le journal ou l'agence qui a obtenu la location ; elle ne doit, en aucun cas, traiter d'intérêts privés, ni émaner de tiers, ni être destinée ou remise à des tiers.

514. — Conditions spéciales de dépôt, de transmission et de remise des correspondances. — A Paris, la correspondance à transmettre doit être déposée dans un des bureaux desservis pendant la nuit par les tubes pneumatiques. (1)

La transmission est effectuée exclusivement par les agents du service télégraphique ; elle demeure soumise à toutes les règles applicables à la correspondance ordinaire.

La remise à domicile a lieu par facteur spécial, après la réception complète de la copie déposée par le représentant du journal. La correspondance peut, toutefois, être retirée par les soins des locataires, au fur et à mesure de la réception au bureau d'arrivée.

515. — Dispositions diverses. — L'Administration se réserve la faculté de suspendre pendant une durée quelconque ou de supprimer entièrement, sans avertissement préalable et sans aucune indemnité vis-à-vis des intéressés, toute communication télégraphique louée.

Le journal peut, de son côté, renoncer, à toute époque, à la communication louée, à la seule condition d'en informer l'Administration au moins quarante-huit heures à l'avance.

Toute disposition résultant d'actes législatifs ou réglementaires à intervenir en matière de location de fils télégraphiques à la presse s'applique de plein droit à toute convention, quelle qu'en soit la date.

516. — Location des câbles reliant la France à la Corse et à l'Algérie. — L'Administration peut également louer aux journaux et agences de publicité, en vue de la transmission des dépêches de presse, les câbles corses et franco-algériens disponibles pendant la nuit, pour une période déterminée comprise entre minuit et 7 heures

---

(1) L'Administration tolère également l'emploi de la voie téléphonique, mais à la condition que chacune des correspondances ainsi acheminées acquitte, comme les télégrammes téléphonés, la surtaxe légale de 10 centimes, soit rédigée en français et en langage clair et n'excède pas 50 mots.

du matin (relations franco-algériennes) et entre 9 heures du soir et 7 heures du matin (relations franco-corses). La redevance est de 40 francs pour la première heure et de 10 francs pour chaque période supplémentaire indivisible d'un quart d'heure.

SECTION II

Concession de fils télégraphiques.

517. — **Divers régimes de concessions de fils à la presse.** — L'Administration concède aux journaux et aux agences de publicité des fils télégraphiques en vue de la transmission de correspondances de presse :

a) *D'un bureau télégraphique de l'Etat à un autre bureau télégraphique de l'Etat ou à un bureau privé d'un journal ou d'une agence ;*

b) *Du bureau privé d'un journal ou d'une agence à un autre bureau privé de ce journal ou de cette agence.*

Ces concessions sont accordées par décision spéciale et, en ce qui concerne les fils de la seconde catégorie (*b*), sur avis conforme du ministre de l'Intérieur.

Les clauses et conditions afférentes à ces deux régimes de concessions sont indiquées dans les trois paragraphes ci-après :

§ 1er. — *Dispositions communes à toutes les concessions de fils de presse.*

518. — **Conditions générales d'établissement et d'utilisation des fils concédés.** — Les journaux et les agences de publicité qui obtiennent la concession de fils télégraphiques sont tenus de verser, à titre de fonds de concours, une part contributive aux frais de premier établissement de ces fils, fixée, dans chaque cas, aux quatre-vingt-cinq centièmes (85/100) du total des dépenses de toute nature faites pour constituer la communication dont l'usage a été concédé.

Le montant de la part contributive est payable d'avance et doit être versé au Trésor en une seule fois.

Les fils concédés sont établis par les soins de l'Administration et restent la propriété de l'Etat qui se réserve leur entretien.

Ils sont mis à la disposition du concessionnaire pendant 19 heures par jour (de 4 h. (1) du soir à 11 h. du matin). Pendant tout le temps durant lequel le fil n'est pas utilisé par le permissionnaire, l'Administration en conserve la libre disposition et l'emploie comme elle le juge convenable.

519. — **Catégorie de télégrammes pouvant être échangés par les fils concédés.** — Les fils concédés ne peuvent être employés que pour la transmission des télégrammes de presse rédigés en français, en langage clair, et destinés à être insérés dans les publications périodiques du journal ou de l'agence concessionnaire.

Ces télégrammes ne doivent, en aucun cas, traiter d'intérêts privés, ni émaner de tiers, ni être destinés ou remis à des tiers.

En cas de contravention à ces dispositions, l'Administration peut, après un avertissement, prononcer le retrait de la concession, sans préjudice de toute autre action de droit.

---

(1) Dans la pratique, 3 h. 1/2.

520. — Irresponsabilité de l'Etat. — Suspension ou retrait de l'usage des fils concédés. — L'Etat n'encourt aucune responsabilité du fait des interruptions accidentelles de ces fils. En outre, il peut, à toute époque, suspendre ou retirer l'usage d'un fil concédé, sans être tenu, pour ce motif, ni à indemnité, ni à remboursement.

521. — Instruction des demandes de concessions de fils spéciaux de presse. — Soumissions. — Les demandes de concessions de fils télégraphiques sont instruites par l'Administration centrale (Direction de l'Exploitation électrique).

Lorsqu'une concession est accordée, (1) le permissionnaire signe une soumission reproduisant les conditions réglementaires prescrites par le présent § 1 et les conditions spéciales à la concession (§ 2 ou 3).

Les frais de timbre et d'enregistrement sont à la charge du concessionnaire.

Les concessions de fils spéciaux de presse restent soumises à toutes les dispositions résultant d'actes législatifs ou réglementaires à intervenir à ce sujet postérieurement à la date de concession, et susceptibles de modifier, soit les règles de service, soit le taux des redevances ou le mode de calculer ces dernières.

§ 2. — *Dispositions spéciales aux concessions de la catégorie A (tarif horaire).*

522. — Dépôt et transmission des correspondances. — Les correspondances à transmettre sont déposées dans des bureaux préalablement désignés. Elles sont transmises exclusivement par les agents du service télégraphique et demeurent soumises à toutes les règles applicables à la correspondance ordinaire.

La transmission est faite sans condition de minimum de mots à transmettre par heure.

La réception des correspondances est assurée, le cas échéant, dans le bureau du permissionnaire, par des employés choisis et rétribués par lui. Les frais d'acquisition, d'installation et d'entretien des appareils nécessaires dans ledit bureau sont à la charge du permissionnaire.

523. — Remise des correspondances. — Lorsque les correspondances sont reçues par le bureau télégraphique de l'Etat, pour quelque motif que ce soit (s'il n'existe pas de ligne d'intérêt privé, ou, s'il en existe une, en cas d'interruption de cette ligne, etc.), elles sont portées par les facteurs du télégraphe, au bureau du permissionnaire, en une seule fois, après l'achèvement de la transmission. Le permissionnaire a toutefois la faculté d'en faire prendre livraison au guichet du bureau de l'Etat, au fur et à mesure de la transmission et aussi fréquemment qu'il le désire.

524. — Redevance pour usage quotidien du fil concédé. — La redevance à payer par le permissionnaire pour l'usage quotidien du fil concédé est fixée à 10 francs par heure, avec perception proportionnelle par cinq minutes indivisibles.

Cette redevance est payable, à la fin de chaque mois, à la caisse du receveur des postes et des télégraphes désigné par l'Administration. Afin d'en garantir le payement, le permissionnaire verse entre les mains de ce receveur une provision renouvelable avant épuisement et dont le montant ne doit pas être inférieur au total des taxes qu'il y aurait lieu de recouvrer pour deux mois d'usage du fil concédé.

525. — Renonciation du permissionnaire. — Le permissionnaire peut, à toute époque, renoncer à l'usage du fil spécial ou à la concession elle-même, sans que cette renonciation donne, en aucun cas, ouverture, à son profit, d'un droit quelconque à indemnité ou à remboursement total ou partiel de la part contributive.

---

(1) Les concessions de fils de presse au régime kilométrique (§ 3), c'est-à-dire exploités de bureau privé à bureau privé, ne sont accordées que sur avis favorable du ministre de l'Intérieur.

Si le permissionnaire cesse de faire usage du fil spécial, sans y avoir expressément renoncé, la concession est considérée comme résiliée dans les mêmes conditions qu'au premier alinéa du présent article, dès que l'interruption du service atteint la durée de six mois.

§ 3. — *Dispositions spéciales aux concessions de la catégorie B) (tarif kilométrique).*

526. — Abonnement d'entretien. — Le concessionnaire d'un fil affecté à l'échange direct des correspondances de presse entre deux bureaux privés d'un journal ou d'une agence contribue aux frais d'entretien de son fil spécial à raison de 10 francs par kilomètre et par an, que la ligne soit aérienne ou souterraine ; les fractions de kilomètre sont comptées pour un kilomètre.

Ces frais sont versés à titre de fonds de concours. Ils sont acquis à l'Etat dès le 1er janvier pour l'année entière ; ils sont exigibles à partir du jour où le fil est mis à la disposition du concessionnaire, et sont, pour la première année, calculés proportionnellement au temps écoulé avant le 31 décembre. Ils doivent être versés au Trésor avant le 31 mars de l'année en cours.

527. — Abonnement pour usage du fil concédé. — Le concessionnaire est tenu de verser, par la voie d'abonnement, pour l'usage de son fil spécial, un droit fixé à 15 francs par kilomètre et par an, et calculé d'après la longueur exacte du fil, toute fraction de kilomètre étant comptée pour un kilomètre.

Le montant de l'abonnement pour droit d'usage est exigible à partir du jour où le fil spécial est mis à la disposition du concessionnaire ; il est payable par semestre et d'avance, l'abonnement afférent au premier semestre étant calculé d'après le nombre exact de journées comprises entre la date d'ouverture du service et le dernier jour du semestre.

528. — Acquisition, installation et entretien des appareils. Postes supplémentaires. — Le concessionnaire pourvoit lui-même à l'acquisition, à l'installation et à l'entretien des appareils télégraphiques nécessaires au fonctionnement de son fil spécial.

Il n'est astreint au payement d'aucun droit d'usage à raison du fonctionnement des deux postes principaux têtes de ligne.

Lorsque le concessionnaire a obtenu l'autorisation de desservir un ou plusieurs points intermédiaires, à l'aide, soit d'une coupure de son fil spécial, soit d'un embranchement formant prolongement de ce fil, il est tenu de verser, chaque année, mille francs, à titre de droit d'usage, pour chacun des postes supplémentaires fonctionnant en sus des deux postes têtes de ligne.

Le droit d'usage pour poste est acquis à l'Etat dès le 1er janvier, pour l'année entière ; il est exigible à partir du jour où la communication supplémentaire est mise à la disposition du concessionnaire ; il doit être versé au Trésor avant le 31 mars de l'année en cours. Pour la première année, il est calculé proportionnellement au temps écoulé avant le 31 décembre.

Dans le cas où un poste intermédiaire autorisé est desservi par le bureau de l'Etat de la localité où il est installé, le concessionnaire acquitte, au lieu de la redevance annuelle de mille francs susvisée, un droit d'usage calculé à raison de dix francs par heure, avec perception proportionnelle par cinq minutes indivisibles. Cette taxe horaire est décomptée mensuellement sur la provision constituée à cet effet par le concessionnaire.

529. — Exécution du service. — Dans chacun des postes desservis par un fil spécial, la manœuvre des appareils, la transmission et la réception des correspondances doivent être exclusivement assurées par les agents de l'Administration des postes et des télégraphes.

Le concessionnaire doit rembourser, chaque année, par périodes semestrielles et d'avance, le montant du traitement moyen annuel fixé à la somme de dix-huit cents francs par agent. Il doit rembourser, en outre, au commencement de chaque mois le montant des indemnités pour service de nuit et service supplémentaire, et, le cas échéant, pour frais de séjour, liquidées pour le mois antérieur, au profit de chacun des télégraphistes détachés dans ses divers postes.

530. — Contrôle de l'Etat. — L'Etat se réserve d'exercer ses droits de contrôle sur le service de tout fil spécial de presse et de faire usage, à cet effet, de tels moyens qu'il juge convenable.

Toutefois, et jusqu'à ce qu'il en soit décidé autrement, l'Administration borne son contrôle à l'examen des correspondances échangées par le fil spécial. A cet effet, le concessionnaire doit remettre, chaque matin, à l'issue de chaque séance des 19 heures quotidiennes, au télégraphiste de service, tous les originaux des correspondances transmises. La liasse de ces correspondances est envoyée au Directeur départemental, qui en assure la revision et signale à l'Administration les contraventions relevées.

531. — Renonciation du concessionnaire. — Le concessionnaire peut, à toute époque, renoncer à l'usage du fil spécial ; les abonnements pour droit d'usage restent acquis à l'Etat jusqu'à la fin du semestre commencé, et l'annuité d'entretien est également acquise jusqu'à la fin de l'année en cours. Il n'est fait de remboursement, et ce, proportionnellement aux délais qui restent à courir jusqu'à la fin de l'année, que sur les sommes versées d'avance pour payement du traitement et des indemnités allouées aux agents de l'Administration (Arrêté ministériel du 24 mars 1891).

CHAPITRE XXXVIII

Conditions d'autorisation, d'établissement, d'entretien et d'usage des lignes d'intérêt privé.

582. — **Conditions générales d'autorisation.** — Aucune ligne télégraphique (1) ne peut être établie ou employée à la transmission des correspondances que par le Gouvernement ou avec son autorisation (Décret-loi du 27 décembre 1851).

Les lignes télégraphiques non comprises dans le réseau de l'Etat, qui sont employées à la transmission des correspondances, en vertu d'autorisations spéciales accordées en conformité du décret-loi susvisé se divisent en deux catégories : 1° celles qui rattachent un établissement privé au réseau de l'Etat et sont destinées à la transmission des correspondances entre cet établissement et les divers points desservis par ce réseau ; 2° celles qui rattachent entre eux plusieurs points d'un même établissement privé ou plusieurs établissements privés appartenant soit à un permissionnaire, soit à plusieurs permissionnaires co-intéressés (Décret du 13 mai 1879).

Il est admis que pour les lignes établies entièrement à l'intérieur d'une même propriété, close ou non close, sans emprunter ni traverser aucune propriété tierce ni voie publique, il y a exemption d'autorisation et de charges.

Sont construites et entretenues par le service des Télégraphes de l'Etat, dont elles restent la propriété :

1° Les lignes d'intérêt privé destinées à relier un établissement particulier à un bureau public télégraphique ou téléphonique ;

2° Les lignes d'intérêt privé qui franchissent la frontière ;

3° Les lignes destinées à relier entre eux deux ou plusieurs établissements privés, lorsqu'elles ont plus de 5 kilomètres, ou généralement lorsque leur tracé peut présenter un intérêt quelconque pour le réseau de l'Etat.

Peuvent être construites et entretenues par les permissionnaires, après autorisation spéciale et approbation du tracé, les lignes qui ne présentent aucun intérêt au point de vue du réseau général et dont le développement ne dépasse pas 5 kilomètres, ainsi que les lignes d'énergie électrique, quelle qu'en soit la longueur. Ces diverses lignes, qui n'empruntent pas les appuis de l'Etat, restent la propriété des concessionnaires.

L'établissement de toutes les lignes d'intérêt privé reste subordonné aux autorisations locales ou particulières nécessaires pour la traversée des voies publiques ou des propriétés privées. Ces autorisations sont obtenues à la diligence du service télégraphique, pour les lignes dont la construction lui est réservée, et par les soins des concessionnaires, pour celles que ces derniers ont été autorisés à construire eux-mêmes.

(1) Pour les lignes pneumatiques d'intérêt privé, voir Titre II, chapitre VI.

Les lignes téléphoniques d'intérêt privé sont, en principe, établies à double fil. Toutefois, celles à simple fil sont admises, à titre exceptionnel, si l'étude préliminaire a montré qu'il n'en résultera aucun inconvénient et sous réserve que le concessionnaire prendra l'engagement de doubler les lignes ainsi établies, à première réquisition de l'Administration. Cette réserve doit faire l'objet d'une clause spéciale dans le contrat de concession.

533. — Part contributive aux frais de premier établissement. — Les permissionnaires des lignes construites par l'Etat contribuent aux frais d'établissement dans les conditions suivantes :

1° *Lignes aériennes* :

Pour toute ligne spéciale à un seul fil : par hectomètre, 20 fr.

Pour toute ligne spéciale à deux ou plusieurs fils et pour tout fil à poser sur ligne existante : par hectomètre de fil, 15 fr.

Le calcul de cette part contributive est établi d'après la longueur réelle des fils et par fraction indivisible de 100 mètres. Si l'Administration juge utile, dans l'intérêt du service, de s'écarter, pour la constitution de la ligne, du tracé normal par les voies classées les plus directes, les longueurs servant à déterminer le montant de la part contributive sont néanmoins calculées d'après la distance qui sépare les points extrêmes à relier, en suivant ledit tracé.

Dans le cas où, par suite de difficultés spéciales, les études préliminaires feraient prévoir une dépense excédant de vingt pour cent les prix forfaitaires ci-dessus indiqués, le concessionnaire devrait s'engager au préalable à rembourser l'intégralité des dépenses de premier établissement en matériel, personnel et main-d'œuvre, majorées de dix pour cent (10 p. 100) à titre de frais généraux.

2° *Lignes souterraines, en tranchée ou sous galerie* :

Pour toute ligne existante :
Par hectomètre indivisible de fil simple : 75 fr. ;
Par hectomètre indivisible de fil téléphonique double : 90 fr. ;
Pour toute ligne neuve spéciale à un seul fil ou à fil téléphonique double :
Remboursement intégral de toutes les dépenses faites en matériel, personnel et main-d'œuvre, majorées de 10 p. 100 à titre de frais généraux.

Le montant de la contribution forfaitaire est déterminé d'après la longueur réelle des lignes. Si l'Administration juge utile, dans l'intérêt du service, de s'écarter, pour la constitution de la ligne, du tracé normal par les égouts ou galeries praticables à la pose des câbles, les longueurs servant à déterminer la quotité de la part contributive sont néanmoins calculées d'après la distance qui sépare les points extrêmes à relier, en suivant ledit tracé.

Les frais d'établissement des lignes d'intérêt privé, aériennes ou souterraines, concédées aux départements ministériels sont remboursés, dans tous les cas, d'après les dépenses réellement faites en matériel, personnel et main d'œuvre, et avec une majoration de 5 p. 100 sur la valeur du matériel.

Les concessionnaires sont tenus de verser d'avance une provision calculée d'après la longueur prévue du ou des fils et d'après le prix de l'unité hectométrique indivisible respectivement fixé par les paragraphes ci-dessus.

Après l'exécution des travaux et avant la mise en service de la ligne concédée, le versement de la provision est soumis à une liquidation.

S'il y a lieu, le permissionnaire verse le complément avant d'entrer en jouissance de sa concession ; si, au contraire, il y a un trop-versé, la différence lui est remboursée.

Sont à la charge exclusive des concessionnaires de lignes établies par le service des Télégraphes de l'Etat :

a) Les redevances dues aux communes pour occupation de leurs égouts ;

b) Les indemnités réclamées par les intéressés pour préjudice résultant des travaux d'établissement ou d'entretien des lignes ;

c) Les frais pouvant résulter du déplacement des lignes, par suite de clôture, réparation, surélévation, etc., effectués par des propriétaires en vertu de l'article 4 de la loi du 28 juillet 1885.

584. — Entretien des lignes. — Les concessionnaires des lignes construites par l'Etat contribuent aux frais d'entretien desdites lignes dans les proportions ci-après :

Lignes aériennes :

Par hectomètre indivisible de fil et par an : 1 fr. 50 ;

Lignes souterraines :

Par hectomètre indivisible de ligne téléphonique à un fil et par an : 6 fr. ;
Par hectomètre indivisible de ligne téléphonique à fil double et par an : 10 fr.

La redevance d'entretien est calculée, dans tous les cas, d'après les longueurs de fil qui ont servi à déterminer le montant de la part contributive du concessionnaire aux frais de premier établissement. Elle est acquise à l'Etat dès le 1er janvier pour l'année entière et doit être versée à première réquisition de l'Administration. L'annuité d'entretien des lignes établies dans le courant d'une année n'est exigible qu'à partir du 1er janvier de l'année suivante.

585. — Installation et entretien des postes et des appareils. — Les permissionnaires des lignes d'intérêt privé, construites ou non par l'Etat, pourvoient eux-mêmes à l'acquisition, à l'installation et à l'entretien des appareils nécessaires au fonctionnement de leurs lignes. Les appareils destinés à desservir une ligne aboutissant à un bureau télégraphique ou téléphonique doivent être choisis parmi les types dont l'usage est autorisé sur les réseaux de l'Etat et ne peuvent être installés que s'ils sont revêtus du poinçon réglementaire.

Le service des Télégraphes de l'Etat peut, toutefois, se charger de l'acquisition, de l'installation et de l'entretien des appareils nécessaires au fonctionnement de lignes d'intérêt privé qui ont pour objet un service public, administratif ou municipal, moyennant une contribution déterminée comme il suit :

1° Par poste télégraphique comprenant une boîte-poste des systèmes Morse ou à cadran, avec les éléments et meubles de pile :

Etablissement : 500 fr. ; — Entretien, par an : 50 fr. ;

2° Par poste de sonnerie :

Etablissement : 50 fr. ; — Entretien, par an : 5 fr.

3° Par poste téléphonique comprenant un transmetteur et deux récepteurs, une sonnerie, un meuble et les éléments d'une pile :

Etablissement : 300 fr. ; — Entretien, par an : 30 fr.

4° Par poste avertisseur d'incendie :

Etablissement : 300 fr. ; — Entretien, par an : 30 fr.

586. — Droits d'usage. — Il est perçu par voie d'abonnement, pour l'usage des lignes d'intérêt privé non rattachées à un bureau de l'Etat, un droit fixe comme suit :

1° *Sur les lignes* :

Par kilomètre de fil et par an : 15 fr.

Ce droit est calculé par fraction indivisible de 200 mètres, avec perception obligatoire d'un minimum de quinze francs par an et par concession.

Si les lignes concédées sont des lignes téléphoniques à double fil, le droit d'usage est calculé et payé d'après la longueur de la ligne simple, abstraction faite du second fil qui n'est qu'un fil de retour.

2° *Sur les fils de sonnerie et les fils d'avertisseurs d'incendie* :

Les fils de sonnerie, les fils aboutissant à des avertisseurs d'incendie (signaux d'alarme) et en général, tous les fils destinés à l'échange de simples signaux d'appel, sont assujettis au payement d'une redevance fixe annuelle de cinq francs (5 fr.) par ligne individuelle, quelle que soit la longueur du fil.

3° *Sur les postes* :

Par poste de transmission et par an : 15 fr.
Ce droit n'est pas perçu pour les deux postes obligatoires que comporte toute concession : mais il s'applique à chacun des postes supplémentaires, en sus de deux, appartenant à une même concession ou faisant partie d'un même réseau et installés de manière à pouvoir correspondre entre eux ou indépendants les uns des autres.
Les postes de sonnerie ou d'appel sont exempts de tout droit d'usage.

Versement de l'abonnement pour droit d'usage. — Le montant du droit d'usage est exigible à partir du jour où la ligne est mise à la disposition du concessionnaire ; il est calculé, pour la première année, proportionnellement au temps écoulé avant le 31 décembre ; il est, pour les années suivantes, acquis à l'Etat dès le 1er janvier, pour l'année entière, et doit être versé à première réquisition de l'Administration.

Lignes exemptées du droit d'usage. — Sont exemptés du droit d'usage :

1° Les lignes reliant un poste privé à un bureau de l'Etat ;
2° Les lignes qui, situées entièrement à l'intérieur d'une propriété, close ou non close, n'empruntent ni ne franchissent aucune propriété tierce, ni voie publique ;
3° Les lignes d'intérêt privé concédées aux divers services de l'Etat, des Départements et des communes ;
4° Les fils de sociétés de tir ;
5° Les fils utilisés par les hospices.

537. — Transmission des télégrammes destinés au réseau général. — Les dépêches échangées entre les établissements desservis par une ligne d'intérêt privé reliée au réseau de l'Etat et ce réseau, ou tout point au-delà, restent soumises à la taxe intégrale dans les conditions de tarif en vigueur.

538. — Communications directes entre un poste d'intérêt privé et le bureau de l'Etat auquel il est rattaché, ou entre deux ou plusieurs réseaux. — Les permissionnaires des lignes d'intérêt privé reliées au réseau général et rattachées à un bureau de l'Etat peuvent être autorisés, pendant les heures ordinaires de service :

1° A transmettre au bureau de l'Etat auquel aboutit leur ligne des dépêches dénommées « messages » destinées à être distribuées ou mises à la poste par ce bureau moyennant le payement, en sus de l'affranchissement postal, d'une taxe calculée à raison de 50 centimes par 100 mots, ou fraction de 100 mots, au maximum ;
2° A communiquer directement entre eux de réseau à réseau aboutissant au même bureau, moyennant le payement par chaque concession d'un droit fixe de :
350 francs par an pour Paris,
200 francs par an pour les autres villes et localités.
Ce droit est calculé par trimestre indivisible et payable d'avance.

Ces autorisations restent, en toutes circonstances, subordonnées aux besoins du service général. Elles peuvent, à toute époque, être suspendues ou retirées sans que l'Administration soit tenue, pour ce motif, à aucune indemnité.

539. — Service des bureaux d'intérêt privé. — Les bureaux des lignes d'intérêt privé de toute catégorie sont desservis par les agents particuliers des permissionnaires. Ces agents sont tenus de transmettre, lorsqu'ils en sont requis, la correspondance officielle avec priorité sur tous les autres télégrammes, et d'en assurer la remise aux destinataires, sans aucune indemnité.

L'Administration conserve, d'ailleurs, la faculté d'introduire dans tous ces bureaux ses propres agents et ses propres appareils, si les besoins du service officiel venaient à l'exiger.

540. — Contrôle et irresponsabilité de l'Etat. — L'Etat se réserve d'exercer ses droits de contrôle sur toute ligne d'intérêt privé, quelle que soit sa destination.

Les frais auxquels ce contrôle pourrait donner lieu sont remboursés par les permissionnaires sur production de titres de perception dressés par l'Administration des Postes et des Télégraphes.

Si le service des Télégraphes juge utile, pour l'exercice de ce droit, d'introduire des fils d'intérêt privé dans un bureau télégraphique de l'Etat, les permissionnaires participent aux frais d'établissement et d'entretien des dérivations, dans les mêmes proportions qu'à ceux des lignes concédées ; mais ces dérivations ne donnent pas lieu à la perception de l'abonnement pour droit d'usage.

Ils sont tenus, en outre, de pourvoir aux frais d'acquisition, d'installation et d'entretien des appareils nécessaires au contrôle, lorsqu'ils se servent, sur leurs lignes, d'appareils qui ne sont pas en usage dans les bureaux où ce contrôle s'exerce, ou que les besoins du contrôle exigent l'emploi permanent d'un appareil spécial.

L'Etat ne peut encourir aucune responsabilité du fait des interruptions accidentelles des communications, même si ces interruptions se produisent sur des fils ou dans le fonctionnement des appareils dont l'entretien est effectué par le service des Télégraphes. Cependant, toute interruption accidentelle, d'une durée supérieure à quinze jours, qui n'est pas du fait du concessionnaire, entraîne, dans le montant du droit d'usage, une diminution calculée proportionnellement à la durée totale de l'interruption.

L'Etat peut, à toute époque, suspendre ou retirer l'usage des fils concédés, sans être tenu, pour ce motif, à aucune indemnité.

541. — Durée des contrats. — Les concessionnaires peuvent, à toute époque, renoncer à l'usage des fils concédés ; l'abonnement pour droit d'usage et l'annuité d'entretien restent acquis à l'Etat jusqu'à la fin de l'année courante. Il n'est fait aucun remboursement sur les sommes versées à titre de participation aux frais de premier établissement.

La substitution d'un permissionnaire à un autre pour l'usage d'une ligne d'intérêt privé appartenant à l'Etat n'est autorisée que si le demandeur succède au cédant dans la jouissance de l'un, au moins, des immeubles reliés.

TITRE II

SERVICE PNEUMATIQUE

Historique.

Les lignes télégraphiques qui relient Paris au réseau universel aboutissent au poste central des télégraphes (103, rue de Grenelle), à l'exception de quelques-unes seulement, rattachées au bureau télégraphique du Palais de la Bourse.

C'est donc vers l'un ou l'autre de ces centres qu'il faut faire converger les 25.000 télégrammes déposés quotidiennement dans les 114 bureaux télégraphiques de la capitale à destination de la France et de l'Etranger. Inversement, chacune des 25.000 dépêches pour Paris, reçues journellement de tous les pays du monde, dans ces deux postes centraux, doit être dirigée sur le bureau du quartier dans la circonscription duquel se trouve le domicile du destinataire.

Au début de la télégraphie, ces échanges se firent par des lignes électriques; mais, en présence de l'accroissement constant du trafic, il fallut bientôt renoncer à ce moyen devenu insuffisant, même avec l'emploi d'appareils à grand rendement : on organisa alors, entre le Central et la Bourse, un service de tilburys qui partaient tous les quarts d'heure et effectuaient le trajet en 15 minutes; puis, après avoir eu recours aux vélocipèdes, on finit, en 1866, par établir des lignes de tubes, analogues à celles qui fonctionnaient à Londres depuis 1858 (Voir IIIe partie. — Appareils, Titre C, chap. 1er).

C'est là l'origine du réseau pneumatique parisien.

Tout d'abord, les bureaux dont le trafic était particulièrement important furent seuls raccordés au réseau des tubes ; peu à peu, le nombre des bureaux reliés s'augmenta et, en 1879, l'Administration décida de faire pénétrer les tubes dans tous les bureaux de la capitale, résultat qui fut entièrement atteint en 1883.

En même temps, elle créa une nouvelle catégorie de correspondances — les cartes et enveloppes pneumatiques — mode de communication qui constitue une véritable poste accélérée et rend les plus grands services à la population parisienne.

Les taxes des cartes ouvertes et fermées, fixées, à l'origine, respectivement à 50 et 75 centimes, furent abaissées, en 1880, à 30 et 50 centimes ; puis, à partir du 1er janvier 1902, date à laquelle fut supprimée la carte ouverte, on ramena à 0 fr. 30 la taxe de la carte fermée. Les enveloppes pneumatiques, vendues 0 fr. 75 lors de leur création, en 1885, ont eu leur prix réduit successivement à 0 fr. 60 en 1886, à 0 fr. 50 en 1896, et 0 fr. 30, en 1902.

Pendant longtemps, les cartes et enveloppes spéciales, sorties des ateliers de l'Administration, ont, seules, été admises dans le service des tubes ; plus tard, on accepta également les formules postales revêtues d'un affranchissement complémentaire en timbres-poste ; enfin, depuis quelques années, celles fabriquées par l'industrie privée sont autorisées à circuler par la voie pneumatique aux mêmes tarifs et conditions que les formules vendues par l'Administration.

Le nombre des correspondances pneumatiques, qui était, en 1880, de 458.245, s'est élevé, en 1907, à 7.370.000 (dont 1.600.000 lettres à 0 fr. 30), représentant une recette brute d'environ 2.200.000 francs.

Le réseau parisien des tubes comporte actuellement plus de 300 kilomètres de lignes.

Le faible développement des lignes pneumatiques établies à Lyon (3 kilomètres) et à Marseille (9 kilomètres) n'a pas encore permis l'organisation d'un service analogue à celui qui fonctionne à Paris.

CHAPITRE PREMIER

Objet et organisation du service pneumatique de Paris.

601. — Correspondances dites « pneumatiques ». — Outre les télégrammes ordinaires taxés au mot (art.41) et les messages téléphonés (art.824), le public peut employer, pour correspondre rapidement dans l'intérieur de Paris, les correspondances transmises par la voie des tubes pneumatiques (1).

602. — Acheminement des télégrammes dans Paris. — Sont également acheminés par cette voie, entre le Poste central télégraphique et la Bourse, d'une part, et les bureaux-succursales de Paris, d'autre part, tous les télégrammes échangés entre Paris et la province et l'étranger, à l'exception des télégrammes officiels et de service, des mandats télégraphiques et des télégrammes de ou pour les départements de la Seine, de Seine-et-Oise, de Seine-et-Marne, de l'Oise, de l'Eure, et d'Eure-et-Loir, qui sont transmis électriquement.

603. — Echange de correspondances pneumatiques entre Paris et certaines villes de la banlieue. — Les localités ci-après : Asnières, Aubervilliers, Billancourt, Bois-Colombes, Boulogne-sur-Seine, Charenton-le-Pont, Clichy-la-Garenne, Courbevoie, Levallois-Perret, les Lilas, Malakoff, Montreuil-sous-Bois, Montrouge, Neuilly-sur-Seine, Pantin, le Pré-Saint-Gervais, Saint-Denis, Saint-Mandé, Saint-Maurice et Vincennes, se trouvent reliées au réseau pneumatique parisien (départ et arrivée) au moyen d'un service de navette assuré par des facteurs spéciaux.

604. — Réseau pneumatique de Paris. — Le réseau pneumatique de Paris se compose d'un certain nombre de groupes de bureaux télégraphiques reliés entre eux par des lignes pneumatiques. Ces différents groupes, formant chacun un circuit spécial et indépendant des autres, sont appelés *réseaux*; ils sont désignés par les lettres de l'alphabet.

Le réseau O, qui dessert à la fois le Poste central et la Bourse, relie les bureaux les plus importants du centre ; les lignes de ce réseau sont doubles.

Les autres réseaux sont appelés réseaux secondaires ; un certain nombre d'entre eux sont également pourvus de lignes doubles. (Voir la carte du réseau pneumatique de Paris).

---

(1) Le service des correspondances circulant dans Paris par la voie des tubes pneumatiques est actuellement régi par les décrets et arrêtés indiqués ci-après :

Décret du 20 novembre 1886 ;
Décret du 20 avril 1896 ;
Arrêté ministériel du 2 juillet 1896 ;
Décret du 17 septembre 1896 ;
Arrêté ministériel du 18 avril 1898 ;
Décret du 11 juillet 1898 ;
Arrêté ministériel du 11 juillet 1898 ;
Décret du 17 décembre 1901.

CHAPITRE II

Dépôt des correspondances pneumatiques.

605. — Correspondances circulant dans Paris par tubes pneumatiques.

1° *Formules pneumatiques spéciales fabriquées par l'Administration* :

— Cartes pneumatiques (jusqu'à 7 grammes). . . . . 0 fr. 30

— Cartes pneumatiques avec réponse payée. . . . . 0 fr. 60

— Enveloppes pneumatiques (pour correspondance jusqu'à 7 gr.). . . . 0 fr. 30

Cartes et Enveloppes pneumatiques { de 7 à 15 gr. ajouter 0 fr. 20 en timbres-poste. de 15 à 30 gr. (maximum) ajouter 0 fr. 70 en timbres-poste.

Les cartes et enveloppes ne doivent renfermer ni corps résistants, ni valeurs quelconques, ni objets dont le transport par la poste est interdit.

2° *Formules postales ordinaires et formules fabriquées par l'industrie privée* :

Peuvent également être utilisées :

— Les cartes postales, cartes-lettres et enveloppes postales timbrées, fabriquées par l'Administration ;

— Les cartes et enveloppes ordinaires fabriquées par l'industrie privée et dont les dimensions n'excèdent pas 14 cent. 1/2 en longueur et 11 centimètres en largeur. Il est nécessaire qu'elles soient suffisamment flexibles pour pouvoir être introduites dans les boîtes des trains pneumatiques.

Ces diverses formules doivent porter, au recto, en caractères très apparents, imprimés ou manuscrits, la mention « carte pneumatique » ou « enveloppe pneumatique ». Elles sont soumises aux mêmes tarifs et conditions que les formules pneumatiques fabriquées par l'Administration (voir ci-dessus, § 1°). Leur affranchissement est, suivant le cas, opéré ou complété à l'aide de timbres-poste.

Les correspondances pneumatiques ne remplissant pas ces conditions réglementaires sont assimilées à des lettres ordinaires et traitées comme telles. Il en est de même des correspondances dépassant le poids maximum de 30 grammes et de celles qui ne portent pas l'affranchissement minimum de 0 fr. 30.

Du reste, en principe, on doit accepter, pour être transportée par le service pneumatique, toute enveloppe ou toute carte qui ne dépasse pas les dimensions réglementaires indiquées ci-dessus et qui est revêtue de l'affranchissement minimum de 0 fr. 30 et de l'une des mentions : « Pneumatique », « Carte pneumatique » ou « Enveloppe pneumatique ». Les objets trouvés dans les boîtes destinées aux correspondances pneumatiques, sur lesquels ne figure pas l'une de ces mentions, mais qui portent l'affranchissement total réglementaire, sont acheminés par les tubes, après avoir été revêtus de l'annotation « *Trouvé dans la boîte aux correspondances pneumatiques* ».

606. — Correspondances pneumatiques insuffisamment affranchies. — Les correspondances insuffisamment affranchies sont frappées du timbre « T » et la somme à percevoir est indiquée sous la forme suivante : « Percevoir *x*... ».

Celles qui ne portent pas l'affranchissement minimum de 0 fr. 30 sont mises à la poste.

607. — Dépôt des correspondances pneumatiques. — Les formules pneumatiques sont déposées par les expéditeurs soit aux guichets télégraphiques, soit dans les boîtes spéciales installées à la devanture et à l'intérieur de chaque bureau. Ces boîtes doivent être l'objet d'une surveillance constante ; aucune correspondance ne doit y séjourner.

Les habitants de la banlieue ont également la faculté de déposer des correspondances pneumatiques à destination de Paris et des localités désignées à l'art. 603, dans les boîtes mobiles spéciales des tramways de certaines lignes de pénétration, pendant le stationnement de ces voitures aux bureaux des dites lignes.

Ces correspondances sont versées au premier bureau télégraphique *intra muros*, situé sur le parcours et chargé de les acheminer sur leur destination.

Le service pneumatique prend fin à 9 heures du soir, dans les bureaux qui ferment à 9 heures et à 10 heures, dans les bureaux de demi-nuit. Les correspondances déposées avant ces heures doivent être distribuées le soir même.

Pour les villes de la banlieue desservies par facteurs spéciaux (art. 603), la dernière levée a lieu à 7 heures du soir ; les correspondances pneumatiques déposées après cette heure courent le risque de ne pas être distribuées le soir même.

Avant le départ du dernier train, l'employé de service est tenu de s'assurer qu'aucune correspondance n'est restée en souffrance dans les boîtes spéciales (1).

Dans les bureaux de demi-nuit, les correspondances pneumatiques déposées avant 10 heures sont acheminées et distribuées le soir même. Celles déposées après 10 heures sont expédiées en bloc, par le train de clôture, soit au Poste central, soit à la Bourse.

608. — Direction à donner. — Inscription des indications de service. — Aussitôt après leur dépôt dans les boîtes spéciales ou au guichet, les correspondances pneumatiques sont frappées du timbre horaire, dirigées d'après les indications de la nomenclature n° 500-51 (ancien 206) et acheminées par le premier train pneumatique. *Elles ne doivent sous aucun prétexte séjourner au bureau.*

L'inscription du numéro du bureau distributeur doit être faite d'une façon très apparente, en évitant avec soin de modifier en quoi que ce soit la suscription de la correspondance.

609. — Récépissé de dépôt. — L'expéditeur d'une correspondance pneumatique peut obtenir, contre payement d'un droit fixe de 0 fr. 10, un récépissé constatant le dépôt de sa correspondance au guichet du télégraphe. Cette surtaxe est enregistrée au journal A^1 et le récépissé est détaché du journal A^{IV}.

610. — Remise contre reçu. — Un expéditeur peut également obtenir qu'une correspondance pneumatique soit remise contre reçu signé du destinataire, en acquittant une surtaxe de 0 fr. 10, représentée en timbres-poste d'égale valeur, apposés par lui ou par le préposé du guichet. La mention « avec reçu » doit figurer d'une façon très apparente, à l'angle gauche supérieur de la formule pneumatique dont la remise est effectuée, à l'arrivée, contre reçu du destinataire.

Il n'est tenu aucun compte, dans le service, des mentions « Personnelle », « Remettre en mains propres » ou autres mentions analogues, lorsqu'une figurine représentant la surtaxe de 0 fr. 10, afférente à la remise contre reçu, n'est pas appliquée sur les

(1) Si, par suite d'infraction à ces prescriptions, un bureau se trouve détenteur, après le départ du dernier train, d'une correspondance pneumatique déposée avant 9 h. du soir, il est tenu de la faire parvenir, le soir même, soit en la faisant porter directement au domicile du destinataire, soit en l'envoyant au bureau de demi-nuit qui dessert ce domicile.

Les frais de distribution correspondants peuvent, après enquête, être mis à la charge de l'agent fautif.

objets portant ces annotations. Dans ce cas, lesdites mentions sont considérées comme n'intéressant que la famille, l'entourage ou le personnel du destinataire.

611. — Accusé de réception. — Au moment du dépôt de sa correspondance, l'expéditeur peut demander à être avisé, par l'une des voies *postale, pneumatique ou électrique*, de la date et de l'heure de la remise au destinataire. Il doit acquitter :

Pour l'accusé	de réception	postal	0 fr. 10
—	—	pneumatique	0 fr. 30
—	—	télégraphique	0 fr. 50
—	—	téléphonique (1)	0 fr. 50

La surtaxe afférente à l'accusé de réception est représentée par des timbres-poste, d'une valeur correspondante, apposés sur la carte pneumatique elle-même et annulés par l'application du timbre horaire et par l'inscription des mots « Accusé de réception postal, télégraphique, etc... », suivant le cas.

Une formule jaune nº 700, frappée du timbre du bureau d'origine et indiquant les noms et adresses de l'expéditeur et du destinataire, ainsi que la nature de l'accusé de réception demandé, est annexée à l'objet, et le tout est inséré dans une enveloppe bulle à l'adresse du bureau distributeur qui est chargé de faire le nécessaire.

Si une correspondance trouvée à la boîte spéciale porte la mention « Accusé de réception » et un affranchissement supplémentaire suffisant, ainsi que la désignation de l'expéditeur, elle doit être traitée comme si elle avait été déposée au guichet.

612. — Correspondances pneumatiques adressées hors Paris. — Les correspondances pneumatiques adressées hors Paris sont dirigées de la façon suivante :

a) Celles à destination des localités de la banlieue parisienne admises au service complet des correspondances pneumatiques sont acheminées *par tubes* sur les bureaux périphériques de Paris qui desservent pneumatiquement ces localités.

b) Celles à destination des autres localités de la banlieue postale de Paris sont dirigées par la voie pneumatique sur la Recette principale, qui les comprend dans ses plus prochains envois postaux aux bureaux destinataires. Toutefois, celles de ces correspondances trouvées dans les boîtes, aux 9e et 10e levées générales, sont traitées, par les bureaux d'origine, comme des correspondances postales.

c) Enfin, les correspondances pneumatiques pour les autres destinations (Départements, Algérie, Tunisie, Colonies et Etranger) sont traitées par les bureaux d'origine comme des correspondances postales. Celles destinées à l'étranger sont revêtues de timbres-poste d'une valeur équivalente à l'affranchissement postal, par les soins des receveurs des bureaux de poste d'origine ou des bureaux chargés de la réexpédition, qui se dégrèvent par une inscription à l'état nº 1373.

(1) Ce mode d'accusé de réception n'est, bien entendu, admis que si l'expéditeur est abonné au réseau téléphonique.

CHAPITRE III

Transmission des correspondances pneumatiques.

613. — Tri et acheminement des correspondances pneumatiques. — Après vérification, timbrage et direction, les correspondances pneumatiques sont triées en plusieurs paquets, selon qu'elles doivent être expédiées sous bordereau blanc, bleu, rose, ou sous enveloppe bulle, d'après les instructions spéciales à chaque bureau, qui est pourvu, à cet effet, d'un tableau de direction.

Lesdites correspondances doivent être acheminées par le premier train qui suit leur dépôt. Les divers trains sont numérotés et le moment de leur passage dans chaque bureau est fixé à l'avance.

Enveloppe bulle. — Les correspondances pneumatiques destinées à des bureaux du même réseau que le bureau de dépôt et que le train doit encore desservir avant de parvenir au bureau tête de ligne, sont placées sous enveloppe bulle portant l'indication du bureau distributeur.

Bordereaux blancs, bordereaux bleus et bordereaux roses. — Les bureaux de Paris effectuent leurs envois sous bordereaux blancs, au Poste central, sous bordereaux bleus, au bureau de la Bourse, et sous bordereaux roses, à leur bureau tête de ligne. Ces bordereaux, qui sont utilisés à titre de simples enveloppes, ne sont ni numérotés au départ, ni classés à l'arrivée. Ils servent dans les deux sens et sont quadrillés sur une face, en vue de faciliter ce double emploi.

614. — Tenue des procès-verbaux nº 680. — Les facteurs tubistes sont chargés de la manœuvre des appareils pneumatiques, ils tiennent un procès-verbal nº 680, sur lequel ils consignent les retards dans la marche des trains ainsi que les divers incidents de service.

Ils doivent, en outre, assurer le service de la *direction* des correspondances pneumatiques dans tous les bureaux où ce travail ne peut constituer une entrave pour la marche régulière des trains.

615. — Rapport hebdomadaire. — Tous les lundis, les receveurs adressent à la Direction des services électriques un rapport sur la marche générale du service pneumatique pendant la semaine précédente. Ce rapport vise, au point de vue technique seulement : 1º l'état des lignes ; 2º l'état des appareils pneumatiques et du matériel roulant ; 3º les forces motrices.

CHAPITRE IV

Distribution des correspondances pneumatiques.

616. — Opérations à l'arrivée. — Les bordereaux et enveloppes nº 665 sont ouverts par les facteurs-chefs, qui frappent immédiatement les correspondances, au verso, de l'empreinte du timbre horaire et, après examen sommaire et inscription au rôle nº 664, avec l'une des mentions F ou Env., les répartissent entre les facteurs qui doivent en assurer la remise dans le plus bref délai.

Les correspondances pneumatiques reçues sont vérifiées, tant au point de vue du conditionnement que de l'affranchissement. Celles qui parviennent ouvertes ou détériorées sont traitées comme il est prescrit pour les lettres, à l'article 483 de l'Instruction générale (emploi des bandes gommées nº 509).

617. — Remise. — Par suite de l'analogie des correspondances pneumatiques avec les lettres, il y a lieu d'appliquer les règles de la distribution postale à ces objets. Lorsque le destinataire est absent, il doit, par suite, être procédé comme suit :

La carte ou l'enveloppe pneumatique, quelle que soit la durée de l'absence, est laissée, au domicile, entre les mains de la personne (habituellement le concierge) chargée de recevoir la correspondance du destinataire. Elle n'est rapportée au bureau que si un ordre de faire suivre a été donné par une personne ayant qualité à cet effet ou si elle est refusée.

Si la porte du destinataire est fermée et s'il ne se trouve personne pour recevoir sa correspondance, la carte ou enveloppe est déposée dans la boîte du destinataire, s'il y en a une ; s'il n'y en a pas, un avis nº 705 est laissé sous la porte du concierge ou du destinataire, s'il s'agit d'une maison particulière. La correspondance est apportée au bureau, annotée en conséquence et conservée à la disposition du destinataire pendant six heures (non compris les heures de clôture). Passé ce délai, elle est renvoyée à l'expéditeur ou versée au bureau des rebuts (voir art. 624).

618. — Reçu nº 708. — Le facteur-chef établit un reçu nº 708 pour les cartes ou enveloppes pneumatiques à remettre contre reçu et pour les correspondances avec accusé de réception ou avec RP.

619. — Recouvrement des taxes à percevoir à l'arrivée. — Le complément d'affranchissement des correspondances pneumatiques est perçu sur le destinataire dans les conditions prévues par l'article 271 (Titre I). Les insuffisances qui n'ont pas été signalées par le bureau d'origine font l'objet d'un procès-verbal nº 685.

Si le destinataire se refuse à acquitter le complément, l'objet est livré au service postal, et le receveur se dégrève conformément aux indications de l'article 322 (Titre I).

620. — Accusé de réception. — Dès la rentrée du facteur qui a remis, contre reçu, une correspondance pneumatique avec accusé de réception, la fiche nº 700 et le reçu sont soumis au receveur, ou à son délégué, pour l'établissement de l'accusé de réception.

S'il s'agit d'un accusé de réception postal ou pneumatique, le receveur ou son délégué rédige un avis de remise ou, selon le cas, de non-remise, qui est adressé à l'expéditeur, sous enveloppe revêtue de son contreseing et portant la mention « Accusé de réception ». Ce pli est, suivant le cas, acheminé par la voie postale ou par la voie des tubes.

S'il s'agit d'un accusé de réception télégraphique, le receveur ou son suppléant rédige, sur formule jaune n° 700, un avis de remise ou de non-remise qui est inscrit pour ordre au registre A[1] et prend la forme suivante : « CR. Paris... de Paris... n°... (*date et heure de dépôt*). Carte ou correspondance pneumatique expédiée par M... (*adresse de l'expéditeur*) adressée à... (*adresse portée sur la carte*) remise le... à... heure (*ou non remise, destinataire parti, absent, inconnu, etc.*). » Dès la réception de cet avis, le bureau récepteur envoie à l'expéditeur une note reproduisant les indications reçues.

S'il s'agit d'un accusé de réception téléphonique, l'avis de remise ou de non-remise est rédigé également sur formule n° 700, et la notification est faite par téléphone, comme un message, au bureau desservant le domicile de l'expéditeur ; la formule est annexée au procès-verbal téléphonique, comme pièce justificative de la conversation non taxée.

Mention de l'heure exacte des accusés de réception est portée sur la fiche originaire du bureau de dépôt, et celle-ci est jointe au reçu n° 708, puis classée dans la liasse des reçus de la journée.

621. — Correspondances pneumatiques reçues en fausse direction. — Les correspondances reçues en fausse direction font l'objet de procès-verbaux n° 685 établis à la charge des bureaux en cause. A ce sujet, il y a lieu de tenir compte des indications suivantes :

1° Si la direction portée sur un télégramme ou sur une carte est erronée, c'est le bureau expéditeur qui est en cause ;

2° Quand un bureau reçoit des télégrammes ou des cartes pneumatiques bien dirigées, mais placées à tort dans son bordereau, c'est le bureau d'où émane le bordereau qui se trouve engagé ;

3° Lorsqu'un bordereau et son contenu ont subi une fausse direction, par suite d'une erreur d'étiquette, c'est encore au bureau d'où émane le bordereau que l'irrégularité doit être imputée.

Dans le but de déterminer les responsabilités, on doit indiquer sur le P.-V. n° 685 l'heure de départ des objets parvenus en fausse direction.

Les objets reçus en fausse direction sont réexpédiés par le prochain train ; toutefois, il ne faut pas hésiter à mettre en distribution une correspondance dont le destinataire habite une circonscription voisine, c'est-à-dire à moins de deux cents mètres environ des limites de la propre circonscription du bureau qui a reçu l'objet mal dirigé.

622. — Correspondances pneumatiques paraissant avoir subi un retard anormal. — Lorsqu'un bureau reçoit une correspondance pneumatique qui, d'après l'indication du timbre horaire, paraît avoir éprouvé un retard anormal en cours de transmission, il établit un P.-V. n° 685 relatant ce fait à la charge du bureau par lequel cette correspondance a transité à découvert en dernier lieu.

623. — Correspondances pneumatiques à réexpédier. — Les correspondances pneumatiques dont les destinataires ont changé de domicile sont réexpédiées gratuitement par tubes dans les limites du réseau.

Celles qui doivent être réexpédiées en dehors de ces limites sont mises à la poste, préalablement affranchies, aussitôt après la rentrée du facteur.

624. — Correspondances pneumatiques non remises. — Sauf observation du délai de garde prévu à l'article 468, les correspondances pneumatiques de toute nature qui n'ont pu, pour une cause quelconque, être remises aux destinataires, sont transmises par tubes aux expéditeurs, si ceux-ci ont indiqué leur adresse sur la suscription des correspondances.

Mais si cette adresse fait défaut, les correspondances pneumatiques sont envoyées par tubes au bureau des rebuts (Hôtel des Postes), après avoir été insérées dans une enveloppe bulle portant la mention très apparente : « Bureau des rebuts — Hôtel des Postes ». Ce service rend au bureau nº 00 celles de ces correspondances qui sont reconnues, après ouverture, susceptibles d'être restituées aux expéditeurs.

Le retour aux expéditeurs, dans l'un et l'autre cas, donne lieu aux formalités suivantes : l'adresse primitive est biffée au crayon bleu, et le timbre « Retour à l'envoyeur » est appliqué diagonalement, suivi de l'indication du nom et de l'adresse de l'envoyeur écrits à l'encre rouge. Les bureaux réexpéditeurs dirigent alors sur le bureau distributeur le plus rapproché du domicile de l'envoyeur les correspondances ainsi renvoyées ; celles-ci sont rendues aux expéditeurs, par les soins du service télégraphique.

La livraison à l'expéditeur ne donne lieu à aucune rétribution pour les facteurs à remises et constitue pour ceux-ci une charge d'emploi.

Le bureau des rebuts n'étant ouvert que de 9 h. ½ à 5 h. ½ du soir, les jours ordinaires (il est fermé les dimanches et jours fériés), le premier envoi des correspondances pneumatiques non remises doit régulièrement avoir lieu à 8 heures du matin. Après 5 heures du soir, les jours ouvrables, et pendant toute le journée, les dimanches et fêtes, les correspondances rebutées doivent être conservées par les bureaux, pour être acheminées sur l'Hôtel des Postes par le premier envoi du lendemain.

CHAPITRE V

Réclamations concernant les correspondances pneumatiques.

625. — Dépôt des réclamations. — Les réclamations, verbales ou écrites, relatives à des correspondances pneumatiques, sont reçues dans tous les bureaux et les réclamants ne doivent jamais être invités à s'adresser directement à l'Administration centrale ou à la Direction de la Seine.

626. — Instruction des réclamations. — Elles doivent être décrites sur des formules nº 845 du service postal, en haut desquelles sont portés, d'une manière très apparente, les mots « Service pneumatique ». Il est procédé ensuite, suivant le cas, comme il est dit ci-dessous :

a) Si la réclamation *est reçue directement au bureau d'origine*, celui-ci remplit les tableaux nos 1 et 2 de la formule nº 845, annexe, le cas échéant, à cette formule, la lettre du réclamant et transmet le dossier au bureau distributeur par le plus prochain courrier ;

b) Quand la réclamation *est reçue directement au bureau distributeur ou lui parvient par l'intermédiaire d'un autre bureau*, les recherches nécessaires sont effectuées au rôle nº 664, et, si la correspondance y figure, les explications écrites du facteur en cause sont consignées au tableau nº 3 et contrôlées soigneusement à domicile. Le dossier est ensuite transmis à la Direction de la Seine (service des tubes pneumatiques), avec tous les renseignements nécessaires. Il convient de ne pas omettre, le cas échéant, de faire figurer les annotations mentionnées au carnet du facteur.

Si la correspondance pneumatique recherchée a été versée au bureau des rebuts pour une cause quelconque, ou si les recherches sont infructueuses, le tableau nº3 est également rempli, mais la formule nº 845 est transmise directement et par tubes au bureau des rebuts (Hôtel des Postes), au moyen de l'adresse qui figure à la quatrième page ;

c) Enfin, si la réclamation *est formulée dans un bureau autre que celui de départ ou d'arrivée*, la formule nº 845 est transmise au bureau distributeur qui opère comme il est dit ci-dessus.

Il est formellement interdit aux bureaux de fournir aux réclamants des renseignements susceptibles de mettre en cause des agents ou des bureaux quelconques.

627. — Demandes de duplicatas de correspondances pneumatiques. — En raison de leur analogie avec les lettres et cartes postales, il ne peut être donné copie d'une correspondance pneumatique.

628. — Formules pneumatiques détériorées. — Les formules pneumatiques mises hors d'usage, avant emploi, peuvent être échangées par le public contre des formules équivalentes, mais le prix n'en est jamais remboursé.

CHAPITRE VI

Lignes pneumatiques d'intérêt privé.

629. — Concession. — Les particuliers peuvent obtenir l'autorisation de relier divers locaux leur appartenant au moyen de lignes d'intérêt privé constituées par une canalisation de tubes pneumatiques. Ils ont à se pourvoir, à cet effet, de toutes les autorisations de voirie nécessaires.

630. — Etablissement. — Pour l'établissement de la ligne, qui reste la propriété de l'Etat, le concessionnaire rembourse les dépenses faites en matériel et main-d'œuvre, majorées de 10 p. 100 à titre de frais généraux. Il a, en outre, à payer le coût de la pose des canalisations assurant la force motrice, laquelle est fournie par l'industrie privée.

Le concessionnaire peut être exceptionnellement autorisé à confier à l'industrie privée la construction de sa ligne pneumatique, sous la réserve que le tracé et l'emplacement des tubes recevront l'agrément de l'Administration, qui, d'ailleurs, décline toute responsabilité concernant l'exécution des travaux.

631. — Entretien. — Les dépenses d'entretien de la ligne pneumatique sont remboursées au fur et à mesure de l'exécution des travaux nécessaires, sur la production d'états d'avances majorées de 10 p. 100 à titre de frais généraux. Il en est de même des frais de remplacement des objets de matériel servant au transport des correspondances (boîtes-piston et collerettes).

632. — Droit d'usage. — Il est perçu, à titre de droit d'usage, une redevance annuelle de 15 francs par hectomètre indivisible de ligne simple, toute fraction étant comptée pour un hectomètre entier. Ce droit n'exonère pas le concessionnaire des redevances que les villes pourraient demander pour occupation de leurs égouts.

TITRE III

SERVICE TÉLÉPHONIQUE

Historique.

C'est à l'Exposition internationale de Philadelphie, en 1876, que le téléphone a fait sa première apparition (1). Un an plus tard, des essais furent entrepris, en Europe, en vue de l'utilisation pratique de la nouvelle invention qui, sortant bientôt du domaine du laboratoire pour devenir une exploitation industrielle, devait révolutionner les conditions économiques de la vie.

Notre pays entra résolument dans le mouvement. Paris est la première ville d'Europe qui ait été dotée d'un réseau urbain. En ce qui concerne la transmission interurbaine, l'échange de communications entre Paris et Marseille fut considéré pendant longtemps comme le résultat le plus satisfaisant qu'il fût possible d'obtenir. C'est entre Paris et Bruxelles qu'a été établi le premier circuit qui ait relié deux pays différents. Enfin, le plus ancien câble téléphonique sous-marin est celui qui fut immergé, en 1891, entre la France et l'Angleterre.

Partout où existe le monopole télégraphique, la téléphonie fut considérée comme rentrant dans ce monopole ; c'est ce qui eut lieu en France. Toutefois, l'Etat ne crut pas devoir, dès le début, gérer directement le service. Le ministre des Postes et des Télégraphes, usant du droit que lui confèrent la loi du 27 décembre 1851 et le décret du 13 mai 1879, fixa, par un arrêté en date du 26 juin 1879, les clauses et conditions auxquelles pouvaient être autorisées la création et l'exploitation de réseaux téléphoniques en France.

Trois personnes sollicitèrent et obtinrent successivement, à partir du 8 septembre 1879, le droit d'établir et d'exploiter des réseaux téléphoniques à Paris, Lyon, Marseille, Bordeaux, Rouen, Le Havre, Lille et Nantes. Elles fusionnèrent bientôt leurs intérêts, pour constituer la Société générale des Téléphones, possédant alors (10 septembre 1880) 8 bureaux, dont 5 à Paris, 1.000 kilomètres de fil et 800 abonnés. L'autorisation d'exploitation qui venait à expiration le 8 septembre 1884, fut ensuite prorogée pour une nouvelle période de 5 années.

Cependant, dès 1882, la Société générale des Téléphones ayant démontré pratiquement que la téléphonie pouvait constituer une exploitation rémunératrice, l'Administration résolut d'appliquer le système de gestion directe, en établissant elle-même des réseaux téléphoniques dans un certain nombre de villes prises en dehors de celles qui avaient fait l'objet de concessions à l'industrie privée : Reims, Roubaix-Tourcoing, Saint-Quentin, Troyes, Amiens, Cannes, Dunkerque, Elbeuf, Nancy, furent successivement dotés du téléphone.

(1) Dès 1854, un fonctionnaire de l'Administration française des lignes télégraphiques, M. Bourseul, avait eu, le premier, l'idée de la transmission de la parole à distance et avait, à cette époque, imaginé un appareil dont la conception fut réalisée en 1863, par Reiss, en ce qui concerne le transmetteur, et en 1876, par Graham Bell pour le récepteur (Voir 3e partie du présent ouvrage art. 242).

Les résultats financiers de ces essais d'exploitation directe avaient paru fort encourageants ; d'autre part, des lignes interurbaines avaient été mises en service et leur nombre semblait devoir s'accroître rapidement. Pour ces raisons, le gouvernement décida de ne pas renouveler la concession de la Société générale des Téléphones qui expirait le 8 septembre 1889, de lui racheter le matériel, d'après les clauses prévues au cahier des charges et d'exploiter, à l'avenir, lui-même, tous les réseaux créés ou à créer. A cette époque, la Société comptait 6500 abonnés et l'Etat 2230.

Une loi du 16 juillet 1889 autorisa le rachat. L'accord n'ayant pu se faire entre les parties sur le montant de l'indemnité de cession, un procès s'engagea : l'Etat fut condamné à payer à ladite Société une somme de 12 millions pour la reprise des réseaux urbains de Paris, Lyon, Marseille, Bordeaux, Rouen, Le Havre, Nantes, Saint-Etienne, Calais, Alger et Oran (lignes, postes d'abonnés et bureaux centraux).

La téléphonie, utilisée d'abord à l'intérieur des villes, ne tarda pas à être expérimentée avec succès entre les localités voisines, de sorte que les relations interurbaines s'établirent assez promptement. Des perfectionnements successifs permirent plus tard de correspondre à des distances relativement considérables et il est techniquement possible aujourd'hui de converser entre deux villes quelconques de France.

Le premier circuit téléphonique interurbain livré à l'exploitation dans notre pays fut inauguré le 16 janvier 1885 entre Rouen et le Havre. Il était constitué par deux fils télégraphiques appropriés à la télégraphie et à la téléphonie simultanées, d'après le procédé Van Rysselberghe, aujourd'hui abandonné.

Depuis lors, en vue de remédier à l'insuffisance des crédits budgétaires affectés au développement du réseau téléphonique français, les lois des 16 juillet 1889 et 20 mai 1890 accordèrent à l'Administration l'autorisation d'accepter au nom de l'Etat, les offres faites par les villes, établissements publics ou syndicats, de verser au Trésor, à titre d'avances sans intérêts, les sommes nécessaires à l'installation de lignes téléphoniques interurbaines ou de réseaux urbains et d'affecter au remboursement de ces avances les produits de l'exploitation de ces lignes et réseaux, sans autre engagement de la part de l'Etat.

C'est à peu près exclusivement à l'aide des avances ainsi consenties que le réseau téléphonique interurbain français a été constitué (1). Il serait, dès lors, superflu d'ajouter qu'il n'a pu être établi d'après le plan d'ensemble élaboré par l'Administration, les lignes ayant dû être raccordées les unes aux autres suivant les hasards des offres d'avances. Celles-ci continuent à affluer, surtout depuis les ouvertures faites aux Conseils généraux, en vue de la création des réseaux dits « départementaux », et il est aisé de prévoir que le réseau téléphonique français ne tardera pas à atteindre et même à dépasser l'importance de certains réseaux étrangers dont le développement avait été jusqu'alors plus rapide.

On compte aujourd'hui, en France, 9923 circuits téléphoniques interurbains, représentant un développement d'environ 320 000 kilomètres de fils ; 5373 réseaux urbains, avec 550 000 kilomètres de fils et 169 600 postes publics ou d'abonnés. Paris, à lui seul, possède 41 735 abonnés, disposant de 60 208 postes.

En ce qui concerne les relations internationales, il existe, à l'heure actuelle, 50 circuits, reliant la France à l'Allemagne, à l'Angleterre, à la Belgique, au Grand Duché de Luxembourg, à l'Italie et à la Suisse.

(1) Voir la carte du réseau téléphonique.

CHAPITRE PREMIER

Tarifs.

SECTION I

Conversations téléphoniques

800. — Dispositions générales. — L'unité de durée des conversations de jour et de nuit, dans le service téléphonique soit local, soit interurbain, est fixée à 3 minutes.

Les communications sont données suivant un alternat rigoureusement observé.

Lorsque d'autres demandes sont en instance, la durée d'une communication locale originaire ou à destination d'un poste public et celle de toute communication interurbaine ne peuvent excéder deux unités de conversations consécutives, soit 6 minutes.

Dans chaque bureau est affiché un tableau indiquant les localités avec lesquelles le public est admis à échanger des communications téléphoniques interurbaines, ainsi que le tarif applicable à chaque relation.

801. — Tarifs des conversations échangées dans l'intérieur des réseaux. —

Conversations dans l'intérieur	du réseau de Paris : 0 fr. 15 ;
	de tout autre réseau : 0 fr. 10.

802. — Tarifs des conversations échangées de réseau à réseau par les lignes interurbaines (en France et en Algérie). —

Service de jour :

	Jusqu'à 25 kilomètres Entre localités faisant partie d'un même canton Entre le réseau d'une ville siège de plusieurs chefs-lieux de canton et les réseaux des localités situées dans l'un de ces cantons	0 fr. 25
Au-dessus de 25 kil.	Entre réseaux d'un *même département*	0 fr. 40
	Entre réseaux de *départements différents* : Par 75 kil. ou fraction de 75 kil. à vol d'oiseau de chef-lieu à chef-lieu	0 fr. 25

(Minimum : 0 fr. 40, maximum : 3 fr.).

Nota. — Les départements de la Seine et de Seine-et-Oise sont, pour la fixation des taxes nterurbaines, considérés comme formant un seul département ayant pour chef-lieu Paris.

Service de nuit :

Communications (par 3 minutes)	3/5 de la taxe de jour (minimum de 0 fr. 25).
Communications par abonnement (voir art. 820)	2/5 de la taxe de jour (minimum de 0 fr. 25).

Tarifs des Communications téléphoniques entre Paris et la Province

NOMS des DÉPARTEMENTS	TARIF de JOUR	TARIF DE NUIT par conversation	TARIF DE NUIT par abonnement	OBSERVATIONS
Ain	1.25			
Aisne	0.50			
Allier	1			
Alpes (Basses)	2.25			
Alpes (Htes-)	2			
Alpes-Maritimes	2.50			
Ardèche	1.75			
Ardennes	0.75			
Ariège	2.25			
Aube	0.50	0.30	0.25	Avec Troyes jusqu'à minuit.
Aude	2.25			
Aveyron	1.75			
Belfort (T^re^ de)	1.25			
Bouches-du-Rhône	2.25	1.35	0.90	Avec Marseille service permanent. Avec Aix-en-Provence, service de 1/2 nuit.
Calvados	0.75	0.45	0.30	Avec Caen jusqu'à minuit et Trouville jusqu'à minuit en août.
Cantal	1.50			
Charente	1.50			
Charente-Inf.	1.50			
Cher	0.75			
Corrèze	1.50			
Côte-d'Or	1	0.60	0.40	Avec Dijon service de 1/2 nuit.
Côtes-du-Nord	1.25			
Creuse	1			
Dordogne	1.50			
Doubs	1.25	0.75	0.50	Avec Besançon service de 1/2 nuit.
Drôme	1.75			
Eure	0.50			
Eure-et-Loir	0.50			
Finistère	1.75			
Gard	2			
Garonno (Hte)	2	1.20	0.80	Avec Toulouse service permanent.
Gers	2			
Gironde	1.75	1.05	0.70	Avec Bordeaux service permanent.
Hérault	2			
Ille-et-Vilaine	1.25	0.75	0.50	Avec Rennes service de 1/2 nuit.
Indre	1			
Indre-et-Loire	0.75	0.45	0.30	Avec Tours jusqu'à minuit
Isère	1.75	1.05	0.70	Avec Grenoble jusqu'à minuit.
Jura	1.25			
Landes	2			
Loir-et-Cher	0.75			
Loire	1.50	0.90	0.60	Avec Saint-Etienne jusqu'à minuit.
Loire (Haute-)	1.50			
Loire-Infér.	1.25	0.75	0.50	Avec Nantes service permanent. Avec St-Nazaire 1/2 nuit.
Loiret	0.50			
Lot	1.75			
Lot-et-Garonne	2			
Lozère	1.75			
Maine-et-Loire	1	0.60	0.40	Avec Angers jusqu'à minuit.
Manche	1			
Marne	0.50	0.30	0.25	Avec Châlons jusqu'à minuit et le matin à partir de 7 h. en toute saison. Avec Reims serv. perman
Marne (Haute)	0.75			
Mayenne	1			
Meurthe-et-Moselle	1	0.60	0.40	Avec Nancy serv. perman.
Meuse	0.75			
Morbihan	1.50			
Nièvre	0.75			

NOMS des DÉPARTEMENTS	TARIF de JOUR	TARIF DE NUIT par conversation	TARIF DE NUIT par abonnement	OBSERVATIONS
Nord	0.75	0.45	0.30	Service permanent avec Lille, Dunkerque, Tourcoing et Roubaix. Avec Douai 1/2 n. Avec Valenciennes jusqu'à 10 h s.
Oise	0.40			
Orne	0.75			
Pas-de-Calais	0.75			
Puy-de-Dôme	1.25	0.75	0.50	Avec Clermont-Ferrand serv. de 1/2 nuit.
Pyrénées (Basses-)	2.25			Avec Bayonne et Pau serv. de 1/2 nuit.
Pyrénées (Hautes-)	2.25			
Pyrénées-Orientales	2.50			
Rhône	1.50	0.90	0.60	Avec Lyon service permanent.
Saône (Hte-)	1.25			
Saône-et-Loire	1.25			
Sarthe	0.75	0.75	0.30	Avec le Mans serv. de 1/2 n.
Savoie	1.75	1.05	0.70	Jusqu'à min. avec Aix-les-Bains, en été.
Savoie (Hte-)	1.50			

NOMS des DÉPARTEMENTS	TARIF de JOUR	TARIF DE NUIT par conversation	TARIF DE NUIT par abonnement	OBSERVATIONS
Seine	0.25	0.25	»	Avec Neuilly service permanent.
Seine-Inférieure	0.50	0.30	0.25	Serv. perm. avec Rouen et le Havre.
Seine-et-Marne	0.40			
Seine-et-Oise	0.25 ou 0.40	0.25	0.25	Avec Versailles service de 1/2 nuit.
Sèvres (Deux-)	1.25			
Somme	0.50	0.30	0.25	Avec Amiens serv. de 1/2 nuit.
Tarn	2			
Tarn-et-Garonne	2			
Var	2.25	1.35	0.90	Avec Toulon serv. de 1/2 nuit.
Vaucluse	2			
Vendée	1.25			
Vienne	1			
Vienne (Hte-)	1.25	0.75	0.50	Avec Limoges service de 1/2 nuit.
Vosges	1.25	0.75	0.50	Avec Epinal à partir de 5 h. du matin.
Yonne	0.50			

803. — Tarifs des conversations internationales. —

Avec l'Allemagne :

Conversations de 3 minutes	Dans les relations limitrophes (1)	2 fr. 50
	Entre villes frontières reliées par des lignes dont la longueur réelle n'excède pas 75 kil.	1 fr. 25

Conversations de 3 minutes ENTRE les centres téléphoniques de la						
1re zone française	ET CEUX DE LA	1re zone allemande.	4 fr. »
2e —	—	2e —	8 fr. »
1re —	—	2e —	6 fr. »
2e —	—	1re —	6 fr. »

(1) Entre les centres téléphoniques respectivement situés : *en France* dans les départements du Doubs, de Meurthe-et-Moselle, de la Meuse, de la Haute-Saône (y compris le territoire de Belfort) et des Vosges, et *en Allemagne*, dans l'arrondissement de Trèves et la principauté de Birkenfeld, en Alsace-Lorraine et dans le Grand-Duché de Bade, excepté la partie située au nord d'une ligne allant de Lauterburg à un point de la frontière bado-wurtembergeoise près de Gernsbach, et la partie située à l'est d'une ligne d'un point de la même frontière au nord de Saint-Georgen à Waldshut.

La 1re *zone française* comprend les départements désignés ci-après : Ain, Aisne, Ardennes, Aube, Côte-d'Or, Doubs, Jura, Marne, Haute-Marne, Meurthe-et-Moselle, Meuse, Nièvre, Nord, Oise, Pas-de-Calais, Rhône, Isère, Saône-et-Loire, Savoie, Haute-Savoie, Haute-Saône (y compris le territoire de Belfort), Seine, Seine-et-Marne, Seine-et-Oise, Somme, Seine-Inférieure, Vosges, Yonne.

La 1re *zone allemande* embrasse les pays situés entre la frontière et une ligne partant de Gronau, passant par Paderborn, Cassel, Meiningen, Ansbach, Ingolstadt, Munich et allant de là directement au sud jusqu'à la frontière autrichienne (les villes sus-désignées font partie de la 1re zone).

La 2e *zone française* comprend les autres départements non compris dans la 1re.

A la 2e *zone allemande* appartiennent tous les centres téléphoniques non compris dans la 1re.

On peut obtenir des communications privées *urgentes*, ayant priorité sur les communications privées ordinaires, en payant une taxe triple qui ne peut, en aucun cas, excéder 15 francs par 3 minutes.

Communications de nuit (par unité de 3 minutes)		
	éventuelles	Tarif normal de jour.
	par abonnement	Moitié du tarif normal.

Avec l'Angleterre :

Conversations de 3 minutes entre les centres téléphoniques de la					
1re zone française	et ceux de la	1re	zone anglaise	10 fr.
2e	—	—	2e	—	12 fr. 50
2e	—	—	1re	—	12 fr. 50
2e	—	—	2e	—	15 fr.

La 1re *zone française* comprend les départements désignés ci-après : Aisne, Allier, Ardennes, Aube, Calvados, Cher, Côte-d'Or, Côtes-du-Nord, Creuse, Doubs, Eure, Eure-et-Loir, Finistère, Indre, Ille-et-Vilaine, Indre-et-Loire, Jura, Loir-et-Cher, Loire-Inférieure, Loiret, Maine-et-Loire, Nanche, Marne, Haute-Marne, Mayenne, Meurthe-et-Moselle, Meuse, Morbihan, Nièvre, Nord, Oise, Orne, Pas-de-Calais, Haute-Saône (y compris le territoire de Belfort), Saône-et-Loire, Sarthe, Seine-Inférieure, Seine, Seine-et-Marne, Seine-et-Oise, Deux-Sèvres, Somme, Vienne, Vosges, Yonne.

La 1re *zone anglaise* comprend les centres téléphoniques situés dans l'Angleterre proprement dite et dans le pays de Galles.

La 2e *zone française* est formée des centres téléphoniques des départements non compris dans la 1re zone.

La 2e *zone anglaise* embrasse les centres téléphoniques situés en Ecosse et en Irlande.

Communications de nuit (par unité de 3 minutes)		
	éventuelles	Tarif normal de jour.
	par abonnement	Moitié du tarif normal.

Avec la Belgique :

Conversations de 3 minutes entre les centres téléphoniques de la					
1re zone française	et ceux de la	1re	zone belge	1 fr. 50
1re	—	—	2e	—	2 fr.
2e	—	—	1re	—	2 fr.
2e	—	—	2e	—	3 fr.
3e	—	—	1re	—	4 fr. 75
3e	—	—	2e	—	5 fr. 25

La 1re *zone française* comprend les départements ci-après : Nord, Pas-de-Calais, Aisne, Ardennes, Meuse et Meurthe-et-Moselle.

La 1re *zone belge* comprend le groupe téléphonique de Courtrai ainsi que les réseaux faisant partie des groupes dont les centres principaux sont situés dans les provinces de Hainaut, de Namur et de Luxembourg.

La 2e *zone belge* comprend tous les autres réseaux ne faisant pas partie de la 1re zone.

La 2e *zone française* embrasse les centres téléphoniques des départements dont le chef-lieu est situé à l'intérieur d'un cercle décrit de Paris comme centre avec un rayon de 300 kilomètres, à l'exclusion des départements formant la 1re zone française.

La 3e *zone française* comprend les centres téléphoniques des départements non compris dans les deux premières zones.

Communications de nuit (par unité de 3 minutes) { éventuelles .... 3/5 du tarif normal.
par abonnement .... Moitié du tarif normal.

Des abonnements peuvent aussi être concédés pendant les heures de jour.

Avec l'Italie :

Conversations de 3 minutes :

a) Entre un centre téléphonique français et un centre italien, par l'intermédiaire de lignes ou sections de lignes dont la longueur totale réelle n'excède pas 100 kilomètres .... 1 fr. 50

b) entre les centres téléphoniques de la	1re zone française et ceux de la	1re zone italienne	3 fr.
	1re — —	2e —	3 fr. 50
	2e — —	1re —	3 fr. 50
	2e — —	2e —	4 fr.
	1re — —	3e —	4 fr. 50
	3e — —	1re —	4 fr. 50
	2e — —	3e —	5 fr.
	3e — —	2e —	5 fr.
	3e — —	3e —	6 fr.

La 1re *zone française* comprend les départements désignés ci-après : Ain, Ardèche, Basses-Alpes, Hautes-Alpes, Alpes-Maritimes, Bouches-du-Rhône, Doubs, Drôme, Isère, Jura, Loire, Rhône, Haute-Saône (y compris le territoire de Belfort), Saône-et-Loire, Savoie, Haute-Savoie, Var et Vaucluse.

La 1re *zone italienne* comprend les provinces de Turin, Cuneo, Port-Maurice, Gênes, Alexandrie, Novare, Pavie, Milan, Côme, Bergame, Plaisance, Sondrio, Brescia, Crémone, Parme et Massa.

La 2e *zone française* est formée par les départements suivants : Aisne, Allier, Ardennes, Ariège, Aube, Aude, Aveyron, Cantal, Cher, Corrèze, Côte-d'Or, Creuse, Dordogne, Eure-et-Loir, Gard, Haute-Garonne, Gers, Hérault, Indre, Indre-et-Loire, Loir-et-Cher, Loiret, Haute-Loire, Lot, Lot-et-Garonne, Lozère, Marne, Haute-Marne, Meuse, Meurthe-et-Moselle, Nièvre, Puy-de-Dôme Pyrénées-Orientales, Seine, Seine-et-Marne, Seine-et-Oise, Tarn, Tarn-et-Garonne, Haute-Vienne, Vosges et Yonne.

La 2e *zone italienne* comprend les provinces de Vérone, Mantoue, Vicence, Bellune, Venise, Udine, Trévise, Padoue, Rovigo, Ferrare, Reggio, Modène, Bologne, Ravenne, Forli, Florence, Livourne, Lucque, Pise, Sienne, Grosseto, Arezzo, Pérouse, Ancone, Macerata, Ascoli, Teramo, Pesaro, Rome et Aquila (2e zone).

La 3e *zone française* est formée par les départements non compris dans les deux premières zones.

A la 3e *zone italienne* appartiennent les provinces non comprises dans les deux premières zones.

Communications de nuit (par unité de 3 minutes) { éventuelles ....3/5 du tarif normal.
par abonnement ....Moitié du tarif normal.

Avec le Grand-Duché de Luxembourg :

Conversations de 3 minutes :

a) Entre un centre téléphonique luxembourgeois et un centre de la première zone française qui est formée par le département de Meurthe-et-Moselle.............. 1 fr. 25

b) Entre un centre téléphonique luxembourgeois et un centre téléphonique de la 2e zone française, laquelle s'étend aux centres téléphoniques des départements, autres que celui de Meurthe-et-Moselle, dont le chef-lieu est situé à l'intérieur d'un cercle décrit de Nancy avec un rayon de 300 kilom.. 2 fr. 50

c) Entre un centre téléphonique luxembourgeois et un centre téléphonique de la 3e zone française, laquelle s'étend aux centres situés dans les départements non compris dans les deux premières zones... 5 fr.

Communications de nuit (par unité de 3 minutes)	éventuelles	3/5 du tarif normal.
	par abonnement	moitié du tarif normal.

Avec la Suisse :

Conversations de 3 minutes :

a) Entre un centre téléphonique suisse et un centre téléphonique de la 1re zone française, laquelle comprend les départements suivants : Savoie, Haute-Savoie, Ain, Jura, Doubs, Vosges et Haute-Saône (y compris le territoire de Belfort)...... 1 fr. 50

Toutefois, cette taxe est réduite à 0 fr. 60 entre les deux centres téléphoniques dont la distance réciproque, mesurée à vol d'oiseau, ne dépasse pas 20 kilom.

b) Entre un centre téléphonique suisse et un centre téléphonique de la 2e zone française, laquelle s'étend aux départements compris dans la 1re zone et la limite ouest des départements indiqués ci-après : Ardennes, Marne, Aube, Yonne, Loiret, Cher, Indre, Haute-Vienne, Corrèze, Cantal, Aveyron et Hérault................ 3 fr.

c) Entre un centre téléphonique suisse et un centre téléphonique de la 2e zone française, laquelle s'étend aux départements non compris dans les deux premières zones .... 4 fr.

Communications de nuit (par unité de 3 minutes)	éventuelles	3/5 du tarif normal.
	par abonnement	Moitié du tarif normal.

804. — **Principaux circuits téléphoniques internationaux.** —

avec **l'Allemagne** :

Paris = Berlin ;
Paris = Francfort-sur-le-Mein ;
Blamont = Deutsch — Avricourt ;
Nancy = Metz ;
Nancy = Saarburg ;
Jœuf = Gros-Moyœuvre ;
St-Dié = Markirch ;
St-Dié = Schirmeck ;
Le Thillot = Vesserling ;
Moncel-sur-Seille = Château-Salins ;
Belfort = Altmünsterol ;
Belfort = Mulhouse.

avec **l'Angleterre** :

Paris = Londres (4 circuits) ;
Lille = Londres.

avec la **Belgique** :

Paris = Bruxelles (4 circuits) ;
Givet = Dinant ;
Mézières = Namur ;
Sedan = Bouillon ;
Longwy = Arlon ;
Dunkerque = Ostende ;
Fourmies = Chimay ;
Lille = Anvers ;
Lille = Bruxelles ;
Lille = Courtrai (2 circuits) ;
Lille = Tournai ;
Maubeuge = Charleroi ;
Roubaix = Courtrai ;
Valenciennes = Mons.

avec l'**Italie** :

Lyon = Turin ;
Nice = Turin ;
Nice = Gènes.

avec le **Luxembourg** :

Longwy = Luxembourg.

avec la **Suisse** :

Annemasse = Genève ;
Bellegarde = Genève (2 circuits) ;
Lyon = Genève ;
St-Julien = Genève ;
Gex = Ferney-Voltaire = Genève ;
Belfort = Bâle ;
Divonne = Coppet ;
Morez = Le Sentier ;
Delle = Porrentruy ;
Besançon = Morteau = Chaux-de-Fonds ;
Pontarlier = Couvet ;
Evian = Montreux ;
Chamonix = Martigny.

SECTION II

Abonnements.

805. — **Divers postes téléphoniques d'abonnement.** — Les divers postes téléphoniques dont la concession peut être accordée dans chaque réseau local (1) sont dénommés, suivant le cas, postes *principaux* ou postes *supplémentaires* :

(1) Un réseau local est l'ensemble des postes d'abonnés, des postes publics et des lignes rattachant ces postes à un même bureau central téléphonique.
Exceptionnellement, les postes d'abonnés et les postes publics du réseau local de Paris sont reliés à huit bureaux centraux : rue Gutenberg (2 bureaux), rue de Passy, rue Desrenaudes, rue de la Roquette, rue Chaudron, boulevard de Port-Royal et avenue de Saxe.

Postes principaux, lorsqu'ils sont reliés directement au bureau central de la circonscription par une ligne spéciale qui est affectée en propre au service du titulaire ; cette ligne est dite « ligne principale » ;

Postes supplémentaires, lorsqu'ils sont rattachés à un poste principal ; la ligne de raccordement est dite « ligne supplémentaire ».

Les postes supplémentaires installés dans le même immeuble que le poste principal auquel ils sont rattachés peuvent être affectés au service de l'abonné titulaire de ce poste principal ou celui de personnes habitant cet immeuble (1).

Ceux installés dans un immeuble différent de celui dans lequel est placé le poste principal auquel ils sont rattachés ne peuvent être affectés qu'au service exclusif de l'abonné titulaire de ce poste principal.

806. — Diverses catégories d'abonnements. — Il existe trois catégories principales d'abonnement au téléphone :

L'abonnement *forfaitaire de groupe*, qui est concédé exclusivement dans les réseaux constitués en groupe ;

L'abonnement *forfaitaire local*, qui est concédé dans tous les réseaux ;

L'abonnement *à conversations taxées*, qui est concédé dans tous les réseaux des villes dont la population n'est pas supérieure à 80.000 habitants.

Dans les réseaux des villes dont la population est supérieure à 80.000 habitants, les postes téléphoniques sont concédés exclusivement sous le régime de l'abonnement forfaitaire.

Dans les autres réseaux, les postes téléphoniques sont concédés, au choix des abonnés, sous le régime de l'abonnement forfaitaire ou sous le régime de l'abonnement à conversations taxées.

807. — Facultés conférées par chacune des diverses catégories d'abonnements. — *a*) — L'abonnement *forfaitaire de groupe* confère au titulaire la faculté de correspondre à partir de son poste d'abonnement, pendant les heures de l'ouverture simultanée des bureaux appelés à établir les communications :

1° Gratuitement, avec tous les postes d'abonnés des réseaux des localités qui font partie du même groupe ;

2° Moyennant le payement des taxes réglementaires, avec les postes publics des réseaux des localités qui font partie du groupe et avec tous les postes d'abonnés et les postes publics des autres localités admises à communiquer avec le réseau dont ce poste d'abonnement dépend.

Le titulaire d'un abonnement forfaitaire de groupe a, en outre, la faculté d'utiliser son poste d'abonnement, dans les conditions réglementaires, pour transmettre et recevoir des télégrammes téléphonés et des appels téléphoniques et pour transmettre des messages téléphonés.

b) — L'abonnement *forfaitaire local* confère au titulaire la faculté de correspondre à partir de son poste d'abonnement, pendant les heures de l'ouverture simultanée des bureaux appelés à établir les communications :

1° Gratuitement, avec tous les postes d'abonnés du même réseau ;

2° Moyennant le payement des taxes réglementaires, avec les postes publics du même réseau et avec tous les postes d'abonnés et les postes publics des autres réseaux admis à communiquer avec le réseau dont ce poste d'abonnement dépend.

Le titulaire d'un abonnement forfaitaire local a également la faculté d'utiliser son

(1) Les locataires d'une même maison ont donc la faculté de faire usage dans leur appartement, de postes supplémentaires reliés à un poste principal concédé soit à l'un d'entre eux, soit au propriétaire de l'immeuble.

poste d'abonnement, dans les conditions réglementaires, pour transmettre et recevoir des télégrammes téléphonés et des appels téléphoniques et pour transmettre des messages téléphonés.

c) — L'abonnement *à conversations taxées* confère au titulaire la faculté d'utiliser son poste d'abonnement, pendant les heures de l'ouverture simultanée des bureaux appelés à établir les communications, pour :

1° Correspondre, moyennant le payement des taxes réglementaires, avec tous les postes d'abonnés et les postes publics du réseau local et avec les postes des autres réseaux admis à communiquer avec ce réseau local ;

2° Transmettre et recevoir des télégrammes téléphonés et des appels téléphoniques et pour transmettre des messages téléphonés dans les conditions réglementaires.

d) — L'abonnement concédé pour *l'échange exclusif de communications interurbaines* (1) confère au titulaire la faculté d'utiliser son poste d'abonnement, pendant les heures de l'ouverture simultanée des bureaux appelés à établir les communications, pour :

1° Correspondre, moyennant le payement des taxes réglementaires, avec tous les postes d'abonnés et les postes publics des réseaux autres que le réseau local admis à communiquer avec ce réseau local ;

2° Transmettre et recevoir des télégrammes téléphonés et des appels téléphoniques interurbains, et pour transmettre des messages téléphonés interurbains.

e) — Il est délivré, sur sa demande, à tout abonné forfaitaire annuel une *carte d'admission gratuite aux cabines téléphoniques publiques*. Elle est établie, au nom du signataire du contrat, sur une carte photographique fournie à l'Administration par l'intéressé ou sur un livret postal appartenant à ce dernier.

808. — Montant annuel des diverses catégories d'abonnements.

NATURE des POSTES	Abonnements forfaitaires				Abonnements à conversations taxées (Dans les villes de moins de 80.000 hab.)	Abonnements exclusivement pour communications interurbaines		
	à Paris	à Lyon	Autres villes: Au-dessus de 25.000 hab.	Autres villes: Au-dessous de 25.000 hab.		à Paris	à Lyon	Autres réseaux
	fr.	fr.	fr.	fr.		fr.	fr.	fr.
Par poste principal.......	400	300	200	150	100 francs la 1re année. 80 francs la 2e année. 60 francs la 3e année. 40 francs les années suivantes.	150	125	50
Par poste supplémentaire	50	40	40	40	30	50	40	40

(1) Les abonnements de l'espèce ne sont concédés que dans les réseaux où l'abonnement forfaitaire est seul admis, c'est-à-dire dans les réseaux des villes dont la population est supérieure à 80.000 habitants.

Toutefois, lorsque le contrat est souscrit : 1° au nom d'une raison sociale, la carte est établie au nom de l'une des personnes désignées nominalement au contrat ; 2° au nom d'une maison dont le chef n'habite pas au siège du réseau, la carte peut être établie au nom du fondé de pouvoirs ou du gérant de cette maison, lequel doit justifier de sa qualité par la production de l'original de sa procuration.

Lorsqu'un abonné est titulaire de plusieurs abonnements principaux, une carte est réservée pour l'usage personnel du signataire du contrat, ou, lorsque celui-ci n'habite pas au siège du réseau, de son fondé de pouvoirs ou gérant. Les autres cartes auxquelles cet abonné a droit peuvent être établies au nom de ses co-associés, de ses employés ou de personnes habitant, selon le cas, avec lui ou avec son fondé de pouvoirs ou gérant.

Les cartes d'admission gratuite aux cabines téléphoniques publiques sont renouvelables aux époques fixées par l'Administration. Elles sont rigoureusement personnelles et leur présentation est indispensable pour obtenir une communication gratuite (art. 842). Toute carte utilisée par une personne autre que le titulaire est retirée du service, sans que cette mesure puisse donner droit à aucun remboursement et sans préjudice des poursuites qui peuvent être exercées contre les délinquants.

Les lignes *supplémentaires* donnent, en outre, lieu dans tous les réseaux à une redevance annuelle, pour droit d'usage, de 1 fr. 50 par hectomètre indivisible de ligne.

Ne sont pas soumises à cette redevance :

Les lignes supplémentaires reliant deux postes principaux forfaitaires d'un même réseau ;

Les lignes supplémentaires reliant des postes supplémentaires à un poste principal, lorsque ces postes (supplémentaires et principal) sont situés dans le même immeuble ;

Les lignes supplémentaires intérieures ou les sections intérieures des lignes supplémentaires en fil d'appartement ;

Les lignes supplémentaires des services publics de l'Etat, des départements ou des communes.

809. — Fourniture des appareils et des lignes. — *a)* — *L'Etat fournit*, pour la durée du contrat, *sans surtaxes spéciales* :

1° A tous les abonnés, les générateurs d'électricité nécessaires au service normal du poste et les lignes intérieures en fil d'appartement reliant le poste d'abonnement à la ligne aérienne ou souterraine ;

2° Aux abonnés qui contractent, sous le régime des conversations taxées, les organes essentiels (1) des postes principaux d'abonnement.

Ces appareils sont du modèle mural et d'un type déterminé par l'Administration.

Des appareils pour postes mobiles, également d'un type déterminé par l'Administration, peuvent être mis à la disposition des abonnés moyennant le payement d'une redevance supplémentaire (art. 812, § *c*).

3° Aux abonnés des réseaux de Paris et de Lyon et à ceux qui contractent sous le régime des conversations taxées, les lignes ou sections de lignes principales d'abonnement situées dans la limite d'entretien gratuit, par l'Etat, des lignes de l'espèce.

b) — Les *abonnés forfaitaires fournissent* les organes essentiels de leurs postes d'abonnement principaux ou supplémentaires, ainsi que les organes accessoires, s'il y a lieu.

Ces abonnés contribuent, en outre, sauf à Paris et à Lyon, aux frais d'établissement de leurs lignes d'abonnement principales ou supplémentaires.

Les abonnés des réseaux de Paris et de Lyon contribuent seulement aux frais

---

(1) Les organes essentiels d'un poste téléphonique sont : les appareils transmetteurs et récepteurs et le dispositif d'appel.

d'établissement des sections de lignes principales situées en dehors de la limite d'entretien gratuit par l'Etat des lignes de l'espèce et des lignes supplémentaires situées en dedans ou en dehors de cette limite.

c) — Les *abonnés à conversations taxées fournissent* les organes accessoires de leurs postes d'abonnement principaux et les organes essentiels et accessoires de leurs postes supplémentaires.

Ces abonnés contribuent, en outre, aux frais d'établissement des sections de lignes principales situées en dehors de la limite d'entretien gratuit, par l'Etat, des lignes de l'espèce et des lignes supplémentaires situées en dedans ou en dehors de cette limite.

d) — Le matériel fourni par l'Etat à titre gratuit ou moyennant contribution reste sa propriété.

L'Administration détermine, seule, la nature de ce matériel et le tracé des lignes à construire.

Les organes essentiels ou accessoires des postes d'abonnement fournis par les abonnés doivent être choisis parmi les modèles-types agréés par l'Administration et ne peuvent être mis en place avant d'avoir été vérifiés et poinçonnés par celle-ci. Ces organes restent la propriété des abonnés ; ils doivent être remplacés lorsque l'Administration les juge devenus impropres au service.

810. — Etablissement des lignes à titre onéreux. — Le montant de la contribution demandée aux abonnés, dans certains cas, pour l'établissement des lignes d'abonnement, est déterminé d'après les bases indiquées ci-après :

A. — *Lignes aériennes.*

1° Pour les lignes établies à double fil, 20 fr. par hectomètre de ligne double posée ou utilisée ;

2° Pour le doublement ultérieur des lignes primitivement à simple fil (1) 10 fr. par hectomètre de simple fil posé ou utilisé.

B. — *Lignes souterraines en égout, galerie ou tranchée et lignes en câble sous plomb.*

1° Pour les lignes établies à double fil, 60 fr. par hectomètre de ligne double posée ou utilisée ;

2° Pour le doublement ultérieur des lignes primitivement à simple fil, 30 fr. par hectomètre de fil simple posé ou utilisé.

Dans le cas où l'établissement d'une ligne ou section de ligne présente des difficultés ou nécessite des dispositions spéciales et notamment si, pour des raisons de convenance personnelle, le titulaire désire qu'à partir de l'entrée de l'immeuble ou de la propriété où le poste doit être installé, la ligne soit construite dans des conditions particulières, les dépenses qu'entraîne son établissement sont intégralement remboursées à l'Etat avec majoration de 10 p. 100, à titre de frais généraux.

Si, dans l'intérêt du service, l'Administration juge utile de transformer en ligne souterraine tout ou partie d'une artère de lignes aériennes, la part contributive des abonnés, pour la section souterraine correspondante, continue à être calculée d'après le tarif des lignes aériennes.

Dans les autres cas de transformation, la part contributive des abonnés, pour la section souterraine correspondante, est calculée d'après le tarif des lignes souterraines.

811. — Entretien des lignes. — *a*) *A titre gratuit.* — La limite dans laquelle les lignes principales d'abonnement, sauf l'exception indiquée au dernier alinéa du présent article, sont entretenues *gratuitement* par l'Etat, est fixée :

1° Pour le réseau de Paris, au mur d'enceinte de cette ville ;

---

(1) A l'origine, un certain nombre de réseaux ont été établis à simple fil. Aujourd'hui, il n'est plus construit de lignes de l'espèce et les lignes existantes sont doublées aux frais des abonnés, aussitôt qu'une modification est demandée au contrat correspondant à l'usage de ces lignes.

2° Pour les réseaux exclusivement à abonnement forfaitaire, par décision du Sous-Secrétaire d'Etat spéciale à chaque réseau ;

3° Pour tous les autres réseaux, à un cercle de 1.000 mètres de rayon à compter du bureau central téléphonique.

b) *A titre onéreux.* — Les sections de lignes principales situées en dehors de la limite susindiquée et les lignes supplémentaires situées en dedans ou en dehors de cette limite sont entretenues par l'Etat, *moyennant le payement* d'une redevance annuelle déterminée d'après les bases suivantes :

A. — *Lignes aériennes.*

1° Pour les lignes établies à simple fil, 1 fr. 50 par hectomètre de fil simple ;

2° Pour les lignes établies à double fil, 2 fr. par hectomètre de ligne double.

B. — *Lignes souterraines en égout, galerie ou tranchée et lignes en câble sous plomb.*

1° Pour les lignes établies à simple fil, 3 fr. par hectomètre de fil simple ;

2° Pour les lignes à double fil, 4 fr. par hectomètre de ligne double.

Nota. — Les lignes ou sections de lignes ayant présenté des difficultés lors de leur établissement ou nécessité des dispositions spéciales, donnent lieu au remboursement intégral des dépenses d'entretien majorées de 10 p. 100 à titre de frais généraux.

812. — Installation et entretien des postes. — *a)* Les organes essentiels des postes principaux ou supplémentaires d'abonnement sont, quel que soit le régime de l'abonnement, installés et entretenus gratuitement par l'Etat, sauf les exceptions visées au § *c)* ci-après.

b) — Les organes accessoires de ces postes sont installés et entretenus par l'Etat, moyennant le payement par le titulaire d'une redevance qui est déterminée d'après les bases suivantes :

Installation : Remboursement intégral des frais de pose majorés de 10 p. 100.

Entretien: 5 0/0 de la valeur de ces organes, avec minimum de 1 franc par contrat et par an.

c) — L'entretien des organes essentiels des postes principaux d'abonnement à conversations taxées munis d'appareils mobiles fournis gratuitement par l'Administration, donne lieu au payement d'une redevance supplémentaire annuelle de 10 fr. par poste.

d) — Les frais résultant de détériorations qui ne sont pas le fait de l'usage normal des appareils et l'entretien des organes essentiels ou accessoires de luxe sont à la charge du titulaire.

813. — Dispositions diverses concernant l'installation des postes. — Le poste est établi à l'endroit désigné par le titulaire dans les locaux qu'il occupe. Ce dernier doit obtenir du propriétaire de ces locaux l'autorisation de faire les installations nécessaires et prendre à sa charge les diverses réparations qu'entraînerait l'établissement ou la suppression de ces installations.

Dès que les travaux sont commencés, le titulaire ne peut obtenir l'installation du poste en un point autre que celui primitivement désigné, s'il ne s'engage à acquitter les frais qu'exigerait ce changement, y compris une majoration de 10 0/0 à titre de frais généraux.

Il est interdit au titulaire de greffer aucun fil sur celui dont l'usage lui est concédé, de démonter ou déplacer les appareils accessoires et, d'une manière générale, de modifier en quoi que ce soit l'installation téléphonique effectuée par l'Administration ; tout changement qu'il désirerait y faire apporter doit être exécuté par celle-ci et aux frais de l'abonné, d'après les conditions prévues à l'alinéa précédent.

L'Administration se réserve la faculté d'apporter au poste de l'abonné, sans frais pour lui, les modifications qu'exigerait le service.

Le titulaire d'un poste d'abonnement doit accorder aux agents de l'Administration chargés du service téléphonique, qui justifient de leur qualité, l'accès, à des heures convenables, des locaux où sont installés la ligne et le poste.

814. — Transfert des postes d'abonnement. — 1°. — *A Paris et à Lyon* :

a) — Le transfert d'un *poste principal* donne lieu à la signature d'un nouveau contrat faisant suite au contrat précédent, en ce qui concerne les échéances trimestrielles et valable pour une durée minimum d'un an à compter de l'expiration du trimestre d'abonnement en cours.

Lorsque le poste principal est transféré dans la limite d'entretien gratuit, si le contrat en cours est en vigueur depuis moins d'un an, le raccordement avec le réseau, le déplacement et la réinstallation des appareils sont soumis à une redevance fixée à forfait à 40 francs. Si le contrat correspondant est en vigueur depuis un an au moins, le transfert n'est soumis à aucune redevance.

Lorsque le poste principal est transféré en dehors de la limite d'entretien gratuit, le titulaire contribue, dans la mesure déterminée par l'article 810, aux frais de premier établissement des nouvelles sections de lignes principales situées en dehors de la limite d'entretien gratuit. En outre, si le contrat en cours est en vigueur depuis moins d'un an, le déplacement et la réinstallation des appareils essentiels comportent le payement d'une redevance fixée à forfait à 15 fr. ; si le contrat en cours est en vigueur depuis un an au moins, il n'est rien perçu pour le déplacement et la réinstallation des appareils essentiels.

Dans tous les cas, les organes accessoires sont déplacés et réinstallés moyennant le remboursement intégral des fournitures et frais de main-d'œuvre, majorés de 10 p. 100 à titre de frais généraux.

b) — Le transfert d'un *poste supplémentaire* donne lieu à la signature d'un nouveau contrat, faisant suite au contrat précédent, en ce qui concerne les échéances trimestrielles et valable pour une durée minimum d'un an à compter de l'expiration du trimestre d'abonnement en cours.

Le titulaire contribue, dans la mesure déterminée par l'article 810, aux frais de premier établissement des nouvelles lignes ou sections de lignes situées soit en dehors, soit en dedans de la limite d'entretien gratuit.

En outre, si le contrat en cours est en vigueur depuis moins d'un an, le déplacement et la réinstallation des appareils essentiels comportent le payement d'une redevance fixée à forfait à 15 francs.

Si le contrat en cours est en vigueur depuis un an au moins, il n'est rien perçu pour le déplacement et la réinstallation des appareils essentiels.

Dans tous les cas, les organes accessoires sont déplacés et réinstallés moyennant le remboursement intégral des fournitures et frais de main-d'œuvre, majorés de 10 pour 100 à titre de frais généraux.

Lorsqu'un transfert s'applique à une installation comprenant plusieurs postes situés dans un même immeuble et dont la mise en service remonte à des dates différentes, tous les contrats sont considérés comme ayant la même ancienneté que celui afférent au poste principal ou supplémentaire le plus ancien.

c) — Le transfert d'un *poste concédé en vue de l'échange exclusif de communications interurbaines* est soumis aux règles et conditions énoncées ci-dessus (§§ *a* et *b*).

2° *Dans les réseaux autres que ceux de Paris et de Lyon.*

d) — Dans ces réseaux, le transfert d'un *poste principal ou supplémentaire concédé sous le régime forfaitaire* donne lieu à la signature d'un nouveau contrat faisant suite au contrat précédent, en ce qui concerne les échéances trimestrielles, et valable pour une durée minimum d'un an à compter de l'expiration du trimestre d'abonnement en cours.

Le titulaire contribue aux frais de premier établissement des nouvelles sections de lignes posées ou utilisées, dans la mesure déterminée par l'article 810.

Si le contrat en cours est en vigueur depuis moins d'un an, le déplacement et la réinstallation des appareils essentiels comportent le payement d'une redevance fixée à forfait à 15 fr. ; si le contrat en cours est en vigueur depuis un an au moins, il n'est rien perçu pour le déplacement et la réinstallation des appareils essentiels.

Dans tous les cas, les organes accessoires sont déplacés et réinstallés moyennant le remboursement intégral des fournitures et frais de main-d'œuvre, majorés de 10 p. 100 à titre de frais généraux.

Lorsque le transfert s'applique à une installation comprenant plusieurs postes situés dans un même immeuble et dont la mise en service remonte à des dates différentes, tous les contrats sont considérés comme ayant la même ancienneté que celui afférent au poste principal ou supplémentaire le plus ancien.

e) — Les dispositions qui font l'objet du § *d)* sont également applicables au transfert des *postes concédés en vue de l'échange exclusif de communications interurbaines.*

f) — Le transfert d'un *poste principal ou supplémentaire concédé sous le régime des conversations taxées* entraîne la résiliation d'office du contrat correspondant, à partir du 1er ou du 16 qui suit la date à laquelle le transfert a été effectué, et donne lieu à la signature d'un nouveau contrat qui est entièrement indépendant du contrat précédent. Toutefois, la section de la ligne principale en service située en dehors de la limite d'entretien gratuit, s'il y a lieu, ou la section de la ligne supplémentaire en service située soit en dedans, soit en dehors de cette limite, qui peut être utilisée sans modification pour la nouvelle installation, ne donne lieu à aucune redevance de premier établissement.

Pour les abonnés dont le contrat en cours est en vigueur depuis au moins un an, le taux du nouvel abonnement est calculé comme si l'installation était en service depuis un an.

Les organes essentiels des postes simples, principaux ou supplémentaires, sont déplacés et réinstallés gratuitement.

Les organes accessoires de ces postes sont déplacés et réinstallés moyennant le remboursement intégral des fournitures et frais de main-d'œuvre, majorés de 10 pour 100 à titre de frais généraux.

En cas de transfert d'une installation, les contrats relatifs aux postes supplémentaires non transférés sont résiliés à l'expiration du trimestre d'abonnement en cours.

815. — Transformation des abonnements. — Toute transformation d'abonnement coïncide avec l'expiration d'un trimestre de l'abonnement en cours ; elle donne lieu à la signature d'un nouveau contrat qui fait suite au contrat précédent pour ce qui concerne la durée minimum de l'abonnement.

Deux cas sont à distinguer :

1° *Transformation d'un abonnement forfaitaire en abonnement à conversations taxées.* — Le taux du nouvel abonnement est calculé comme si l'installation était en service depuis trois ans révolus. Toutefois, pour les abonnés reliés par une ligne à simple fil, cette ligne est doublée et le taux de l'abonnement est calculé comme si l'installation était en service depuis un an seulement.

Les organes essentiels des postes principaux d'abonnement ne sont mis gratuitement à la disposition de ces abonnés que lorsque le contrat d'abonnement à conversations taxées est en vigueur depuis quatre ans révolus.

2° — *Transformation d'un abonnement à conversations taxées en abonnement forfaitaire.* — Le nouvel abonnement est concédé aux conditions applicables aux abonnés forfaitaires, mais le montant de la contribution aux frais d'établissement de la ligne principale d'abonnement correspondante, qui est toujours établie à double fil, est diminué d'une somme égale au supplément d'abonnement, en sus de 40 fr. par an, qui a été perçu sur l'abonné à titre d'abonnement à conversations taxées.

Aucune contribution aux frais d'établissement d'une ligne principale d'abonnement n'est demandée à l'abonné qui dispose d'une ligne à double fil, pour laquelle il a déjà acquitté cette redevance, lorsqu'aucune modification n'est apportée à cette ligne.

816. — **Versements.** — Le montant des abonnements et des redevances principales est payable d'avance, par termes trimestriels exigibles, le premier, lors de la signature du contrat, les suivants, dans les quinze jours qui précèdent le commencement de chaque période trimestrielle correspondant au terme du contrat. (Voir art. 852).

Les redevances accessoires sont acquittées dans les mêmes conditions.

Toutefois, si le montant de ces redevances ne peut être déterminé au moment de la signature du contrat, le premier terme trimestriel n'est exigible qu'à partir de la mise en service de la ligne ou des accessoires.

Les abonnés ont la faculté d'acquitter par anticipation le montant d'un ou de plusieurs trimestres d'abonnement ou de redevances principales ou accessoires. Ils peuvent également, le cas échéant, faire ramener à une même date les diverses échéances concernant leurs différents postes d'abonnement.

Les sommes dues à titre de frais d'établissement de lignes, d'installation d'organes accessoires, de changement d'installation, de réparations, de transfert, sont intégralement exigibles dès que les travaux sont exécutés ; une provision peut être demandée pour en garantir le payement.

Sur demande adressée au receveur du bureau détenteur du compte, les abonnements ou les redevances téléphoniques peuvent être perçues à domicile, moyennant un supplément de 0 fr. 25 au profit des agents ayant coopéré à l'encaissement. Les abonnés sont avisés trois jours à l'avance ; si, par suite d'absence, le recouvrement ne peut être opéré à la première présentation, l'intéressé est informé de la date de la seconde présentation par un avis laissé à son domicile. Après cette deuxième démarche, le payement ne peut avoir lieu qu'au guichet du bureau.

A défaut de payement ou en cas de retard dans les versements réglementaires, la communication peut être suspendue d'office, mais le contrat ne prend fin qu'après la résiliation. Les sommes de toute nature perçues antérieurement à la résiliation restent définitivement acquises à l'Etat, sans préjudice des poursuites qui pourraient être exercées contre le titulaire pour assurer le recouvrement des sommes dont il serait encore redevable.

817. — **Durée des contrats.** — Le contrat de concession d'un poste principal ou supplémentaire est, quel que soit le régime de l'abonnement, consenti pour une durée minimum d'un an; il commence à courir du 1er ou du 16 qui suit le jour où l'installation permet la communication avec le réseau et se continue de trimestre en trimestre par tacite reconduction.

Le contrat de concession peut être résilié à la fin de la période d'abonnement en cours, sur avis donné à l'Administration au moins quinze jours avant l'expiration de cette période.

La résiliation du contrat de concession d'un poste principal entraîne la résiliation des contrats de concession des postes supplémentaires correspondants, mais les sommes versées pour le trimestre d'abonnement en cours restent définitivement acquises à l'Etat.

En cas de décès de l'abonné, l'effet des contrats n'est pas modifié et les héritiers de cet abonné sont solidairement tenus à l'exécution de ces contrats.

L'Administration peut, à l'expiration du trimestre d'abonnement en cours, mettre fin à un contrat quelconque, à charge par elle de rembourser au titulaire les sommes perçues à titre d'abonnement ou de redevances principales ou accessoires correspondant à la période restant à courir.

Pendant toute la durée du contrat, le titulaire d'un poste d'abonnement peut, avec l'autorisation de l'Administration, céder, aux conditions de son contrat, ses droits :

1° A son successeur commercial, industriel, etc., que ce dernier habite ou non le local où est établi le poste d'abonnement ;

2° A toute personne lui succédant dans le local où est établi le poste d'abonnement. Une nouvelle police d'abonnement est signée par le cessionnaire, mais la durée minimum légale du contrat primitif n'est pas modifiée.

818. — Abonnements de saison. — Dans les réseaux exclusivement à abonnements forfaitaires, il est concédé des abonnements principaux et supplémentaires temporaires dits de « saison ».

Ces abonnements peuvent dans chaque période unitaire de douze mois, comptée à partir du 1er ou du 16 qui suit le jour de la mise en service du poste, être conclus pour une durée effective d'un mois ou de trois mois, avec faculté de prorogation, au gré du titulaire, immédiatement ou après interruption, pour une ou plusieurs périodes mensuelles ou trimestrielles.

Le taux, en principal, des abonnements temporaires se compose :

1° D'une redevance fixe, représentative des dépenses annuelles afférentes au maintien en bon état de fonctionnement de la ligne et du poste d'abonnement et des organes qui y correspondent au bureau central ;

2° D'une redevance d'abonnement proportionnelle à la durée pendant laquelle le poste est effectivement mis à la disposition du titulaire.

Ces redevances sont fixées ainsi qu'il suit :

I. — *Redevance fixe.*

1° A Paris...........	à 100 francs par poste principal ; à 12 fr. 50 par poste supplémentaire ;
2° A Lyon...........	à 75 francs par poste principal ; à 10 francs par poste supplémentaire ;
3° Dans tous les autres réseaux	à 50 francs par poste principal ; à 10 francs par poste supplémentaire.

II. — *Redevance d'abonnement.*

a) Par période trimestrielle.....	1° à Paris......	à 100 francs par poste principal ; à 12 fr. 50 par poste supplémentaire ;
	2° à Lyon	à 75 francs par poste principal ; à 10 francs par poste supplémentaire ;
	3° dans tous les autres réseaux.	à 50 francs par poste principal ; à 10 francs par poste supplémentaire.
b) Par période mensuelle	1° à Paris......	à 40 francs par poste principal ; à 5 francs par poste supplémentaire ;
	2° à Lyon	à 30 francs par poste principal ; à 4 francs par poste supplémentaire ;
	3° dans tous les autres réseaux.	à 20 francs par poste principal ; à 4 francs par poste supplémentaire.

La ligne et le poste peuvent être maintenus à la disposition de l'abonné, sous réserve du payement, pour chaque nouvelle période de douze mois, de la redevance fixe indiquée ci-dessus.

Les postes et les lignes d'abonnement sont mis à la disposition des abonnés de saison aux conditions générales fixées pour les abonnés forfaitaires annuels.

La redevance fixe dont les abonnements de saison comportent le versement est payable en une seule fois dans les quinze jours qui précèdent le commencement de chaque période unitaire de douze mois comptée à partir du 1er ou du 16 qui suit le jour de la mise en service du poste. La redevance d'abonnement est exigible dans les quinze jours qui précèdent le commencement de chaque période mensuelle ou trimestrielle pendant laquelle le poste doit être effectivement mis à la disposition du titulaire.

L'abonné de saison qui, au cours de son abonnement temporaire désire conserver ou reprendre effectivement l'usage de son poste, pour une nouvelle période mensuelle ou trimestrielle, doit en aviser l'Administration quinze jours au moins avant le commencement de cette période.

Les abonnements de saison peuvent être transformés en abonnements forfaitaires annuels ou en abonnements pour l'usage de postes destinés à permettre exclusivement l'échange de communications interurbaines. Ces transformations donnent lieu à la signature de nouveaux contrats, valables pour une durée minimum effective d'un an à partir du 1er ou du 16 qui suit le jour où ils sont inscrits. La redevance fixe perçue pour la période de l'abonnement temporaire restant à courir vient en déduction du montant du nouvel abonnement.

Dans les réseaux où il n'est pas concédé d'abonnements à conversations taxées, les abonnements forfaitaires annuels et les abonnements pour l'usage de postes destinés à permettre exclusivement l'échange de communications interurbaines peuvent être transformés en abonnement de saison. Ces transformations sont effectuées à l'expiration d'un trimestre de l'abonnement en cours ; elles donnent lieu à la signature de nouveaux contrats qui sont valables, selon le cas, pour une durée minimum effective d'un an ou d'un trimestre.

819. — Abonnements concédés aux services publics de l'Etat, des départements et des communes. — Le taux annuel des abonnements principaux forfaitaires concédés aux services publics de l'Etat, des départements ou des communes, est fixé, en principal, ainsi qu'il suit :

A. — *Services publics de l'Etat.*

A Paris, 200 fr. par poste principal ;
A Lyon, 150 fr. par poste principal ;
Dans les autres villes dont la population est supérieure à 25.000 habitants, 100 fr. par poste principal ;
Dans les villes dont la population est égale ou inférieure à 25.000 habitants, 75 fr. par poste principal.

B. — *Services publics des départements ou des communes.*

A Paris, 300 fr. par poste principal ;
A Lyon, 225 fr. par poste principal ;
Dans les autres villes dont la population est supérieure à 25.000 habitants, 150 fr. par poste principal ;
Dans les villes dont la population est égale ou inférieure à 25.000 habitants, 112 fr. 50 par poste principal.

Un abonnement n'est considéré comme concédé à un service public que si le contrat est régulièrement passé par l'ordonnateur des dépenses du service contractant et si le montant de l'abonnement est payé sur les fonds du budget de ce service.

Les lignes et les organes des postes d'abonnement principaux concédés aux services publics de l'Etat, des départements ou des communes sont établis aux conditions ordinaires. Des postes supplémentaires peuvent également être rattachés, aux conditions ordinaires, à ces postes principaux.

820. — Abonnements pour communications interurbaines de nuit à heures fixes. — Il est consenti des abonnements pour communications téléphoniques interurbaines à heures fixes pendant la nuit. Ces abonnements comportent l'usage quotidien, à l'heure indiquée au contrat, d'un circuit entre deux postes spécialement désignés ; ils ne peuvent être contractés pour moins d'un mois et se renouvellent de mois en mois par tacite reconduction.

Les communications échangées pendant la nuit sous le régime de ces abonnements acquittent les 2/5 de la taxe unitaire de conversation ordinaire interurbaine de jour avec minimum de 0 fr. 25. Le montant de l'abonnement est calculé sur une période moyenne de trente jours. La durée des séances peut être limitée à deux unités consécutives de conversation (6 minutes), si d'autres demandes sont en instance.

Lorsque l'établissement des communications nécessite la prolongation du service téléphonique dans un ou plusieurs bureaux, les abonnements ne peuvent être accordés qu'autant que l'intéressé, en souscrivant son contrat, prend l'engagement écrit de rembourser à l'Administration les dépenses résultant de la prolongation du service dans tous ces bureaux (1 fr. par heure, par jour et par bureau). Au cas où cette prolongation profite à plusieurs abonnés, la dépense est partagée entre les intéressés, mais chacun d'eux doit, néanmoins, prendre ledit engagement pour la totalité des frais.

821. — Faculté, pour les abonnés, d'obtenir des communications en dehors des heures normales d'ouverture des bureaux. — Lorsque les exigences du service général et les disponibilités des circuits le permettent, les abonnés au téléphone peuvent, moyennant le payement d'une redevance mensuelle, obtenir la faculté de communiquer éventuellement, en dehors des heures normales d'ouverture des bureaux auxquels ils sont rattachés.

Cette redevance, indépendante du montant des taxes des conversations échangées, est fixée à 5 francs par mois. Elle est due, quel que soit le régime d'abonnement du bénéficiaire, et que ce dernier utilise ou non la communication directe ainsi mise à sa disposition.

La concession est accordée pour un mois et se prolonge de mois en mois par tacite reconduction, sauf avis contraire donné au moins cinq jours à l'avance.

822. — Faculté, pour les abonnés, d'expédier et de recevoir des télégrammes par téléphone. — Tout abonné peut expédier et recevoir des télégrammes par la ligne qui rattache son poste d'abonnement au réseau, en acquittant une taxe spéciale de 10 centimes par télégramme. (Voir titre I, art. 304.)

Cette surtaxe n'est pas perçue sur les abonnés forfaitaires, sauf à Paris et à Lyon.

L'abonné qui désire user de cette faculté doit constituer, au préalable, une provision destinée à garantir le payement des taxes réglementaires et faire connaître si les télégrammes doivent être téléphonés au départ et à l'arrivée ou dans l'un des deux sens seulement.

Les télégrammes à téléphoner par une ligne d'abonnement doivent être libellés en français et en langage clair ; leur texte ne doit pas excéder 50 mots. Les copies d'arrivée sont envoyées ultérieurement aux destinataires par la voie postale (1).

823. — Dispositions diverses. — L'Etat n'est soumis à aucune responsabilité à raison du service de la correspondance privée par voie téléphonique. Il en est de même en ce qui concerne les erreurs ou omissions qui pourraient se produire dans la rédaction et la distribution des listes annuelles et des bulletins périodiques remis aux abonnés.

La correspondance téléphonique peut être suspendue par le Gouvernement soit sur une, soit sur plusieurs ou toutes les lignes du réseau.

En cas d'inexécution des clauses du contrat ou si des difficultés provenant du fait de l'abonné venaient à entraver la bonne marche du service, l'Administration pourrait d'office suspendre la communication téléphonique. Elle pourrait, en outre, à l'expiration d'une période de quinze jours, prononcer la résiliation du contrat.

Les suspensions ne donnent lieu à aucun dégrèvement sur le taux des abonnements, ni sur le taux des redevances principales ou accessoires.

---

(1) A Paris, cet envoi a lieu par la voie pneumatique.

Les résiliations prononcées dans ces conditions donnent lieu au remboursement des sommes perçues soit au titre d'abonnement, soit à titre de redevances principales ou accessoires pour la période restant à courir.

Toute interruption du service, supérieure à quinze jours consécutifs, qui ne serait pas du fait de l'abonné, entraîne, dans le montant des abonnements et des redevances principales ou accessoires, une diminution calculée proportionnellement à la durée totale de l'interruption.

Les demandes de communication sont reçues seulement pendant les heures de l'ouverture simultanée des bureaux appelés à établir les communications.

Les abonnés sont responsables de la taxe de toute communication payante demandée à partir de leur poste d'abonnement.

Les noms des titulaires des postes principaux de chaque réseau sont, sur la demande des intéressés, inscrits sur une liste annuelle ou sur des bulletins supplémentaires destinés à tenir cette liste à jour. Le titulaire d'un poste principal reçoit, à titre gratuit, un exemplaire de cette liste et de ses suppléments. Les noms des titulaires des postes supplémentaires ne sont pas inscrits gratuitement sur les listes ou bulletins, et la concession de ces postes ne donne pas droit à la remise gratuite de ces documents.

Les frais de timbre et ceux d'enregistrement, auxquels pourrait donner lieu l'établissement des contrats, sont à la charge des abonnés.

SECTION III

Messages téléphonés.

824. — Définition. — On entend par *messages téléphonés* des communications à destination de personnes non abonnées, pouvant être expédiées à partir de toutes les cabines téléphoniques publiques et du domicile des abonnés qui ont effectué le versement d'une provision à cet effet.

Ces sortes de communications sont transmises par les expéditeurs eux-mêmes aux bureaux chargés d'en assurer la remise et avec lesquels ils sont mis en relation ; elles sont transcrites par les agents de ces bureaux et distribuées aux intéressés dans les mêmes conditions que les télégrammes ordinaires.

825 — Organisation et durée du service. — Un service de messages téléphonés fonctionne :

1º A l'intérieur de tout réseau téléphonique possédant un service de distribution télégraphique ;

2º Entre réseaux des villes faisant partie d'un même canton et entre le réseau d'une ville siège de plusieurs chefs-lieux de canton et les réseaux des localités situées dans l'un quelconque de ces cantons, à la condition que le réseau destinataire possède un service de distribution télégraphique ;

Entre réseaux reliés par des lignes téléphoniques dont la longueur totale ne dépasse pas 25 kilomètres et à la condition que le réseau destinataire possède un service de distribution télégraphique (1)

(1) Les postes téléphoniques sont pourvus, par les soins de la Direction départementale, d'une liste des localités auxquelles ils peuvent transmettre des messages.

Le service des messages fonctionne simultanément avec le service télégraphique, pendant les heures d'ouverture des cabines téléphoniques publiques.

Les abonnés du réseau de Paris qui ont versé une provision de garantie pour l'échange des communications payantes peuvent, à toute heure de la nuit, transmettre des messages téléphonés à partir de leur domicile. La même faculté est accordée aux personnes non abonnées qui se présentent dans les bureaux publics ouverts au service de nuit.

826. — **Taxe et conditions d'expédition des messages.** — La taxe du message téléphoné est fixée à 50 centimes par trois minutes de communication. Après deux périodes successives de trois minutes, la communication est retirée à l'occupant, si d'autres personnes attendent qu'elle leur soit donnée à tour de rôle.

La communication ne peut être demandée directement par l'expéditeur : celui-ci est tenu de faire connaître l'adresse (sans le nom) du destinataire du message qu'il veut expédier, afin de permettre au préposé de la cabine (ou à l'agent du bureau central, s'il est abonné) de le mettre en communication avec le bureau qui devra en effectuer la remise.

Le message doit être téléphoné en français et en langage clair.

Il est expressément recommandé aux expéditeurs de dicter lentement et d'une manière très distincte, afin de permettre la transcription correcte du texte par le bureau destinataire. Celui-ci doit répéter mot à mot la communication reçue.

Les communications demandées pour l'expédition de messages, ainsi que les communications de service y relatives, sont portées sur le procès-verbal nº 1392-68.

827. — **Réception des messages à l'arrivée.** — L'agent qui reçoit un message l'écrit très lisiblement sur une formule de télégramme dont l'en-tête doit être remplacé par le mot « Message ». Il collationne intégralement l'adresse dès qu'elle lui a été dictée et signale l'erreur, s'il y a fausse direction. Il fait répéter, au cours de la transmission, les mots qui lui paraissent douteux et, si l'expéditeur le demande, collationne le texte, autant que le permet le temps dont celui-ci peut disposer régulièrement pour l'occupation de la cabine.

Il ajoute d'office, dans le préambule du message, la date et l'heure (1) de dépôt, à la suite de l'indication du poste d'origine.

Il n'est pas accepté de message avec réponse payée.

Les messages peuvent être adressés « télégraphe restant » ou « poste restante ».

828 — **Distribution des messages.** — Dès sa réception, le message est remis aux agents distributeurs pour être promptement porté à domicile dans les mêmes conditions qu'un télégramme ordinaire.

Lorsqu'un message expédié du domicile d'un abonné ne peut, pour une cause quelconque, être remis au destinataire, l'expéditeur en est informé par un avis de service transmis par téléphone. La minute de cet avis est annexée au message en souffrance.

S'il s'agit d'un message téléphoné à partir d'une cabine publique, il y a lieu de demander des renseignements complémentaires au bureau d'origine, de lui faire répéter et, au besoin, épeler l'adresse du destinataire, de prendre, en un mot, tous les renseignements pouvant aider à faire parvenir le message à destination.

Lorsque le destinataire d'un message est absent ou a changé de domicile et que sa nouvelle adresse est indiquée au service, le message est réexpédié gratuitement par poste dans les limites du service intérieur. Dans le réseau de Paris, les messages sont réexpédiés par la voie des tubes pneumatiques.

Tout message qui, malgré les précautions rappelées ci-dessus, n'a pu être remis au destinataire, est conservé par le bureau de destination, dans les mêmes conditions

(1) Cette heure est celle à laquelle la transmission du message a pris fin.

qu'un télégramme ordinaire, c'est-à-dire pendant une durée de six mois ; il est placé en tête de la liasse des télégrammes de la journée.

829. — **Remboursements.** — La taxe des communications téléphoniques pour message peut être remboursée, sur la demande des intéressés : lorsqu'elle a été perçue indûment ; lorsqu'elle correspond à des unités de communication qui n'ont pu être utilisées du fait du service ; lorsqu'elle s'applique à des messages qui ont été arrêtés comme étant contraires à l'ordre public ou aux bonnes mœurs ; lorsqu'elle se réfère à des messages qui, du fait du service, n'ont pas été remis au domicile des destinataires dans un délai de deux heures, ou, s'ils sont adressés télégraphe restant ou poste restante, tenus à leur disposition, au bureau d'arrivée, dans le même délai.

Toute demande en remboursement de taxe, afférente à une communication téléphonique pour message, doit être formulée, sous peine de déchéance, dans un délai de deux mois à compter de la date à laquelle cette taxe a été perçue.

Celles qui sont basées sur des difficultés imputables au service ne peuvent être examinées que si les correspondants ont fait constater, séance tenante, ces difficultés par les préposés.

SECTION IV

Avis d'appel téléphonique.

830. — **Définition.** — Un avis d'appel téléphonique (1) est une communication par laquelle une personne qui désire échanger une conversation téléphonique avec une autre personne indique à celle-ci :

1° Le poste où elle doit se rendre pour recevoir la communication ;

2° L'heure à laquelle l'expéditeur se propose de faire inscrire sa demande de communication.

Les conversations qui font suite aux avis d'appel téléphonique sont indépendantes des avis. Elles sont soumises, en tous points, aux règles de la correspondance téléphonique ordinaire ; elles sont, notamment, payées par celui des deux correspondants qui en demande l'établissement, et données d'après l'ordre d'inscription des diverses demandes devant emprunter les mêmes lignes.

831. — **Conditions de dépôt.** — Les avis d'appel téléphonique peuvent être présentés à tout poste téléphonique public ; ils peuvent être aussi téléphonés de tout poste d'abonnement dont le titulaire a versé une provision.

Ils sont acceptés :

1° A l'intérieur de toute localité pourvue d'un réseau téléphonique et siège d'un service de distribution télégraphique ;

2° Entre localités admises à communiquer téléphoniquement entre elles et à condition que la localité destinataire possède un service de distribution télégraphique.

832. — **Rédaction.** — Les avis d'appel téléphonique mentionnent :

1° L'adresse du destinataire, laquelle comprend toutes les indications nécessaires pour assurer la remise sans recherches ni demandes de renseignements ;

2° La désignation du poste téléphonique où le destinataire de l'avis est invité à attendre la communication et celle de l'heure où l'expéditeur demandera cette communication ;

3° L'indication du poste téléphonique d'où émanera la demande de communication ;

4° La signature. — Celle-ci peut être quelconque ou même n'être pas donnée.

(1) Le service des *avis d'appel téléphonique* a été institué par décret du 16 janvier 1899 et organisé par arrêté ministériel du 17 janvier de la même année. Il est limité aux relations intérieures.

Les avis peuvent être adressés à domicile (lorsque l'habitation du destinataire est située dans le périmètre de distribution gratuite des télégrammes du lieu d'arrivée), télégraphe restant *ou* poste restante.

Il appartient exclusivement à l'expéditeur de désigner le poste où la personne demandée devra se rendre pour recevoir la communication et l'heure à laquelle la demande effective de mise en communication sera présentée.

833. — Taxe. — La taxe de transmission des appels téléphoniques est fixée :

1° A 25 centimes pour les appels échangés :

a) A l'intérieur de tout réseau téléphonique ;

b) Entre réseaux des localités faisant partie d'un même canton ;

c) Entre réseaux des villes reliées téléphoniquement par des lignes dont la longueur totale ne dépasse pas 25 kilomètres ;

2° A 30 centimes pour les appels échangés entre réseaux autres que ceux visés au paragraphe 1° ci-dessus et situés dans un même département ;

3° A 40 centimes dans les autres cas.

Elle est :

Soit perçue en tickets, lorsque l'avis est déposé à un poste public, que l'expéditeur soit abonné ou non ;

Soit portée au compte de l'abonné, lorsque l'avis est transmis à partir du poste d'abonnement de ce dernier.

834. — Transmission. — Les demandes de communication pour avis d'appel téléphonique sont présentées comme s'il s'agissait d'une communication ordinaire et complétées par l'indication « pour avis d'appel ».

La transmission de poste à poste ne comprend que les parties manuscrites insérées dans les formules. Elle est l'objet d'un collationnement.

835. — Réception. — Le bureau distributeur auquel un avis d'appel téléphonique est annoncé s'assure, autant que possible, dès réception de l'adresse du destinataire, si le domicile de ce dernier est situé dans sa circonscription. Dans la négative, il en prévient le poste transmetteur qui dirige cet avis sur le véritable bureau de destination.

Les avis d'appel téléphonique sont transcrits, d'une manière très lisible et sans rature ni surcharge, par les agents des postes d'arrivée, sur les formules n° 1392-26.

836. — Distribution. — La remise à domicile des avis d'appel téléphonique est effectuée dans les mêmes conditions que s'il s'agissait des télégrammes ne comportant pas de mention spéciale. Cependant, ces avis sont téléphonés au destinataire, si celui-ci possède un poste d'abonnement au domicile indiqué ; en cas de non-réponse du poste d'abonnement, l'avis est porté à domicile dans les conditions ordinaires.

Dans le cas où l'avis d'appel est adressé « télégraphe restant » ou « poste restante », il est tenu, au guichet désigné, à la disposition du destinataire et remis dans les mêmes conditions qu'un télégramme.

837. — Non-remise. — Lorsqu'un avis d'appel téléphonique ne peut être remis au destinataire, le poste d'origine en est informé par avis de service reproduisant textuellement l'adresse reçue. Cet avis de service est transmis par téléphone dans les mêmes conditions qu'un avis d'appel.

L'avis de service est rapproché, dès sa réception, de l'original de l'avis d'appel téléphonique et, s'il y a conformité de rédaction, il est simplement annexé à la minute de l'avis d'appel téléphonique.

Dans le cas où les indications de l'avis de service présentent une différence avec celles de l'avis d'appel téléphoniqne, le poste d'arrivée en est informé par avis de service transmis par la voie téléphonique et il fait tenter un nouvel essai de remise.

Si cette nouvelle tentative est infructueuse, il est procédé comme lors de la première non-remise.

Comme les messages, les avis d'appel peuvent être réexpédiés par poste dans les limites du service intérieur.

838. — **Procès-verbaux.** — Les avis d'appel téléphonique sont inscrits, dans la forme ordinaire, au procès-verbal nº 1392-68 ; la mention « Avis » est, en outre, portée dans la colonne d'observations, en regard de chacune de ces inscriptions.

839. — **Remboursements.** — La taxe des appels téléphoniques peut être remboursée, sur la demande des intéressés : 1º lorsque, du fait du service, les avis n'ont pas été remis au domicile des destinataires dans un délai de douze heures ou, pour ceux adressés télégraphe restant ou poste restante, tenus à leur disposition, au bureau d'arrivée, dans ce même délai. La durée de la fermeture des bureaux appelés à établir ou à recevoir les communications n'entre pas dans le calcul de ce délai ;

2º Lorsque le texte remis au destinataire n'est pas conforme au texte déposé par l'expéditeur à un poste public ou reçu d'un poste d'abonnement, mais seulement dans le cas où l'erreur commise aurait été de nature à rendre sans effet la transmission de l'appel ;

3º Lorsque la communication provoquée par cet appel n'a pas eu lieu, mais seulement s'il est établi que cette communication n'a pu être donnée par suite de force majeure ou par suite de faute de service.

Toute demande de remboursement doit être formulée, sous peine de déchéance, dans un délai de deux mois à compter de la date à laquelle la taxe a été perçue.

840. — **Archives.** — Les originaux, les copies de passage et, le cas échéant, les formules d'arrivée des avis d'appel téléphonique, ainsi que les avis de service qui s'y rapportent, sont conservés par les bureaux intéressés pendant les mêmes délais que les télégrammes ordinaires. Ces documents sont, à l'expiration des délais de garde, transmis au directeur départemental.

CHAPITRE II

Produits des communications, des abonnements et recouvrements divers.

841. — Modes de payement des communications. — Les communications téléphoniques sont toutes soumises à une taxe qui est, soit payée sous forme d'abonnement (art. 842) ou en tickets (art. 844), soit prélevée sur une provision (art. 845).

842. — Communications ne donnant lieu à aucune perception. — 1° Conversations demandées, à partir de son poste, par un abonné forfaitaire local d'un réseau, avec les abonnés de ce réseau ;

2°. — Conversations demandées, à partir de son poste, par un abonné souscripteur de l'abonnement forfaitaire de groupe avec un abonné quelconque des réseaux du groupe ;

3°. — Conversations échangées, à partir des cabines d'un réseau, avec les abonnés du même réseau, par les particuliers détenteurs d'une carte spéciale ou par les abonnés porteurs d'un livret d'identité, sur lequel est certifiée leur qualité d'abonné (art. 807, § *e*).

La non-perception de la taxe est justifiée par la signature du titulaire de la carte au procès-verbal n° 1392-68 et par l'inscription du numéro de cette carte d'abonnement.

843. — Franchise téléphonique. — Elle n'existe pour aucun service public. Si, cependant, en cas d'événement exceptionnel intéressant l'ordre public ou la sécurité des personnes, un fonctionnaire, justifiant de sa qualité, demande, sur réquisition écrite, l'accès d'une cabine téléphonique, sans payer la taxe réglementaire, il ne doit être fait aucune difficulté. Dans ce cas, le receveur inscrit la communication au procès-verbal n° 1392-68, auquel il annexe la réquisition.

844. — Communication donnant lieu à perception en tickets. — Définition et emploi des tickets. — Les tickets sont des figurines d'une valeur conventionnelle émises par l'Administration, pour servir à la représentation des taxes des communications échangées par l'intermédiaire des cabines.

Il existe des tickets de neuf valeurs différentes, distinguées chacune par une couleur particulière :

0 fr. 10, 0 fr. 15, 0 fr. 25, 0 fr. 30, 0 fr. 40, 0 fr. 50, 0 fr. 75, 1 fr. et 3 fr.

Ils sont mis à la disposition du public dans tous les établissements de poste, de télégraphe ou de téléphone, où est installée une cabine téléphonique publique.

Toute personne non munie d'une carte ou d'un livret d'abonné doit, pour obtenir une communication, présenter un ticket au préposé de la cabine. Si une personne est munie d'une carte ou d'un livret d'abonné, le préposé vérifie la validité de la pièce qui lui est présentée et fait apposer la signature du porteur de la carte ou du livret sur le procès-verbal de séance. De son côté, il inscrit le numéro de la carte, en regard de la signature. Si la carte est périmée, si la photographie n'est pas celle de la personne qui la présente, ou si la signature n'est pas identique à celle apposée sur la carte, cette carte est retenue par le préposé pour être transmise, avec le procès-verbal de la contravention, au directeur du département.

Aucune pièce, pas même le contrat d'abonnement, ne peut tenir lieu de carte ou de livret. Ces deux pièces ne concèdent, du reste, la gratuité ni pour les messages, ni pour les avis d'appel, ni pour les conversations interurbaines.

Les tickets sont remis, par le public, au préposé à la cabine, qui les oblitère, suivant le cas, à l'aide du timbre à date du bureau ou d'un timbre humide (1) au moment où le demandeur est admis à pénétrer dans la cabine, c'est-à-dire quand la communication est établie. Si, pour une cause quelconque, la communication n'est pas établie, le ticket est rendu, avant oblitération, à l'agent du guichet qui en rembourse le prix ; il peut être gardé par l'intéressé, pour le payement d'une communication ultérieure.

La personne qui, à l'expiration de la période pour laquelle elle a acquitté préalablement la taxe, a continué à correspondre, est tenue de payer la taxe des unités supplémentaires de communication. Pour prévenir toute contestation à ce sujet, le préposé à la cabine fait remarquer au demandeur, au moment où il pénètre dans la cabine, l'heure que marque le cartel du bureau.

Les remboursements de la main à la main sont interdits. Si, par suite de défectuosités de la ligne, une communication se prolonge, la taxe est néanmoins perçue d'après la durée réelle constatée. Mention de l'incident est consignée au procès-verbal, pour servir éventuellement à l'examen d'une demande de détaxe. Si la réclamation se produit séance tenante, elle est transmise à la Direction, avec un extrait du procès-verbal. Toutefois, si une communication a été coupée par erreur, la taxe est calculée sur la durée totale, défalcation faite du temps de l'interruption.

Il est interdit aux agents de se concerter au sujet de la durée à attribuer à une communication. Les constatations des bureaux de départ, d'arrivée ou de transit doivent être faites au procès-verbal, sans accord préalable. Toutefois, lorsque le préposé à un poste public constate une difficulté réelle d'audition, il appelle, au moment même, le bureau central pour lui faire constater l'état de la ligne. A la fin de la communication, il rappelle le bureau central qui lui indique le nombre d'unités à percevoir.

Les communications échangées à partir des cabines téléphoniques publiques sont inscrites au procès-verbal n° 1392-68, sur lequel doivent, en outre, être exactement consignés tous les incidents de service, dans l'ordre et au moment où ils se produisent. Si la cabine et le standard sont tenus par le même agent, le procès-verbal n° 1392-68 est commun aux deux appareils ; mais les taxes payées en tickets sont inscrites à une colonne spéciale.

Les agents ou sous-agents préposés à l'établissement des communications signent ce procès-verbal, au commencement et à la fin de chacune de leurs vacations.

Les procès-verbaux n° 1392-68 contenant exclusivement des communications de cabines sont adressés à la Direction, les 2 et 16 de chaque mois, avec les tickets représentatifs des taxes qui y sont inscrites. Les procès-verbaux de la deuxième quinzaine et les tickets y relatifs font partie de l'envoi de la comptabilité mensuelle : ceux afférents à la première quinzaine font l'objet d'un envoi spécial.

845. — Communications donnant lieu à perception en numéraire au moyen d'un dépôt de garantie. — 1°. — Les messages ;

2°. — Les avis d'appel téléphonique ;

3°. — Les communications demandées par les abonnés titulaires d'un abonnement à conversations taxées ou d'un abonnement pour l'usage exclusif des communications interurbaines ;

(1) A Paris, les tickets sont oblitérés à l'aide du timbre indicatif du bureau.

4°. — Les communications demandées par les abonnés locaux d'un réseau faisant partie d'un groupe avec les abonnés d'un autre réseau de ce groupe ;

5°. — Les communications de toute nature échangées entre réseaux ne faisant pas partie d'un même groupe ;

6°. — Les télégrammes téléphonés.

846. — Dépôt de garantie pour communications téléphoniques. — Les abonnés qui désirent téléphoner leurs télégrammes ou échanger, à partir de leur poste, des communications soumises à l'application d'une taxe, doivent verser une provision sur laquelle sont imputées les taxes applicables. Ils spécifient sur leur demande si les télégrammes doivent être téléphonés et si la transmission doit avoir lieu au départ et à l'arrivée ou dans l'un des deux sens seulement. Le dépôt de cette provision est opéré exclusivement au bureau de poste et de télégraphe chargé de l'encaissement des redevances trimestrielles de leur abonnement. (A Paris, la désignation de ce bureau est faite d'après la nomenclature n° 500-55.)

La provision est fixée de gré à gré, entre l'abonné et le receveur, et doit égaler, au minimum, le montant approximatif des taxes prévues pour la durée d'un mois. Si, plus tard, il est constaté que le dépôt de garantie est inférieur à la moyenne mensuelle des taxes, l'abonné est invité à augmenter, de la somme nécessaire, le montant de sa provision.

Les ambassades et légations, les administrations centrales des ministères, ainsi que certaines catégories de fonctionnaires, sont seules dispensées de verser une provision. Les règlements ont lieu, chaque mois, par l'intermédiaire de l'administration centrale.

Le versement du dépôt de garantie est inscrit au registre n° 1108.

Le récépissé qui porte la mention « dépôt de garantie pour communications », est remis à la partie versante, revêtu d'un timbre-quittance de 0 fr. 25, si le versement excède 10 francs. Si d'autres redevances sont versées en même temps, par le même abonné, elles sont cumulées, en un seul chiffre, sur une quittance unique de manière qu'un seul timbre-quittance à 0 fr. 25 soit exigible. Les diverses redevances composant le versement total sont ensuite réparties entre les diverses colonnes de la souche du registre n° 1108.

Le receveur qui encaisse un dépôt de garantie en informe la Direction ; il avise également le bureau central téléphonique auquel est relié le poste de la partie versante ; le bureau central ouvre immédiatement le nouveau compte et inscrit, à l'avoir du déposant, le montant de la somme versée. Si le dépôt est effectué au bureau central téléphonique, le chef de ce bureau ou son délégué se borne à ouvrir le nouveau compte. Dans les deux cas, il donne les instructions utiles aux agents chargés d'établir les communications et fait marquer, d'un signe caractéristique, l'annonciateur de l'abonné.

847. — Comptes des abonnés. — *a*) **Opérations journalières.** — Les communications payables sur provisions, accordées aux abonnés, sont inscrites sur un procès-verbal n° 1392-68, qui relate notamment :

Au départ, les numéros des appelants, les villes destinataires, les heures initiales et finales ;
A l'arrivée, les villes de départ, les heures initiales et finales, les numéros des appelés.

Ce procès-verbal est adressé, le 5 de chaque mois, à la Direction ; mais s'il contient en même temps des communications de cabine, il est envoyé les 2 et 16 du mois.

A la fin de chaque jour, les taxes applicables aux communications payables sur provisions et constatées sur les procès-verbaux n 1392-68 (communications interurbaines) et n° 1392-68 *bis* (communications locales) sont calculées d'après la durée réelle des communications et inscrites à la colonne « Taxes à porter au compte de l'abonné » ; elles sont totalisées et, au-dessous du total obtenu, figure le total des journées antérieures, de manière à faire ressortir le produit depuis le commencement du mois.

Ces communications sont ensuite reportées, en nombre, aux relevés nº 1392-64 *bis*, au débit des abonnés par qui elles ont été demandées. Le receveur ou le chef de dépôt s'assure que la taxe totale des communications ainsi portées au débit des divers abonnés, sur les relevés nº 1392-64 *bis*, est égale au total des taxes accusé, pour la journée, aux procès-verbaux nºs 1392-68 et 1392-68 *bis*.

En outre, il est ouvert, sur formules nº 1392-64 *bis*, un compte journalier des taxes qu'a dû percevoir chaque cabine reliée au bureau central. Ce compte est tenu comme celui des provisions des abonnés, d'après les procès-verbaux nº 1392-68 et nº 1392-68 *bis*. Cependant, dans les réseaux comportant exclusivement des abonnés forfaitaires, où il n'est pas établi de procès-verbaux nº 1392-68 *bis*, le chef du bureau central ne relate, aux comptes nº 1392-64 *bis* des cabines, que les communications interurbaines originaires de ces cabines.

Le débit de chaque abonné ou de chaque cabine indique, pour chaque journée, au relevé nº 1392-64 *bis* :

Les diverses villes avec lesquelles le poste de l'abonné ou de la cabine a communiqué sur sa demande ;

(Quand un compte comporte des destinations en nombre supérieur à celui des colonnes disponibles au relevé, les communications demandées avec les villes qui donnent lieu à l'application d'une même taxe sont inscrites à une même colonne.)

Le nombre total des communications échangées avec chaque ville ;

Le nombre et la taxe totale des messages et des avis d'appel ;

Le total des taxes des télégrammes téléphonés, diminué des taxes annulées, du montant de bons de réponse payée, etc., d'après le registre nº 1398 ; le total des surtaxes téléphoniques de ces mêmes télégrammes, d'après ce même registre nº 1398 ;

Le total de ces diverses taxes, représentant le débit du compte, est déduit du reliquat de la veille, en ce qui concerne les comptes des abonnés.

b) **Opérations en fin de mois.** — A la fin du mois, dès que la dépense télégraphique et la dépense téléphonique constatées dans la dernière journée, ont été portées au débit de chaque relevé, le receveur ou chef du centre de dépôt fait totaliser les communications, calculer le débit de chaque compte et ressortir le reliquat disponible qui est aussitôt reporté au relevé nº 1392-64 *bis* préparé pour le mois suivant. La dépense totale mensuelle ainsi que le montant du reliquat sont consignés sur la fiche nº 1392-64 correspondant à la case du mois écoulé, en séparant les taxes téléphonique des taxes télégraphiques. Les relevés nº 1392-64 *bis*, dûment remplis et signés par le receveur lui-même ou par le chef de dépôt, sont ensuite adressés aux abonnés. Si le reliquat accusé par ces relevés mensuels est supérieur au quart du dépôt normal de garantie, aucun versement ne doit être réclamé et le paragraphe invitant l'abonné à faire un versement est annulé.

Les relevés négatifs ne sont pas envoyés ; ils sont immédiatement reclassés, à leur ordre, parmi ceux préparés pour le mois suivant.

848. — **Compléments de provision.** — Lorsque, dans le courant du mois, le reliquat est égal ou inférieur au quart du dépôt normal de garantie, le receveur ou le chef de dépôt invite l'abonné, par avis nº 505, à verser un complément de garantie qui ne doit pas être inférieur au total des taxes prélevées, mais qui peut être aussi élevé que le désire l'intéressé. Le bureau téléphonique central est avisé des versements reçus pour complément de provision, par l'envoi d'une déclaration nº 1108 *bis*. Ces déclarations sont numérotées suivant une même série depuis le commencement de l'année.

Les compléments de provision versés par les abonnés sont inscrits, comme les dépôts de garantie, au produit des communications téléphoniques, même si le compte comprend des taxes télégraphiques.

849. — Conversations interurbaines de nuit payées par abonnement. — Les abonnements pour l'usage des communications interurbaines (voir art. 820) doivent être perçus d'avance. Les receveurs chargés du recouvrement d'un de ces abonnements ouvrent un compte spécial au signataire, à la fin de leur registre nº 1392-1. Ils envoient un avis nº 1392-43 au débiteur : le 25, pour les abonnements venant à échéance le 1er ; le 10, pour les abonnements venant à échéance le 16, s'ils n'ont pas reçu, par écrit, la demande de résiliation.

En cas de non-payement, à la clôture de la journée de l'échéance, ils préviennent la Direction qui prend aussitôt les mesures utiles pour retirer au débiteur l'usage de la communication interurbaine de nuit.

Les versements faits à l'occasion de ces abonnements sont constatés sur le registre nº 1108.

Les communications par abonnement sont inscrites au procès-verbal nº 1392-68, mais la taxe étant payée forfaitairement n'est pas portée à la colonne « Taxes à prélever... »

850. — Application de la taxe des communications. — La taxe des communications téléphoniques ordinaires est perçue, selon le cas, sur le titulaire du poste d'abonnement à partir duquel la communication est réclamée ou sur la personne qui a demandé la communication à partir d'un poste public.

La taxe s'applique :

1º Pour les communications demandées par un abonné avec un abonné, à partir du moment où la communication est établie entre le poste demandeur et le poste demandé ; elle est due, quelle que soit la personne qui se présente au poste de l'abonné demandé ;

2º Pour les communications demandées par un poste public avec un poste d'abonné à partir du moment où le demandeur est mis en relation avec le poste de l'abonné demandé ; elle est due, quelle que soit la personne qui se présente au poste de l'abonné demandé ;

3º Pour les communications demandées avec un poste public, à partir du moment où le destinataire est mis en relation, selon le cas, avec le poste de l'abonné demandeur ou avec le demandeur dans un poste public ; elle est due, quelle que soit la personne qui se présente au poste de l'abonné demandeur.

851. — Remboursement de la taxe des communications. — La taxe des communications téléphoniques ordinaires peut être remboursée, sur la demande des intéressés, lorsqu'elle a été perçue indûment, ou lorsqu'elle correspond à des unités de communication qui n'ont pu être utilisées du fait du service.

Toute demande en remboursement de taxe afférente à une communication téléphonique ordinaire doit être formulée, sous peine de déchéance, dans un délai de deux mois à compter de la date à laquelle cette taxe a été perçue.

Les demandes en remboursement, basées sur les difficultées imputables au service, ne peuvent être examinées que si les correspondants ont fait constater, séance tenante, ces difficultés par les préposés.

852. — Recouvrement du montant des abonnements. — Tout bureau de poste et de télégraphe d'une localité dans laquelle est établi un réseau téléphonique est chargé de la perception des redevances afférentes aux postes installés dans sa circonscription. A cet effet, il est pourvu d'un registre nº 1392-1 sur lequel sont consignées toutes les redevances d'abonnement payables à ses guichets. Ce registre est divisé en sept parties correspondant aux sept séries d'échéances. Il est affecté, à chaque série, un nombre suffisant de feuillets pour l'inscription des abonnements qu'elle comprend et des abonnements nouveaux à prévoir. Les modifications à apporter à ces registres sont signalées par les Directions, aussitôt qu'elles se produisent, au moyen d'ordres de perception numérotés suivant une série ininterrompue ; le cas échéant, le receveur réclame, à la Direction, le numéro qui ne lui est pas parvenu.Les indications de ces ordres de perception sont aussitôt reportées au livre nº 1392-1 ; le receveur classe ensuite ces ordres dans ses archives.

Les receveurs établissent, vingt jours avant chaque échéance, pour chacun des abonnements de la série à mettre en recouvrement et dont la résiliation ne leur a pas été notifiée, des lettres nº 1392-43 destinées à rappeler aux abonnés qu'ils doivent se libérer dans les quinze jours qui précèdent l'échéance ; les abonnements concernant une même personne sont groupés sur la même lettre. (Voir également, pour l'encaissement à domicile, art. 816.)

Si un abonné, qui ne serait pas en mesure d'acquitter cette redevance totale, offrait un acompte, le comptable devrait le refuser, attendu que chaque redevance trimestrielle doit être payée intégralement.

853. — Travaux spéciaux effectués dans le poste d'un abonné. — Lorsqu'un abonné demande que des travaux spéciaux soient effectués dans son poste, l'évaluation approximative des dépenses qu'il aura à rembourser doit lui être donnée par écrit. Il lui est demandé, en même temps, de prendre l'engagement de rembourser ces dépenses. Cet engagement pris, le directeur fait procéder aux travaux et informe immédiatement l'abonné du montant exact de la dépense. Il établit ensuite le titre de perception nº 1392-15, relatif au recouvrement de ces frais, et l'envoie au receveur chargé du recouvrement.

Au reçu de cette pièce, celui-ci adresse à l'abonné un avis nº 505 l'invitant à se présenter au bureau pour y verser le montant des frais à recouvrer. Le titre de perception est conservé pour être mis à l'appui de la déclaration nº 1108 constatant le versement.

CHAPITRE III

Comptabilité téléphonique.

SECTION I

Comptabilité journalière.

854. — **Registre n° 1108.** — Les recettes téléphoniques, à l'exception des taxes perçues en tickets, sont constatées sur un registre n° 1108, qui comprend une souche et un récépissé.

La souche est destinée à l'inscription du montant des sommes perçues et des motifs de la perception ; elle comporte une colonne spéciale pour chaque nature de recette postale, télégraphique ou téléphonique.

Si plusieurs redevances de nature différente sont encaissées simultanément, d'une même partie versante, leur total est inscrit à la colonne intitulée : *Somme totale répartie dans les colonnes suivantes.* Chacune d'elles est ensuite portée à la colonne réservée à la catégorie de recette à laquelle elle appartient.

Les seules recettes téléphoniques donnant lieu à l'établissement d'une déclaration n° 1108 *bis* sont celles appartenant à l'article « *Recettes diverses et accidentelles. — Avances faites... et Parts contributives* ». Chaque déclaration relate exclusivement la somme versée au titre de l'article qu'elle concerne.

855. — **Registre n° 1392-3.** — Le registre n° 1392-3, sur lequel les comptables portent les résultats journaliers des recettes est divisé en deux parties : exercice antérieur, exercice courant.

L'exercice antérieur comprend un seul article intitulé « Recettes diverses et accidentelles ».

L'exercice courant comprend trois divisions correspondant aux trois articles de recettes téléphoniques, savoir :

a) L'article du registre n° 1392-3, intitulé « Produits des communications téléphoniques et solde des comptes avec les offices étrangers » comprend :

Le montant des tickets pris en charge pour représenter le prix des conversations, des messages et des avis d'appel ;

Les provisions déposées en garantie de la taxe des communications téléphoniques payantes, le produit des abonnements pour l'usage des communications interurbaines, la part attribuée à la France dans le règlement des comptes téléphoniques avec les offices étrangers.

b) L'article du registre n° 1392-3 intitulé « Abonnements urbains et interurbains » comprend :

Les abonnements principaux ou supplémentaires ;

Les suppléments d'abonnement relatifs au droit de communiquer pendant la fermeture des bureaux d'attache (décret du 22 août 1903) ;

Les abonnements temporaires, dits de saison ;

Les abonnements relatifs aux postes concédés pour l'échange exclusif des communications interurbaines ;

Les redevances pour usage de lignes supplémentaires ;

Les redevances pour entretien d'appareils et d'accessoires ;

Les redevances pour entretien des sections de lignes principales extérieures au périmètre des réseaux.

c) L'article du registre nº 1392-3 intitulé « Recettes diverses et accidentelles » comprend :

Les frais d'installation, de réparation et de transfert d'appareils ;

Les retenues faites, à l'occasion du service téléphonique, sur le traitement des agents qui n'effectuent aucun versement pour le service des pensions civiles ;

Le remboursement des sommes payées aux agents, pour frais de prolongation des heures d'ouverture du service téléphonique ;

Le prix d'achat des documents du service téléphonique.

Chaque article de recette du registre nº 1392-3 comporte : le produit brut développé au registre nº 1108, les non-valeurs développées sur la formule nº 1380 et le produit net.

Le produit net est établi seulement en fin de mois.

856. — État nº 1380 des remboursements téléphoniques. — Les remboursements et les non-valeurs téléphoniques, à l'exception des tickets retirés du service et de la remise de 1 p. ⁰/₀ sur la prise en charge des tickets, sont constatés sur un état nº 1380.

857. — Totalisation des résultats journaliers. Inscription dans les écritures. — En fin de journée, le receveur totalise les colonnes du registre nº 1108 affectées aux recettes téléphoniques, de l'état nº 1380 du téléphone et des procès-verbaux nº 1392-68 de la cabine et du bureau central.

Les totaux obtenus sont reportés aux colonnes correspondantes du livre nº 1392-3.

Le produit brut de chaque catégorie de recettes est immédiatement reporté dans la colonne correspondante, au sommier de recettes nº 1101.

Le total des non-valeurs de chaque article est ajouté au montant des avances autorisées du livre de caisse nº 1103.

858. — Arrêtés de vérification. — Les erreurs en plus ou en moins, constatées par la vérification des Directions, sont relevées au moyen d'arrêtés de vérification (formule nº 1283). Les forcements ou les dégrèvements prescrits par les arrêtés de vérification sont portés intégralement dans les écritures, quels que soient les motifs que les comptables puissent faire valoir pour en obtenir la réformation partielle ou totale. Ces arrêtés sont renvoyés immédiatement à la Direction, revêtus des observations du comptable, s'il y a lieu.

Pour les forcements en recette, le montant de l'arrêté est mentionné au registre nº 1108, à la suite de la dernière opération de la journée, et cumulé avec le total journalier de l'article correspondant. Lorsqu'il comporte un dégrèvement, l'arrêté de vérification est inscrit à l'état 1380 du téléphone et à la colonne « remboursements et dégrèvements » de l'état nº 1392-82.

Quand l'insuffisance de perception porte sur le service de la cabine, le forcement n'est pas passé en écritures au registre nº 1108, mais le comptable joint à l'arrêté de vérification des tickets de valeur égale au forcement. Si, au contraire, il y a eu excès de perception en tickets, l'arrêté de vérification est établi pour mémoire.

Les arrêtés de vérification prononcés sur la gestion des cabines des établissements secondaires sont passés d'office en écritures par le receveur du bureau d'attache, à charge par lui de remettre le montant du dégrèvement au gérant ou, en cas de forcement, de se faire désintéresser par ce dernier.

859. — Prise en charge de tickets téléphoniques. — Lorsqu'un comptable reçoit des tickets téléphoniques, il reconnaît, en présence d'un commis ou d'un facteur, l'intégralité de l'envoi. Les aides ne peuvent assister utilement à cette vérification, puisqu'elles ne sont pas commissionnées. On procède, d'ailleurs, exactement comme pour la réception des timbres-poste.

Le montant brut de ces tickets est porté en recette à la colonne correspondante du livre nº 1392-3 et la remise de 1 % est inscrite aux non-valeurs de l'art. 1er, à la colonne spéciale du livre nº 1392-3, puis ajoutée aux avances autorisées du livre de caisse nº 1103. C'est après cette dernière opération seulement que le numéraire représentant la remise est extrait de la caisse et placé à part.

Les quantités de tickets reçus sont inscrites à la fin du registre nº 1392-3, à la suite des quantités qui restaient au 31 décembre précédent.

Les tickets téléphoniques étant considérés comme valeurs en caisse, au même titre que les timbres-poste, le produit de la vente ne figure pas dans la comptabilité. Mais les receveurs portent, chaque jour, sur le carnet 1344, le montant brut des tickets vendus soit au guichet de leur bureau, soit aux gérants des établissements secondaires.

SECTION II

Comptabilité mensuelle.

860. — Etablissement du produit net. — Quand les opérations de recettes et de non-valeurs du dernier jour du mois ont été inscrites aux livres nos 1392-3, 1101 et 1103, le receveur arrête le *produit brut* mensuel de chaque article, en ajoutant, sur le livre nº 1108, les résultats du dernier jour à ceux des journées antérieures, et en totalisant, aux livres nos 1101 et 1392-3, les colonnes des divers articles de recettes.

Il totalise ensuite, par article, le montant des *non-valeurs*, après avoir inscrit d'office, à celles de l'article 8 (col. 10 du livre nº 1392-3), le montant des taxes télégraphiques accusé au registre nº 1398 ou au relevé spécial par bureau dans les réseaux comprenant plusieurs bureaux.

Pour évaluer le *produit net*, le receveur déduit les non-valeurs de chaque article du produit brut mensuel du dit article. Cette déduction se fait aux registres nº 1392-3, nº 1101 et nº 1103.

Au registre nº 1392-3, la différence des totaux figurant au pied des colonnes « produit brut et non-valeurs », de chaque article, est inscrite au pied de la colonne « produit net » de l'article correspondant.

Le receveur, après avoir totalisé les divers articles du sommier nº 1101, inscrit à la colonne 1 la mention « non-valeurs téléphoniques » et en regard, au-dessous du produit brut mensuel de chaque article, le montant des non-valeurs correspondantes. Il déduit ce montant du produit brut placé en dessus et porte la différence en dessous, en regard de la mention « produit net » inscrite à la colonne 1.

Au registre nº 1103, les mêmes valeurs, non-réunies en un seul chiffre, sont déduites du total général des recettes et du total général des avances autorisées.

Si les non-valeurs d'un article excèdent le produit brut de ce même article, la déduction prescrite ci-dessus est différée jusqu'à ce que le montant des recettes soit assez élevé pour qu'elle soit devenue possible. En attendant, le compte nº 1392-82 et le bordereau nº 1104 mentionnent seulement le produit brut, et les non-valeurs non déduites continuent à figurer aux avances autorisées du livre de caisse nº 1103.

Toutefois, si les taxes et surtaxes des télégrammes téléphonés excèdent le produit brut, elles sont inscrites aux non-valeurs, mais seulement jusqu'à concurrence de ce produit brut et l'excédent seul est conservé aux avances autorisées pour être déduit ultérieurement. Une note explicative est épinglée à l'état nº 1392-82.

Lorsque les taxes télégraphiques proviennent de mois antérieurs et, par conséquent, que la somme à déduire ne concorde pas avec les chiffres indiqués à l'état n° 1392-38 du dernier mois écoulé (col. 9 et 10), il en est fait mention à l'état n° 1392-82 et au registre n° 1392-3 (col. 10).

Le total des taxes télégraphiques est ensuite ajouté aux produits du télégraphe sur le carnet n° 1368, l'état n° 1369 et le sommier n° 1101.

861. — Bordereau n° 1104. — Quand les diverses déductions prescrites à l'article précédent sont effectuées, les registres n°s 1392-3 et 1101 doivent accuser le même résultat pour chaque article. Ce résultat est alors reporté au bordereau n° 1104, à l'article de recette correspondant.

862. — Etat mensuel n° 1392-88 des recettes téléphoniques. — Pièces justificatives à y annexer. — Il est établi ensuite un état n° 1392-82 sur lequel sont décrits les totaux des produits et des non-valeurs téléphoniques du mois. Les produits nets accusés par cet état concordent avec les résultats inscrits au bordereau n° 1104. Les résultats antérieurs sont rappelés au-dessous des résultats du mois courant et la totalisation de ces deux lignes donne le produit réalisé depuis le commencement de l'année, même quand il y a des changements de gestion.

Ces états, qui sont fournis même négatifs, sont envoyés à la Direction, le 1er de chaque mois au soir ou le 2 au matin, suivant l'heure du départ des courriers.

L'état n° 1392-82 est établi par tous les comptables chargés d'un service téléphonique ; il reproduit intégralement les résultats mensuels du livre n° 1392-3 et est appuyé, le cas échéant :

Des bordereaux de réception de tickets n° 1392-12 *ter* ;

Des bordereaux d'envoi des tickets retirés du service ;

Des dossiers de remboursement et de l'état descriptif n° 1380 ;

Des procès-verbaux n° 1392-38 et n° 1392-68 *bis* du standart et de la cabine ;

De l'état n° 1392-38 des provisions ou du relevé par bureau, dans les réseaux qui en comprennent plusieurs.

863. — Relevé n° 1392-38 (Situation des provisions). — Tout receveur ou chef d'un bureau central téléphonique récapitule, sur une formule n° 1392-38, la situation des comptes de tous les abonnés dépositaires de provisions.

Cette situation indique, pour chaque provision :

a) Le numéro d'appel de l'abonné ;
b) Le nom de l'abonné ;
c) Le montant du dépôt normal de garantie ;
d) L'excédent de l'avoir, au dernier jour du mois précédent, d'après la fiche n° 1392-64 ;
e) Les sommes versées comme provision ou complément de provision, dans le mois écoulé, d'après le registre n° 1108 ;
f) Les taxes dont le compte doit être dégrevé, en cas de perceptions reconnues non fondées ;
g) Le total de l'avoir ;
h) Les taxes télégraphiques applicables aux télégrammes téléphonés, déduction faite des taxes annulées, des bons de réponse payée, etc., et les surtaxes de 0 fr. 10 dont sont grevés ces télégrammes, au départ et à l'arrivée (art. 18 du décret du 7 mai 1901) ;
i) Les taxes des communications constatées pendant le dernier mois écoulé, aux divers procès-verbaux n° 1392-68 et n° 1392-68 *bis* ;
j) Les taxes téléphoniques dont la non-perception a été reconnue, sur les comptes des mois précédents, les prélèvements et les remboursements ;
k) Le total du « doit » ;
l) Le reliquat disponible.

Le total qui figure au pied de la colonne « provisions versées dans le courant du mois » concorde avec le total de la colonne correspondante de l'état n° 1392-82.

Le total qui figure au pied de la colonne « taxe des communications du mois courant » concorde avec le total des taxes constatées au pied des divers procès-verbaux n° 1392-68 et n° 1392-68 *bis* et à la colonne correspondante du registre n° 1392-3.

L'état n° 1392-38 récapitule, dans une seconde partie, le nombre et la taxe des communications demandées, pendant le mois, par les cabines reliées au bureau central. Cependant, les receveurs de bureau simple, qui gèrent seuls leur cabine et leur bureau central, sont dispensés de tenir compte le n° 1392-64 de leur cabine, et les relevés n° 1392-64 *bis*. L'état n° 1392-38 est annexé à l'état n° 1392-82.

Les comptes des services publics autorisés à ne pas déposer de provision et, le cas échéant, les comptes en déficit sont inscrits à part, à la suite des autres comptes.

864. — Relevé n° 1392-67 bis (Communications internationales). — Les relevés des communications internationales sont établis par les bureaux centraux téléphoniques français en communication directe avec les bureaux centraux étrangers, en vue du règlement des comptes internationaux.

Les bureaux centraux téléphoniques français font figurer sur les relevés n° 1392-67 *bis* aussi bien les conversations ordinaires et à destination de leur circonscription, que celles originaires et à destination des bureaux pour lesquels ils servent d'intermédiaires.

A cet effet, les procès-verbaux n° 1392-68 qui servent à l'établissement des relevés n° 1392-67 *bis*, sont tenus avec un soin rigoureux et toutes les mentions utiles à l'établissement de ces relevés y sont scrupuleusement consignées.

SECTION III

Dispositions particulières aux établissements secondaires.

865. — Tenue des procès-verbaux n° 1392-68. — Les facteurs-receveurs, les gérants des recettes auxiliaires et ceux des bureaux téléphoniques municipaux installés au siège d'un réseau, tiennent un procès-verbal n° 1392-68 pour les communications échangées par les abonnés ou à partir de leur cabine (départ et arrivée). Ces procès-verbaux n° 1392-68 ou les fiches négatives qui en tiennent lieu, le cas échéant, sont adressés, chaque jour, au bureau d'attache, accompagnés des tickets annulés.

866. — Tickets. — A la fin de chaque quinzaine, les gérants et les facteurs-receveurs chargés exclusivement d'une cabine, envoient à leur bureau d'attache, à l'appui du procès-verbal n° 1392-68, les tickets qu'ils ont annulés et qui représentent les taxes perçues.

Lorsque leur approvisionnement en tickets est sur le point d'être épuisé, les gérants et les facteurs-receveurs se réapprovisionnent auprès du bureau d'attache.

867. — Encaissement des redevances. — Le bureau d'attache reste seul chargé de poursuivre le recouvrement des sommes de toute nature dues par les abonnés. Toutefois, les versements peuvent être acceptés par les gérants et les facteurs-receveurs qui ne servent, en cette occurrence, que d'intermédiaires entre les abonnés et le bureau d'attache.

868. — Remboursements. — Les remboursements peuvent être également effectués par l'intermédiaire des gérants et des facteurs-receveurs. Dans ce cas, le montant du remboursement est transmis, en même temps que la feuille n° 1392-64 *bis* ou n° 1392-43, sur laquelle la quittance doit être donnée.

Cette autorisation, dûment quittancée, est retournée au bureau d'attache, par le premier courrier qui suit la remise des fonds.

869. — Surveillance des provisions. — Les provisions des abonnés des établissements secondaires sont surveillées par le bureau d'attache qui établit, à cet effet, pour chacun de ces établissements, des fiches n° 1392-64. La situation mensuelle de ces comptes est fournie sur l'état 1392-38, à la suite de la partie destinée aux abonnés du bureau d'attache. C'est également le bureau d'attache qui établit les relevés n° 1392-64 *bis* et qui les transmet directement aux abonnés du réseau municipal.

870. — Comptabilité du bureau d'attache. — Les versements effectués par les abonnés des établissements secondaires sont pris en charge par le bureau d'attache, au moment même où les fonds lui parviennent et les quittances sont expédiées aussitôt aux abonnés.

Le nombre et la taxe des communications échangées par le bureau d'attache et par les établissements secondaires qui en dépendent sont récapitulés dans un tableau spécial, à l'état n° 1392-82. Les résultats du bureau d'attache figurent en tête de ces tableaux et ceux des établissements secondaires à la suite, dans l'ordre alphabétique. Le total est inscrit sur la ligne : « Totaux du mois. »

SECTION IV

Dispositions spéciales aux réseaux et circuits construits à l'aide d'avances remboursables.

871. — Encaissement et inscription en recettes des avances. — Les avances faites par les villes, établissements publics, syndicats, groupes particuliers, etc..., pour l'établissement de réseaux et de lignes téléphoniques, sont encaissées par les receveurs des postes et des télégraphes, sur le vu de la lettre adressée par les directeurs aux parties contractantes et contre la délivrance d'un récépissé extrait du registre n° 1108.

Le jour même de l'encaissement, les receveurs transmettent une déclaration de versement n° 1108 *bis* à la Direction départementale, qui notifie l'opération à l'Administration, sous les timbres de la Direction de la comptabilité (1er bureau) par l'envoi de la déclaration de versement n° 1108 *bis* reçue et de la Direction de l'exploitation électrique (3e bureau).

872. — Inscription dans la comptabilité départementale. — Sur le vu du certificat mensuel n° 1392-8 établi par les Directeurs départementaux et après en avoir comparé les résultats avec ceux accusés par les comptables du département, les Receveurs principaux portent, dans leurs écritures, le montant des avances versées dans le courant du mois précédent.

873. — Produits employés au remboursement des avances. — Les avances versées pour l'établissement de lignes téléphoniques sont remboursées au moyen du produit des conversations qui empruntent ces mêmes lignes.

Celles versées pour la construction des réseaux sont remboursées au moyen du produit des abonnements, du produit des conversations locales, des redevances d'entretien des sections de lignes principales ou supplémentaires, du droit d'usage des lignes supplémentaires et des redevances pour entretien d'appareils et accessoires. Mais la prise en charge des tickets, les abonnements de nuit, les provisions et les recettes diverses font partie des recettes budgétaires.

Les receveurs n'établissent aucune distinction entre les produits des communications qui doivent, ou non, servir au remboursement des avances. Toutes les taxes de communications sont encaissées de la même manière, dans tous les réseaux.

Quant aux abonnements, ils sont recouvrés suivant les règles ordinaires et ils figurent dans les écritures des comptables, à l'article des opérations de trésorerie « Divers *L*, *C* pour l'installation de réseaux téléphoniques et de lignes interurbaines ».

874. — **Relevé trimestriel des produits destinés au remboursement des avances.** — A la fin de chaque trimestre, les directeurs établissent un relevé du produit des conversations téléphoniques échangées dans les réseaux ou par l'intermédiaire de lignes interurbaines ayant donné lieu à avances et dont le montant doit servir au remboursement desdites avances. Ce relevé est envoyé à l'Administration (Direction de l'exploitation électrique. — 3e bureau), dans les dix jours qui suivent l'expiration du trimestre.

875. — **Remboursement des avances.** — Les remboursements aux villes, syndicats, particuliers, etc., sont effectués sur des ordres de payement dressés par l'Administration centrale. Ils donnent lieu à l'établissement d'états de situation indiquant le montant des avances versées et des remboursements déjà effectués et ne doivent avoir lieu qu'après réception desdits états certifiés exacts par le maire ou la personne qui a fait l'avance. Une ampliation de la décision concernant le remboursement et un état de situation sont mis à l'appui du mandat correspondant.

CHAPITRE IV

Création de réseaux, de postes publics et de circuits téléphoniques.

SECTION I

Conditions générales d'établissement du téléphone.

876. — Création du service téléphonique au moyen d'avances. — En vertu des lois des 16 juillet 1889 et 20 mai 1890 et de la loi de finances du 13 avril 1898, le Gouvernement est autorisé à accepter, au nom de l'Etat, les offres qui pourraient être faites par les intéressés de verser au Trésor, à titre d'avances, les sommes nécessaires à l'établissement de réseaux téléphoniques et de lignes téléphoniques interurbaines. Ces avances ne sont pas productives d'intérêts, mais l'intégralité des produits d'exploitation (montant des abonnements, taxe des conversations locales, taxes ou parts de taxes afférentes aux communications interurbaines) sert au remboursement des prêteurs, sans autre engagement de la part de l'Etat.

877. — Conditions imposées pour l'établissement du téléphone. — Outre l'obligation d'avancer à l'Etat le montant des dépenses occasionnées par l'exécution des travaux techniques, la création d'un réseau ou d'une cabine est subordonnée aux conditions suivantes :

a) *La localité est dotée d'une recette des postes* :

Si la commune est déjà dotée d'une recette des postes, le service téléphonique y est obligatoirement installé, afin de pouvoir être assuré par les agents de l'Administration ; mais les intéressés doivent supporter, s'il y a lieu, toutes les dépenses d'aménagement, d'appropriation et d'agrandissement du bureau de poste pour permettre d'y installer le service téléphonique (poste central et cabine publique).

b) *La localité n'est pas dotée d'une recette des postes* :

Si la commune n'est pas dotée d'une recette des postes, les intéressés doivent :

1° Mettre gratuitement un local à la disposition de l'Administration pour tout le temps qu'elle jugera convenable d'y maintenir le service téléphonique ;

2° Faire exécuter à leurs frais les travaux d'appropriation nécessaires à l'installation du service ;

3° Faire exécuter les réparations dont le local pourra avoir besoin par la suite ;

4° Prendre à leur charge la fourniture et l'entretien du mobilier, l'éclairage, le chauffage et le nettoyage du bureau ;

5° Supporter les dépenses occasionnées par la réinstallation ou la translation des fils et appareils, si le déplacement de ce bureau devenait nécessaire et, notamment, en cas de transfert du service téléphonique à la poste, ce transfert devenant obligatoire dans le cas de création d'une recette des postes dans la même localité ;

6° Enfin, présenter un gérant avec un suppléant chargés de la manœuvre des appareils et capables d'assurer le service. Ce gérant est directement rétribué par les intéressés.

878. — Création d'un réseau ou d'un poste public avec service télégraphique. — Si les intéressés désirent, en même temps que la création d'un réseau téléphonique ou d'une simple cabine, l'ouverture de la communication téléphonique aux correspondances télégraphiques, ils doivent, que la localité soit ou non pourvue d'une recette des postes, souscrire aux obligations réglementaires (chapitre XXXVI) et, notamment, s'engager à supporter toutes les dépenses afférentes au service de la distribution des télégrammes dans l'agglomération principale.

L'utilisation de la communication téléphonique pour l'échange des télégrammes n'est admise que si le circuit téléphonique communique avec le bureau télégraphique et si les deux services (télégraphique et téléphonique) peuvent être assurés par ce circuit dans des conditions satisfaisantes.

879. — Local. — Le local à fournir par les intéressés, pour l'installation du service téléphonique, doit être facilement accessible au public. En principe, il doit se composer de deux pièces : l'une réservée spécialement au service et l'autre destinée à servir de salle d'attente. Toutefois, il ne paraît pas indispensable que la salle d'attente soit constituée par une pièce spéciale exclusivement affectée à cet usage. Elle peut consister en une salle de mairie ou servir en même temps au commerce ou à l'industrie du gérant ; il suffit que les expéditeurs y aient librement accès. Mais, en aucun cas, les salles communes des cafés ou des débits de boissons ne peuvent servir de salles d'attente. En ce qui concerne la pièce réservée au service, aucun aménagement spécial n'est imposé ; elle peut être constituée par un simple prélèvement sur la pièce devant servir de salle d'attente. La seule condition essentielle à exiger est que le secret des correspondances soit sauvegardé.

Si l'installation téléphonique ne doit comporter qu'une cabine, sans poste central, le local peut ne se composer que de la salle d'attente. Et même, en vue de réduire au minimum les charges à imposer aux promoteurs des projets de création, l'Administration admet que, dans certains cas particuliers, il ne soit pas établi de meuble cabine.

880. — Gérant. — Il ne peut être installé en fonctions qu'après avoir été agréé par le directeur des Postes et des Télégraphes. Il en est de même des suppléants.

Les facteurs-receveurs ne peuvent être agréés pour la gérance du service téléphonique que s'ils sont en mesure de se faire suppléer pendant leurs tournées de distribution postale.

La gérance des services télégraphique et téléphonique constitue une charge d'emploi pour les receveurs buralistes ; le maximum de la rétribution que ceux-ci peuvent exiger des communes est fixé à 10 francs par mois ou 120 francs par an. Toutefois, cette charge d'emploi ne peut être imposée aux receveurs-buralistes qu'avec l'assentiment de l'Administration des contributions indirectes qui, seule, est en situation d'apprécier si, indépendamment des travaux inhérents à leurs fonctions, les receveurs-buralistes peuvent être investis d'autres attributions, sans compromettre les intérêts qui leur sont confiés.

Les incompatibilités prévues pour les agents des postes et des télégraphes s'étendent aux gérants du service téléphonique.

Le remplacement d'un gérant, soit à titre temporaire, soit à titre définitif, ne peut avoir lieu qu'aux frais des intéressés qui doivent prendre, au préalable, l'engagement de payer l'intégralité des dépenses d'intérim ou de gérance.

Lorsque le gérant vient à démissionner et que les intéressés ne consentent pas ou ne trouvent pas à le remplacer, le service est supprimé d'office.

SECTION II

Transfert du service téléphonique.

881. — Transfert des appareils et des lignes à la poste. — Lorsqu'une localité pourvue du service téléphonique vient à être dotée d'une recette des postes, il convient de poursuivre le transfert du service téléphonique au bureau de poste. Les dépenses occasionnées par ce transfert sont remboursées par les intéressés. Il a été indiqué précédemment que ceux-ci devaient supporter les dépenses occasionnées par la réinstallation ou la translation des fils et appareils ; aucune difficulté ne doit donc surgir, à ce sujet, pour les transferts concernant les installations réalisées postérieurement à la date d'application de la présente instruction, mais il peut ne pas en être de même pour les installations qui sont déjà en service.

Il convient, dès lors, de procéder, selon le cas, comme il est indiqué ci-après :

a) *Les intéressés se sont engagés à supporter les frais de transfert.*

Le Directeur départemental avise les intéressés que la création d'un bureau de poste dans la localité entraîne le transfert du service téléphonique à la poste et il les invite à prendre, *par écrit*, l'engagement ferme de rembourser à l'Administration les dépenses qui doivent en résulter.

b) *La convention ne prévoit pas le remboursement des dépenses de transfert.*

Le Directeur départemental fait savoir aux intéressés qui supportent les dépenses de gestion et de local qu'il y aurait intérêt à transférer le service téléphonique à la poste. Il leur fait ressortir les avantages qui résulteraient de ce transfert : d'une part, le service serait exécuté par des agents sur lesquels l'Administration a une autorité directe et, par suite, serait assuré dans des conditions beaucoup plus satisfaisantes ; d'autre part, ce transfert aurait encore pour conséquence de les exonérer des frais de gestion et de la servitude du local. Puis il leur demande s'ils consentent à rembourser à l'Etat les dépenses occasionnées par ledit transfert. Dans la négative le service est maintenu dans le local fourni par les intéressés. Si, au contraire, ceux-ci consentent à supporter les dépenses de transfert et en prennent l'engagement *par écrit*, le Directeur adresse des propositions en conséquence, sous le timbre des bureaux compétents.

882. — Transfert du service dans un autre local fourni par les intéressés. — Si, par suite de la démission du gérant ou pour toute autre cause indépendante de l'Administration, il y a lieu de transférer le service, d'un local fourni gratuitement à l'Administration dans un autre local également fourni gratuitement, il ne peut y être procédé que si les intéressés se sont engagés, *par écrit*, à rembourser les dépenses occasionnées par ledit transfert (appareils et lignes). Si les intéressés, ou la commune, ne consentent pas à supporter ces dépenses et que le service ne puisse être maintenu dans le local actuel, il est supprimé et les appareils sont enlevés.

A fortiori, il convient de supprimer le service, lorsque les intéressés ne veulent plus fournir gratuitement le local. Avis en est immédiatement donné à l'Administration (Direction de l'Exploitation électrique. — 3e bureau).

BIBLIOTHÈQUE NATIONALE R.F. IMPRIMÉS